职业教育新能源汽车专业产教融合创新教材

新能源汽车维护与故障诊断

（配实训工单）

组　编　宁德时代新能源科技股份有限公司
主　编　吴　凯　李　伟
副主编　张　彪　薛　姣　武卫忠
　　　　李　果　孔纯放　刘　超
参　编　呼海峰　陈　宁　张　璐　马荣荣　毛昌敏
　　　　张现驰　左晨旭　于洪兵　杨　韬　张家祥

机械工业出版社

本书以国家职业教育改革为契机，以课程改革为突破口，紧密结合当前新能源汽车行业和企业的发展，以及职业岗位群和企业需求的变化，并基于宁德时代真实企业场景和真实工作任务，融合"有效教学"理念编写而成，主要内容包括新能源汽车高压安全防护、新能源汽车维护、纯电动汽车故障诊断和混合动力汽车故障诊断，每个项目实现了教学内容的理实一体化。

本书可作为新能源汽车技术、新能源汽车检测与维修技术、汽车技术服务与营销专业教材，也可作为新能源汽车维修企业员工的技能培训用书。

图书在版编目（CIP）数据

新能源汽车维护与故障诊断：配实训工单 / 宁德时代新能源科技股份有限公司组编；吴凯，李伟主编. -- 北京：机械工业出版社，2024.11（2025.4重印）. -- （职业教育新能源汽车专业产教融合创新教材）. -- ISBN 978-7-111-77190-6

Ⅰ.U469.707

中国国家版本馆CIP数据核字第2024MV9001号

机械工业出版社（北京市百万庄大街22号　邮政编码100037）
策划编辑：谢　元　　　　　责任编辑：谢　元
责任校对：龚思文　张亚楠　　封面设计：张　静
责任印制：邸　敏
中煤（北京）印务有限公司印刷
2025年4月第1版第2次印刷
184mm×260mm・12印张・287千字
标准书号：ISBN 978-7-111-77190-6
定价：59.90元

电话服务	网络服务
客服电话：010-88361066	机 工 官 网：www.cmpbook.com
010-88379833	机 工 官 博：weibo.com/cmp1952
010-68326294	金 　书　 网：www.golden-book.com
封底无防伪标均为盗版	机工教育服务网：www.cmpedu.com

职业教育新能源汽车专业产教融合创新教材

编审委员会

主 任 委 员：

张延华　　中国汽车维修行业协会会长

副主任委员：

孔春花　　吉林交通职业技术学院汽车工程学院院长
董　光　　河南机电职业学院组织人事部部长
谢　元　　中国汽车维修行业协会技术和标准化委员会副秘书长
尹　鹏　　沈阳科鹏教育科技有限公司总经理

委　　员：

袁建军　　中汽科技（北京）有限公司技术总监
王　聪　　中国合格评定国家认可中心物理实验室认可部主管
沈　南　　北京汽车研究总院有限公司试制试验认证中心部长
崔宏巍　　深圳职业技术大学汽车与交通学院副院长
杨长征　　河南交通职业技术学院汽车学院副院长
郭海龙　　广东交通职业技术学院汽车与工程机械学院院长
王　博　　荆州职业技术学院新能源汽车学院院长
张红伟　　广州科技贸易职业学院交通工程学院院长
王　毅　　贵州交通职业技术学院汽车工程系主任
陈　佳　　成都航空职业技术学院汽车工程学院党总支副书记
付亦凡　　河南省理工中等专业学校汽车工程系副主任
梁培荣　　中山市沙溪理工学校汽车技术部部长
陶铭超　　宁德时代新能源科技股份有限公司后市场培训拓展负责人
阮桃枫　　宁德时代新能源科技股份有限公司后市场培训运营负责人

序 一

中国的矿物能源形势是富煤、少气、缺油。2023年自产原油2.09亿吨，进口5.64亿吨，对外依存度73.3%。汽车消耗了70%的石油。我国CO_2排放量已居世界第一，城市大气污染主要来自机动车。

工程院咨询报告提出"电动中国"的建议，发展电动汽车、电动船舶和电动飞机，大力发展可再生能源，构建能源互联网。2001年国家"十五"期间，新能源汽车研究项目被列入国家"863"重大科技课题。在国家多项产业政策的扶持下，我国很快成为全球新能源汽车产销量第一的大国。

习近平主席发表二〇二四年新年贺词时指出，"新能源汽车、锂电池、光伏产品给中国制造增添了新亮色"。2023年"新三样"产品（电动载人汽车、锂离子电池和太阳能蓄电池）合计出口1.06万亿元，首次突破万亿元大关，同比增长29.9%。中国锂电池产量全球占比超70%，连续9年全球领先。2023年，中国的锂离子电池产量超过940GW·h，同比增长25%。截至2023年底，中国新能源汽车保有量达2041万辆，占汽车总量的6.07%。其中纯电动汽车保有量1552万辆，占新能源汽车保有量的76.04%。

新能源汽车并不是非常成熟的事物，产品的某些性能与燃油汽车相比仍有差距，产品的耐久性、可靠性、安全性有待于进一步提升。

新能源汽车的关键是电池（含电芯和BMS），主要集中在锂离子电池、原位固态化锂电池以及正在研究开发的全固态锂电池，也包括正在积极研发和推广应用的钠离子电池。电池决定了整车的续驶里程、成本、使用寿命和安全性等关键性能。

与传统燃油汽车相比，新能源汽车技术的快速发展，对从业人员的专业技能提出了更高要求。传统的汽车检测与维修知识体系和技术体系，已难以满足新能源汽车领域的实际需求。因此，编写系统、全面且实用的新能源汽车检测与维修方面的教材，对于培养高水平的新能源汽车技术人才，推动新能源汽车产业的健康发展，具有十分重要的意义。

宁德时代教授级高级工程师吴凯和李伟结合自己在锂电池工作和科研中的经历以及产业化等方面的经验积累，对新能源汽车中的关键科学问题和核心技术难题进行了全面而深入的剖析总结，成就了三本教材——《新能源汽车动力电池系统构造与检修》《新能源汽车维护与故障诊断》《新能源汽车动力电池及管理系统检修》。

这三本教材立足新能源汽车的关键技术和工作原理，重点介绍了新能源汽车关键系统模块的检测与维修技术，旨在帮助读者建立起一套完整的新能源汽车检修相关的知识和技术体系。

在教材编写过程中，编写团队力求做到理论与实践相结合，既注重理论知识的系统性和准确性，又强调实践操作的实用性和可操作性。书中通过大量实例分析，将复杂的检修过程生动呈现，使读者能够迅速掌握新能源汽车检测与维修的精髓。在此，感谢所有参与编写工作的朋友们为新能源汽车人才培养所作出的无私奉献。

衷心希望这三本教材能够成为广大新能源汽车从业人员和相关院校汽车类专业师生的良师益友，为推动我国新能源汽车产业的持续健康发展贡献一份力量。同时，期待各位读者在使用过程中，能够提出宝贵的意见和建议，共同推动新能源汽车技术的不断进步与创新。

中国工程院院士
中国科学院物理研究所研究员

序 二

发展新能源汽车是我国从汽车大国迈向汽车强国的必由之路，是应对气候变化、推动绿色发展的战略选择。我国已进入新能源汽车发展的快车道。2024 年 1 月至 11 月，我国新能源汽车产销量分别完成 1134.5 万辆和 1126.2 万辆，同比分别增长 34.6% 和 35.6%，产销量连续 9 年位居全球首位。全球一半以上的新能源汽车行驶在我国，我国作为全球最大的汽车市场，在新能源汽车领域取得了举世瞩目的成就。

新能源汽车产业发展链条，除了技术产品研发、生产制造和销售环节，离不开强大售后服务体系的支撑保障，由此给新能源汽车维修服务领域人才培养带来了新的机遇与挑战。加快培养新能源汽车维修服务技能人才，不仅是汽车维修行业转型发展的内在要求，更是确保我国新能源汽车产业持续健康发展的重要保障。新能源汽车技术的先进性对汽车维修从业人员的专业素质提出了新的更高要求。对于新能源汽车维修从业人员而言，掌握最新的新能源汽车检修技术是其核心技能要求。我们高兴地看到，宁德时代教授级高级工程师吴凯和李伟主编的职业教育新能源汽车专业产教融合创新教材，顺应汽车后市场人才的知识和技能需求，对于培育我国新能源汽车后市场创新能力，促进新能源汽车维修技能人才培养具有重要意义。

这套教材从新能源汽车的基本构造、工作原理到各子系统关键技术，再到实际检修案例的分析与总结，都进行了深入浅出的阐述，教材图文并茂，文字通俗易懂，不仅可以帮助学生系统地学习新能源汽车维修技能，为他们今后的就业打下坚实的基础，而且可以帮助维修从业人员快速掌握新能源汽车相关理论、资料和检修依据，提高检测诊断效率和维修质量，是一套符合职业成长规律的工学结合教学用书。

在此，感谢所有参与教材编写、审校和出版工作的专家同仁，你们为新能源汽车专业类师生，为新能源汽车维修从业人员提供了优质的教育培训教材，也感谢宁德时代为新能源汽车产业和汽车职业教育产教融合发展所付出的辛勤劳动。我希望有更多的此类教材尽早面世，为我国新能源汽车维修技术的普及推广，为培养更多新能源汽车维修技能人员发挥积极作用。

让我们携手共进，为实现新能源汽车产业的高质量发展，提高新能源汽车售后服务质量和水平作出新的贡献。

中国汽车维修行业协会会长

前言

传统汽车产业的快速发展带来了交通拥堵、能源危机和环境污染等问题，成为限制汽车产业发展的主要瓶颈，因此新能源汽车产业成为国家重点发展和大力扶持的产业。受益于国家政策的扶持，我国新能源汽车产业得到了飞速的发展，新能源汽车的后市场也将需要大量的销售、售后，尤其是维修方面的人才。

为满足职业教育相关专业发展的迫切需求，由宁德时代新能源科技股份有限公司的技术专家、维修服务中心专家和汽车类专业职业院校的教师共同深入一线，结合行业协会、学会职教专家的经验，经过专业教学设计人员的指导，联合编写了这套职业教育新能源汽车专业产教融合创新教材。

本书以国家职业教育改革为契机，以课程改革为突破口，紧密结合当前新能源汽车行业和企业的发展，以及职业岗位群和企业需求变化，来源于宁德时代企业真实工作场景和真实工作任务，融合"有效教学"理念，内容包括四个项目：新能源汽车高压安全防护、新能源汽车维护、纯电动汽车故障诊断和混合动力汽车故障诊断。每个项目都源于企业真实工作场景、真实故障案例、真实故障排除流程和方法，每个项目分为理论活动和故障诊断活动，实现了教学内容的理实一体化。本书可作为新能源汽车检测与维修技术、新能源汽车技术、汽车技术服务与营销专业教材，也可作为新能源汽车维修企业员工的技能培训用书。

本书由宁德时代新能源科技股份有限公司组编，由吴凯、李伟任主编，张彪、薛姣、武卫忠、李果、孔纯放、刘超任副主编，呼海峰、陈宁、张璐、马荣荣、毛昌敏、张现驰、左晨旭、于洪兵、杨韬、张家祥参与编写。

在本书编写过程中，我们参考了一些汽车制造商的培训课件和资料，在此一并向原作者和汽车制造商表示真诚的感谢！

限于编者水平，书中难免存在不当之处，敬请广大读者批评指正。

宁德时代新能源科技股份有限公司

目　录

序一
序二
前言

项目一　新能源汽车高压安全防护 / 001
　　任务一　新能源汽车高压安全防护措施 / 002
　　任务二　新能源汽车维修工具与仪器使用 / 018

项目二　新能源汽车维护 / 034
　　任务一　新能源汽车整车维护 / 034
　　任务二　动力电池系统的维护 / 039

项目三　纯电动汽车故障诊断 / 048
　　任务一　检修动力电池及管理系统 / 054
　　任务二　检修驱动电机及管理系统 / 089
　　任务三　检修整车控制系统 / 102
　　任务四　检修新能源汽车充电系统 / 117

项目四　混合动力汽车故障诊断 / 135
　　任务一　混合动力汽车工作原理 / 137
　　任务二　诊断混合动力汽车故障 / 142

项目一　新能源汽车高压安全防护

项目描述

新能源汽车动力电池的额定电压通常较高，按 GB/T 31466—2015《电动汽车高压系统电压等级》的规定，可分为 144V、288V、317V、346V、400V、576V 直流电压等级，现在甚至可以达到 800V，因此要求高压配电系统除了满足新能源汽车动力系统电能分配需求，还应确保高压系统安全、可靠、稳定地运行，如图 1-1 所示。

图 1-1　动力电池高压配电系统

新能源汽车高压配电系统设计必须符合相关的技术标准要求，主要包括：高压电气部件标识、高压电气绝缘与防护要求、高压电气耐压要求、接触防护要求、预充保护、安全泄压保护、过载与短路保护、高压电磁保护等。

学习目标

知识目标

1. 了解触电危害和新能源汽车安全要求。
2. 掌握新能源汽车维修安全操作方法。
3. 掌握动力电池、电机、高压控制系统等安全防护措施及人身安全要点。

技能目标

1. 掌握纯电动汽车安全防护要求。
2. 掌握混合动力汽车安全防护要求。
3. 具备触电防护与救护能力。
4. 能够正确使用高压安全防护用品。

素养目标

1. 树立安全第一的意识。
2. 严格执行新能源汽车故障诊断规范，具备严谨科学的工作态度。

CATL 宁德时代介绍

3. 提升发现问题、分析问题、解决问题的能力。

4. 养成树立目标并制定计划实现的习惯。

任务一　新能源汽车高压安全防护措施

依据 GB 18384—2020《电动汽车安全要求》，考虑到空气的湿度和人体在不同工作环境下的电阻差异，由于不同电压可能对人体产生的伤害和危险程度不同，在新能源汽车中将车辆电压按照等级和数值分为两个安全级别。新能源汽车高压电的等级见表 1-1。

A 级是较为安全的电压等级，在直流电压中，最大工作电压应 ≤60V；在交流电压中，最大工作电压应 ≤30V，该电压下的维护人员不需要采取特殊的防电保护。

B 级对人体会产生伤害，被认为是高压。在该电压下必须采用必要的防护设备对维护人员进行保护。

表 1-1　新能源汽车高压电的等级

电压安全等级	最大工作电压 U/V	
	直流（DC）	交流（AC）
A	$0<U\leq 60$	$0<U\leq 30$
B	$60<U\leq 1500$	$30<U\leq 1000$

直流高电压主要分布在动力电池到各个驱动部件的位置，如动力电池到逆变器之间、逆变器到压缩机之间连接的都是直流高电压，如图 1-2 所示。

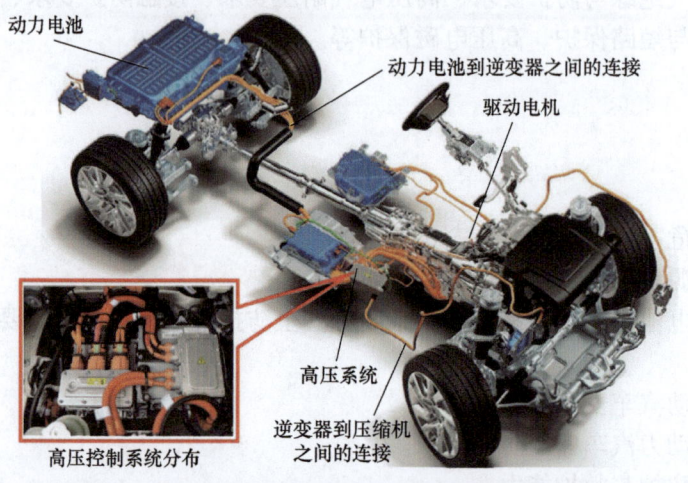

图 1-2　直流高电压主要分布示意图

交流高电压主要分布在逆变器与驱动电机之间，以及充电接口与车载充电机之间。不同的是逆变器与驱动电机之间的交流高电压通常都在 200～800V，而充电接口与车载充电机之间的交流高电压即外部电网的 220V 或 380V 的电压，如图 1-3 所示。

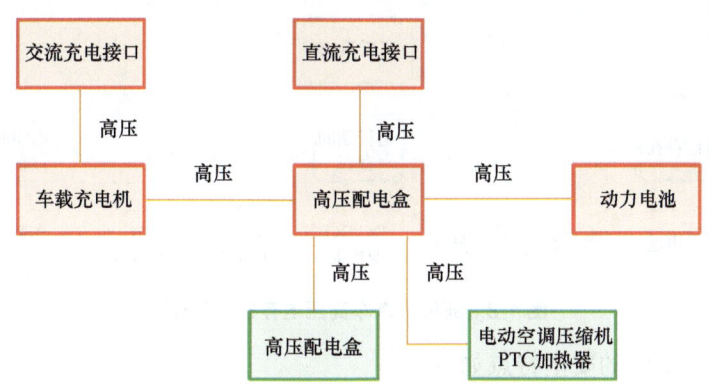

图 1-3 交流高电压主要分布示意图

橙色高压线束：橙色波纹管隔离防护高压电，提示和警告维修人员。

高压导线警告颜色如图 1-4 所示。

橙色高压连接器：橙色提示和警告维修人员，同时所选的连接器应达到 IP67 防护等级，如图 1-5 所示。

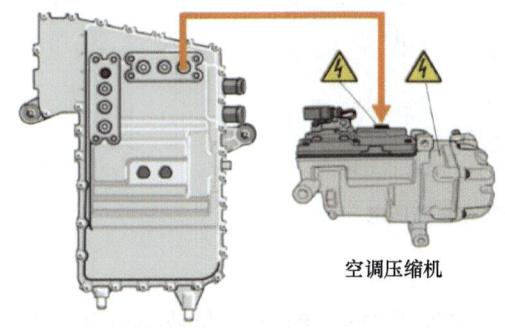

图 1-4 高压导线警告颜色

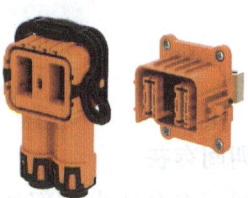

图 1-5 橙色高压连接器

高压警告标识：黄色及标识符号提示和警告维修人员，如图 1-6 所示。新能源汽车高压部件高压电警告标识，如图 1-7 所示。

图 1-6 高压警告标识

图 1-7 新能源汽车高压部件高压电警告标识

新能源汽车高压电存在的部件如图 1-8 所示。

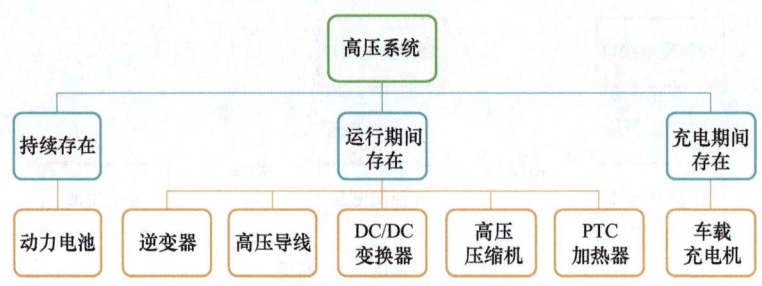

图 1-8　新能源汽车高压电存在的部件

新能源汽车高压电的安全特点如下。

1. 持续存在高压电

新能源汽车动力电池持续存在高压电，即使当车辆停止运行期间，动力电池始终存储有电能，因此当满足动力电池的放电条件后，该部件将继续对外放电，如图 1-9 所示。

图 1-9　动力电池持续存在高压电

2. 运行期间存在

运行期间存在高压电的部件，是指当点火开关处于 ON、RUN 档位或其他运行状态时，部件存在高压电。逆变器、空调压缩机、PTC 加热器及 DC/DC 变换器等部件只有在系统运行时，来自动力电池的高压电才会加载到这些部件上。

3. 高压触电安全

人体能承受的安全电压的高低取决于人体允许通过的电流和人体的电阻大小。人体电阻主要由体内电阻、体表电阻、体表电容组成。人体电阻随着环境的不同在很大范围内变化，但是一般不低于 1kΩ。我国民用电网中的安全电压多采用 36V，相当于人体允许电流 30mA（人体电阻约为 1200Ω）的情况，这就要求人体可接触的新能源汽车任意两个带电部位的电压都要小于 36V。

无论是电动汽车，还是混合动力汽车，其电压和电流等级都比较高。动力电池电压一般为 200～800V。正常工作时，电流可达几百安培，这已经远远超过人体能承受的极限。

4. 危险运行工况下的安全

新能源汽车存在高压电，因此当车辆在行驶中发生事故时，如果车辆没有完备的安全设计，很容易发生安全事故。危险运行工况如下。

1）车辆发生碰撞或翻车。

2）车辆涉水或遭遇暴雨。
3）充电时车辆发生意外移动。

5. 新能源汽车安全设计

（1）维修安全　维修安全主要是防止高压触电。

（2）碰撞安全　当车辆发生碰撞时，车辆的安全系统应当满足以下要求：碰撞过程中以及碰撞后都要保证驾乘人员的人身安全。

（3）电气安全　电气安全主要包括：防止人员接触到高压电、电池能量的合理分配、充电时的高压安全、行驶过程中的高压安全、碰撞时的电气安全、维修时的电气安全。

（4）功能安全　功能安全指新能源汽车的各项功能和配置能够正常、可靠、稳定地工作，不会因为故障、失效、误操作等原因导致发生安全事故。新能源汽车的功能安全涉及动力电池、电机、电控、充电、智能驾驶等多个方面，如果这些方面出现问题，可能会影响车辆的动力、制动、转向、稳定等性能，危及行车安全。

一、高压电系统作业时存在的危险

1. 触电的危害

在大力推广电动汽车的同时，如何保证驾乘车人员以及汽车维修人员的人身安全，是值得我们特别关注的问题。在 ISO 6469-3：2021《电动道路车辆安全规范　第 3 部分：电气安全》和 GB 18384—2020《电动汽车安全要求》中，都对电动汽车的电压做了规范定义。电动汽车的工作电压分为 A、B 两个安全等级。

触电对人体的危害程度，主要取决于通过人体电流的大小和通电时间的长短。电流强度越大，致命的危险性越大；持续时间越长，死亡的可能性越大。能够让人感觉到的最小电流称为感知电流，交流为 1mA，直流为 5mA；人体触电后能自己摆脱的最大电流称为摆脱电流，交流为 10mA，直流为 50mA；在较短的时间内危及生命的电流称为致命电流，致命电流为交流 50mA。在有防止触电保护装置的情况下，人体允许通过的电流一般为交流 30mA。人体触电反应见表 1-2。

表 1-2　人体触电反应

序号	电流 /mA	人体触电反应	
		50Hz 交流电	直流电
1	0.6～1.5	手指开始感觉发麻	无感觉
2	2～3	手指感觉强烈发麻	无感觉
3	5～7	手指肌肉感觉痉挛	手指灼热感和刺痛
4	8～10	手指关节与手掌感觉痛，手已难以脱离电源，但尚能摆脱电源	灼热感增加
5	20～25	手指感觉剧痛，迅速麻痹，不能摆脱电源，呼吸困难	灼热感增加，手部肌肉开始痉挛
6	50～80	呼吸麻痹，开始心房颤动	强烈灼痛，手部肌肉痉挛，呼吸困难
7	90～100	呼吸麻痹，持续 3min 后或更长时间后，心脏停搏或心房停止跳动	呼吸麻痹

2. 高压电与人体伤害

电流流经头部可使人昏迷，通过脊髓可能导致瘫痪，通过心脏会造成心跳停止、血液循环中断，通过呼吸系统会造成窒息。因此，从左手到胸部是最危险的电流路径，从手到手、从手到脚也是很危险的电流路径，从脚到脚是危险性较小的电流路径。一旦电流由一手进入，另一手或脚流出，电流通过心脏，可立即引起心室颤动；通过左手比通过右手触电更严重，因为心脏、肺部、脊髓等重要器官都处于电流流经电路内。人体电阻如图1-10所示，电流流经人体不同部位的电阻见表1-3。

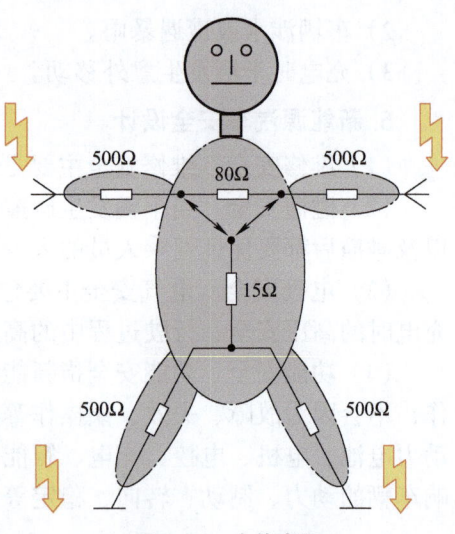

图 1-10　人体电阻

人体电阻的大小取决于衣服、皮肤湿度、体内电流路径的长度和类型等因素。有电流流过的身体部位衣服越厚、越干，电阻越大。如果皮肤上有水或雪，那么人体电阻就会降低。如果人体内电流经过的路径较短，那么电阻就要更低。

表 1-3　电流流经人体不同部位的电阻

电流路径	人体近似电阻 /Ω
手—手	1080
手—双脚	765
双手—双脚	515
双手—胸部	270

人体有害电流的严重程度由各触电接触持续时间的长短确定。从电流强度达到约30mA时开始存在死亡危险，各触电接触持续时间的危险范围如图1-11所示，对应各类强度范围1～4的伤害见表1-4。

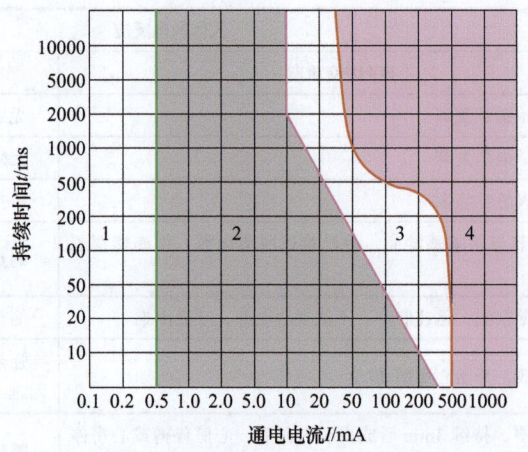

图 1-11　各触电接触持续时间的危险范围

表 1-4 对应各类强度范围 1～4 的伤害

强度分类	强度范围 1	强度范围 2	强度范围 3	强度范围 4
触电反应	无不良影响，与接触持续时间无关	0.5～2mA：感知到电流 3～5mA：开始感知到疼痛 10～20mA：摆脱阈值范围 电流的流通通常对人体无害	肌肉痉挛 呼吸困难 心律不齐 一般不会造成永久性器官损伤	心脏纤维颤动 心跳停搏 呼吸停止 死亡危险

图 1-12 所示为当一个 288V 直流电压通过人体后，可以通过欧姆定律粗略计算出通过人体的电流：人体电流 $I = U/R = 288\text{V}/1080\Omega = 0.27\text{A}$。将 0.27A（270mA）参照图 1-11 可以发现，如果该电流在心脏的滞留时间达到 10～15ms，就会致命。

人体皮肤的电阻为 0.1～1MΩ，但在有些情况下也可能降为 0Ω，尤其是当皮肤潮湿或者有伤口时，电阻会明显下降。

3. 安全电压的标准

GB/T 3805—2008《特低电压（ELV）限值》规定，安全电压值的等级有 42V、36V、24V、12V、6V 五种，同时还规定当电器采用了超过 24V 的电压时，必须采取防止直接接触带电体的保护措施。

例如：特别危险的环境中使用的手持电动工具，应采用 42V 特低电压；有电击危险的环境中使用的手持照明灯和局部照明灯，应采用 36V 或 24V 特低电压；金属容器内、特别潮湿处等危险的环境中使用的手持照明灯，应采用 12V 特低电压；水下作业等场所，应采用 6V 特低电压。如果不是有特殊要求的作业环境，一般安全电压是 36V，因为在工频电流中，人身能摆脱电源的电流是 30mA 左右，人体电阻在干燥的环境中一般是 1000～2000Ω。

因为 GB 4943.1—2022 等效于 IEC 60950 和 EN 60950，安全电压不超过 AC 42.4V 或 DC 60V。

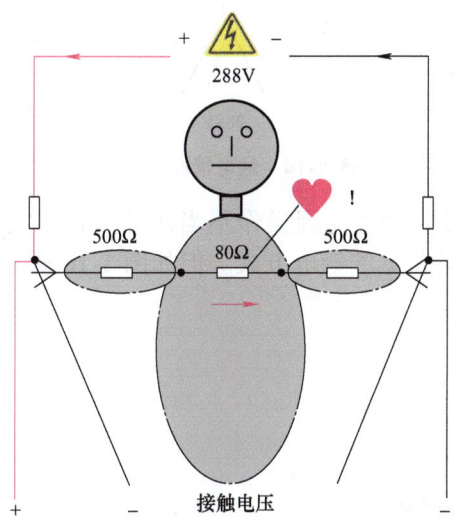

图 1-12 电流参照图

4. 人体触电方式

能够对人体产生触电的前提是人体与触电源之间形成了回路，有电流流经人体后才会导致触电。新能源汽车的高压电系统与车身之间是隔离的，因此，如图1-13所示的非触电情况，人体不会产生触电，原因就在于人体没有与直流电源之间形成回路，人体没有电流通过。

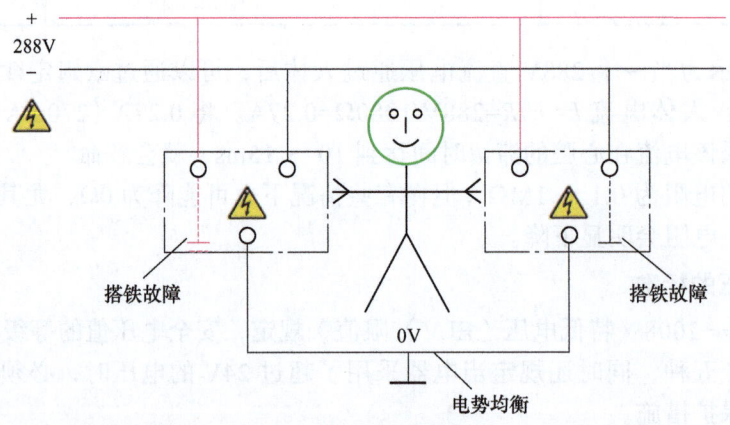

图 1-13　非触电情况

当新能源汽车的高压电部件对车身发生搭铁故障时，触电情况如图1-14所示，人体在该情况下就有可能发生触电事故。

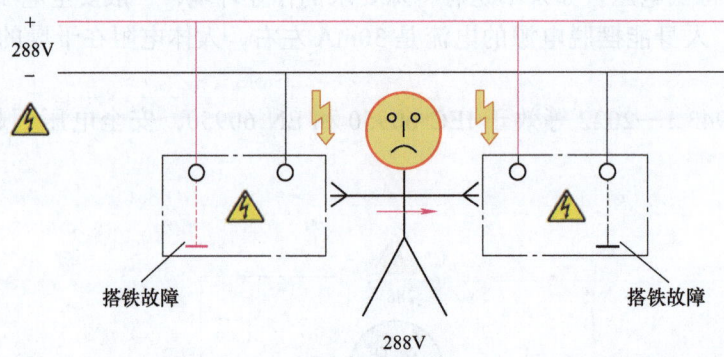

图 1-14　触电情况

在实际工作中，维修人员应该避免因操作不当而导致自己与电压系统形成回路，如图1-15所示是大多数维修人员常见的触电方式。但如图1-16所示的却是很容易被维修人员所忽视的间接触电方式。

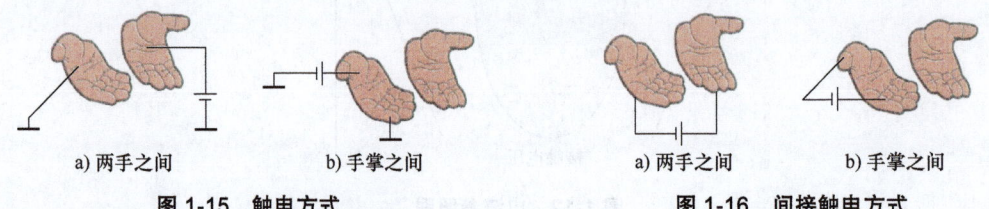

图 1-15　触电方式　　　　　图 1-16　间接触电方式

电动汽车的动力电池用低电压电芯单体进行串联,以获得200～800V的高电压,再转换成三相交流电。有些车型高压系统电压甚至可达到900V,因此在维修电动汽车的过程中必须做好对高压电的安全防护。

5. 触电急救

当发现了人身触电事故,发现者一定不要惊慌失措,应动作迅速、救护得当。首先,要迅速将触电者脱离电源;其次,立即进行现场救护,同时找医生抢救。

(1) 脱离电源　电流对人体作用的时间越长,对生命的威胁越大,因此触电急救首先要使触电者迅速脱离电源。救护人员既要救人,也要注意保护自己,可根据具体情况选用拉、切、挑、拽和垫等方法。

1)"拉"是指就近拉开电源开关,拔出插销或断路器。

2)"切"是指用带有绝缘柄或干燥木柄的工具切断电源。切断时,应注意防止带电导线掉落碰触到周围的人。对于多芯绞合导线,应分相切断,以防短路伤害到人。

3)"挑"是指如果导线搭落在触电人身上或压在身下,可用干燥的木棍或竹竿等绝缘工具挑开导线,使之脱离电源。

4)"拽"是指救护人戴上绝缘手套或在手上包裹干燥的衣服、围巾、帽子等绝缘物体拖拽触电人,使其脱离开电源导线。

5)"垫"是指如果触电人由于痉挛手指紧握导线或导线缠绕在身上,救护人可先用干燥的木板或橡胶绝缘垫塞进触电人身下使其与大地绝缘,隔断电源的通路,然后再采取其他办法把电源线路切断。

(2) 注意事项

1) 救护人不得采用金属和其他潮湿的物品作为救护工具。

2) 在未采取绝缘措施前,救护人不得直接接触触电者的皮肤、潮湿的衣服和鞋子。

3) 在拉拽触电人脱离开电源线路的过程中,救护人适合用单手操作,这样做对救护人比较安全。

4) 当触电人处于较高的位置时,应采取预防摔伤措施,预防触电人在脱离电源时从高处坠落摔伤或摔死。

5) 当夜间发生触电事故时,切断电源会同时使照明断电,应考虑切断电源后采用临时照明,如应急灯等,以利于开展救护工作。

(3) 对症抢救　将触电者脱离电源后应立即移到通风处,并将其仰卧,迅速鉴定触电者是否有心跳、呼吸等体征。

1) 若触电者神志清醒,但感到全身无力、四肢发麻、心悸、出冷汗、恶心或一度昏迷,但未失去知觉,应将触电者抬到空气新鲜、通风良好的地方舒适地躺下休息,让其慢慢地恢复正常,并要时刻注意保温和观察。若发现呼吸与心跳不规则,应立刻设法抢救。

2) 触电者呼吸停止但有心跳,应用口对口人工呼吸法抢救。

3) 若触电者心跳停止但有呼吸,应用胸外心脏按压法和口对口人工呼吸法抢救。

4) 若触电者呼吸、心跳均已停止,需同时进行胸外心脏按压法与口对口人工呼吸法抢救。

5) 千万不要给触电者打强心针或拼命摇动触电者,也不要用木板石夹压以及强行挟持触电者，避免使触电者的情况更加恶化。

抢救过程要持续进行，在送往医院的途中也不能停止抢救。当触电者出现面色好转、嘴唇逐渐红润、瞳孔缩小、心跳和呼吸逐渐恢复正常时，即为抢救有效的特征。

（4）施救方法

1）口对口人工呼吸法。在做人工呼吸之前，首先要检查触电者口腔内有无异物，呼吸道是否堵塞，特别要注意清理咽喉部分有无痰堵塞；其次要解开触电者身上妨碍呼吸的衣裤，且维持好现场秩序，口对口人工呼吸法如图 1-17 所示。

① 将触电者仰卧，并使其头部充分后仰。一般应用一手托在其颈后，使其鼻孔朝上，以利于呼吸道畅通，但头下不得垫枕头，同时将其衣扣解开。

② 救护人在触电者头部的侧面，用一只手捏紧其鼻孔，另一只手的拇指和食指掰开其嘴巴。

③ 救护人深吸一口气，紧贴掰开的嘴巴向内吹气，也可铺一层纱布。吹气时，要用力并使其胸部膨胀，一般应每 5s 吹一次，吹 2s 放松 3s。对儿童可小口吹气。

④ 吹气后，应立即离开其口或鼻，并松开触电者的鼻孔或嘴巴，让其自动呼气。

⑤ 在实行口对口（鼻）人工呼吸时，当发现触电者腹部充气膨胀，应用手按住其腹部，并同时进行吹气和换气。

2）胸外心脏按压法。胸外心脏按压法是触电者心脏停止跳动后使心脏恢复跳动的急救方法，是每一个电气工作人员应该掌握的救护方法，如图 1-18 所示。

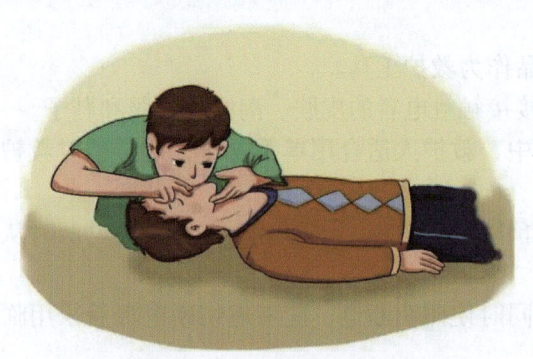

图 1-17　口对口人工呼吸法

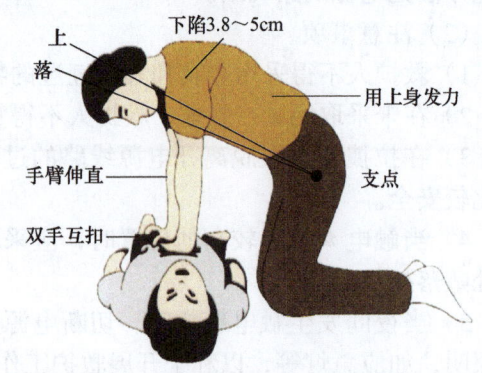

图 1-18　胸外心脏按压法

① 首先使触电者仰卧在坚实的地方，解开领口衣扣并使其头部充分后仰，鼻孔向上。也可由另外一人用手托在触电者颈后或将其头部放在木板端部，在其胸后垫以软物。

② 救护者跪在触电者一侧或骑跪在其腰部两侧，两手相叠，下面手掌根部放在心窝上方，胸骨下 1/3～1/2 的位置。

③ 手掌根用力垂直向下挤压，力量要适中，不得用力过猛。对成人应压陷 3～4cm，频率为 60 次/min。对 16 岁以下的儿童，一般应用一只手挤压，用力要比成人稍轻一点，压陷 1～2cm，频率 100 次/min 为宜。

④ 按压后，手掌根应迅速全部放松，让触电者胸部自动复原。放松时，手掌根不要

离开压迫点,只是不向下用力而已。

⑤ 为了达到良好的效果,在实施胸外心脏按压法的同时,必须做人工呼吸。因为正常的心脏跳动和呼吸是相互联系且同时进行的,没有心跳,呼吸也要停止,而呼吸停止后,心脏也不会跳动。

注意:实施胸外心脏按压法时,切不可草率行事,必须认真坚持,抢救要持续到触电者苏醒或其他救护人员、医生赶到。

(5)触电预防

1)不要带电操作。新能源汽车维修人员应尽量不进行带电作业。若必须带电操作,应采取必要的安全措施,如有专人在现场监护及采取相应的安全绝缘措施等。

2)完善安全措施。新能源汽车的金属外壳可采用保护接零或保护接地等安全措施。

3)建立安全检查制度。安全检查是发现维修设备和工具缺陷、及时消除事故隐患的重要措施。安全检查一般应每季度进行一次,特别要加强雨季前和雨季中的安全检查。

4)加强安全教育。加强新能源汽车电气安全教育和培训是提高车辆维修人员的业务素质、加强安全意识的重要途径。维修保养新能源汽车的操作者还要加强用电安全规程的学习,从事维修工作的人员除了应熟悉新能源汽车电气安全操作规程,还需要掌握新能源汽车电气设备的安装、使用、管理、维护及检修工作的安全要求,具备新能源汽车电气火灾的灭火常识和触电急救的基本操作技能。

5)作业警告。操作电工在全部停电或部分停电的电气设备上工作前,必须先做好停电、验电、装设搭铁线、悬挂安全警告牌和装设防护栏等工作,再进行实际作业。

二、高压作业个人安全防护要求

对新能源汽车的非高压部件(如制动、悬架和车身系统)进行维修时,不需要专业的安全防护措施。对高压系统中的高压组件进行维修时,要求必须采用特殊的防护措施。在劳动保护方面,要注意以下要点。

1)必须遵守有关安装和健康防护的说明和规定。

2)必须按规定使用装备(工具、车辆)。

3)如果发现装备损坏,则必须按专业的要求排除故障。如果不能排除故障,则必须向上级通报。

1. 个人防护用品

(1)绝缘鞋 绝缘鞋(安全鞋)是辅助安全用品,有多种型号,通常适用于交流50Hz、1000V以下或直流1500V以下的电力设备检修工作,如图1-19所示。GB 21148—2020《足部防护 安全鞋》对产品使用者也提出了新要求:使用时,应避免锐器刺伤鞋底,使用时鞋面保持干燥,避免高温和腐蚀性物质。产品在穿用6个月后,应做一次预防性试验,因锐器刺穿的不合格品不得再当作绝缘鞋使用。

(2)绝缘帽 绝缘帽(安全帽)是指具备电绝缘性能要求的安全帽,在帽子上会有安全常识"D"的字母标记。按照国家标准做电绝缘性能试验,用交流1200V耐压试验1min,泄漏电流不应超过1.2mA,如图1-20所示。

图 1-19 绝缘鞋

图 1-20 绝缘帽

1)戴安全帽前,应将帽后调整带按自己头型调整到适合的位置,然后将帽内弹性带系牢。

2)缓冲衬垫的松紧由调整带调节,人的头顶和帽体内顶部的空间垂直距离一般在 25～50mm,至少不要小于 32mm 为好。

3)不要把安全帽歪戴,也不要把帽檐戴在头后方。

4)安全帽的下颚带必须扣在颌下并系牢,松紧要适度。

5)在现场作业中,不得将安全帽随意脱下搁置一旁或当坐垫使用。

6)平时使用安全帽时应保持整洁,不能接触火源,不要任意涂刷油漆。

(3)护目镜 护目镜也叫安全防护眼镜,其种类很多,有防尘眼镜、防冲击眼镜、防化学眼镜和防光辐射眼镜等,如图 1-21 所示。护目镜是一种能起到特殊防护作用的眼镜,可根据使用场合的不同选择合适的眼镜。

1)选择护目镜应根据脸型选择护目镜的规格大小。

2)护目镜可通过调节头带,调整到与面部的合适程度。

3)护目镜要选用经产品检验机构检验合格的产品。

4)镜片磨损粗糙、镜架损坏会影响操作人员的视力,应及时进行调换。

5)护目镜要专人专用,以防止传染眼疾。

6)焊接护目镜的滤光片和保护片要按规定作业需要进行选用和更换。

7)防止重摔、重压,防止坚硬的物体摩擦镜片和面罩。

(4)绝缘拼接地板 新能源汽车维修工具中的绝缘拼接地板具有稳定的物理化学性质,不溶于水、不溶于油,可以加强对工作人员的对地绝缘保护,避免在发生单相接地或电气设备绝缘损坏时,接触电压与跨步电压对人体造成伤害。绝缘拼接地板如图 1-22 所示。

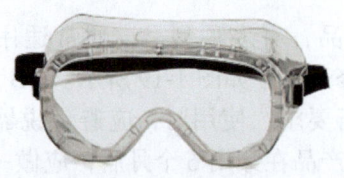

图 1-21 护目镜

图 1-22 绝缘拼接地板

(5)绝缘手套 绝缘手套是起电气绝缘作用的一种带电作业用手套,可以使人的两手与带电体绝缘,防止人手触及同一电位带电体或同时触及不同电位带电体而发生触电,如图 1-23 所示。

1）绝缘手套分类。根据绝缘手套所用原料的不同，可分为天然橡胶绝缘手套和丁基合成橡胶绝缘手套两大类，如图 1-23 和图 1-24 所示。

图 1-23　天然橡胶绝缘手套

图 1-24　丁基合成橡胶绝缘手套

2）绝缘手套标记。根据国家标准规定，绝缘手套的每只手套上必须有明显且持久的标记，内容包括标记符号、使用电压等级/类别、制造单位和商标、规格型号、周期试验日期栏、检验合格印章、贴有经试验单位定期试验的合格证等信息，绝缘手套标记如图 1-25 所示。

图 1-25　绝缘手套标记

3）绝缘手套等级。绝缘手套按照不同的电压等级可分为多个级别，绝缘材料制作带电作业用绝缘手套的级别（IEC 60903—2002）见表 1-5。

表 1-5　绝缘材料制作带电作业用绝缘手套的级别（IEC 60903—2002）

级别	试验验证电压 AC/DC/kV	最低耐受电压 /kV	最大泄漏电流 /mA	最大使用电压 AC/DC/kV
00	2.5/10	5	≤14	0.5/0.75
0	5/20	10	≤16	1/1.5
1	10/40	20	≤18	7.5/11.25
2	20/50	30	≤20	17/25.5
3	30/60	40	≤22	26.5/39.75
4	40/70	50	≤24	36/54

4）绝缘手套的使用要求。

① 使用经检验合格的绝缘手套，检验应每 6 个月进行一次，如图 1-26a 所示。

检验标准：高压绝缘手套试验电压是 9kV，泄漏电流是 9mA；低压绝缘手套试验电压是 2.5kV，泄漏电流是 5mA。

② 戴之前，还要对绝缘手套进行气密性检查，如图 1-26b 所示。

具体方法：将手套从口部向上卷，稍用力将空气压至手掌及指头部分检查上述部位有无漏气，如有漏气，则不能使用。

③ 使用时注意防止尖锐物体刺破手套。

④ 绝缘手套使用前，应进行外观检查。当发现有发粘、裂纹、破口（漏气）、气泡、发脆等损坏时，禁止使用。

⑤ 进行新能源汽车维修工作应戴上绝缘手套。

⑥ 使用绝缘手套时，应将上衣袖口套入绝缘手套筒口内，如图 1-26c 所示。

⑦ 使用后，注意存放在干燥处，并不得接触油类及腐蚀性药品等，如图 1-26d 所示。

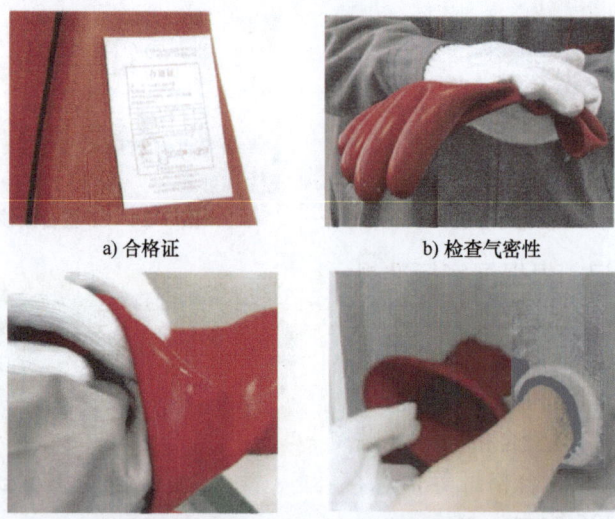

a) 合格证　　　　b) 检查气密性

c) 戴上绝缘手套　　d) 使用后存放在干燥处

图 1-26　绝缘手套的使用要求

（6）维修工服　维修工服是维修技师所穿的衣服，能够给电动汽车操作人员提供安全保障，如图 1-27 所示。

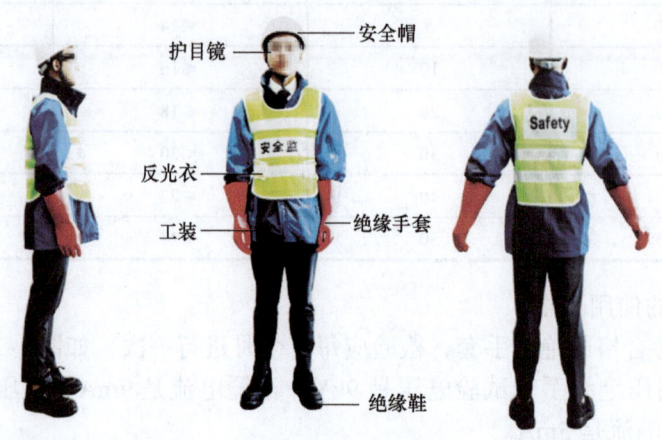

图 1-27　维修工服

维修工服的选取方法如下。

1）维修工服面料应当选择防静电、耐摩擦的材料。

2）维修工服要求是收口的，下摆、袖口、裤腿都是可以扣起来的，能有效降低衣服卡入车辆缝隙中的概率，提高维修作业的安全性。

3）维修工服色泽以较深为宜。

2. 干粉灭火器

新能源汽车维修工具中，干粉灭火器是必备的工具之一。如果车辆起火，当火势较小较慢时，使用干粉灭火器可以快速有效地灭火。因此，干粉灭火器在新能源汽车维修中是不可或缺的工具，如图 1-28 所示。

3. 绝缘工具

绝缘工具通常分为基本绝缘安全工具和辅助绝缘安全工具，如图 1-29 所示。基本绝缘安全工具是指能直接操作带电设备或可能带电物体的维修工具。辅助绝缘安全工具是指绝缘强度不是承受设备或线路的工作电压，只是用于加强基本绝缘安全的保护作用，用以防止接触电压、跨步电压、泄漏电流电弧对操作人员的伤害。不能用辅助绝缘安全工具直接接触高压设备的带电部分。属于辅助绝缘安全工具有绝缘手套、绝缘鞋、绝缘拼接地板等。

图 1-28　干粉灭火器

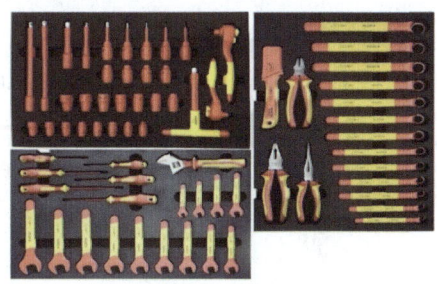

图 1-29　绝缘工具

为了顺利完成新能源汽车的维修任务而又不发生安全事故，操作者必须携带和使用各种绝缘工具。

绝缘工具通常有两个绝缘层。工具内部的绝缘层大多为黄色，外层为橘色。双绝缘层的作用是为使用者提供安全警告：若工具的绝缘层部分磨损或破坏，露出内部的黄色绝缘层，则必须废弃并更换为新的完好工具。

4. 安全警示带

安全警示带也叫安全隔离带，主要有塑料和涤纶布两种材质，如图 1-30 所示。安全警示带常用于新能源汽车交通事故以及突发事件的隔离，在检修新能源汽车时可用于圈定操作场地，起到提醒他人安全防范的作用。

5. 高压电警告牌

在高压电气系统的检修作业场所放置高压电警告牌是保证工作人员安全的主要措施之一，以此起到安全警告作用，避免或减少安全事故的发生。根据作业内容的不同，通常在高压电警告牌上书写"严禁触摸　高压危险""严禁启动　正在检修""严禁操作　正在检修"等字样，如图 1-31 所示。

6. 高压车辆的标识

为了便于识别，所有混合动力汽车和电动汽车高压电缆标识均为橙色，如图 1-32 所示。车辆带电或启动时，应遵守"请勿接触橙色部件"的规则。

每根电缆均用机械锁定装置固定，这可确保电缆安装牢固并确保其仅安装在相应的插座上。电缆绝缘以防止电动势（EMF）降低。

图 1-30　安全警示带

图 1-31　高压电警告牌

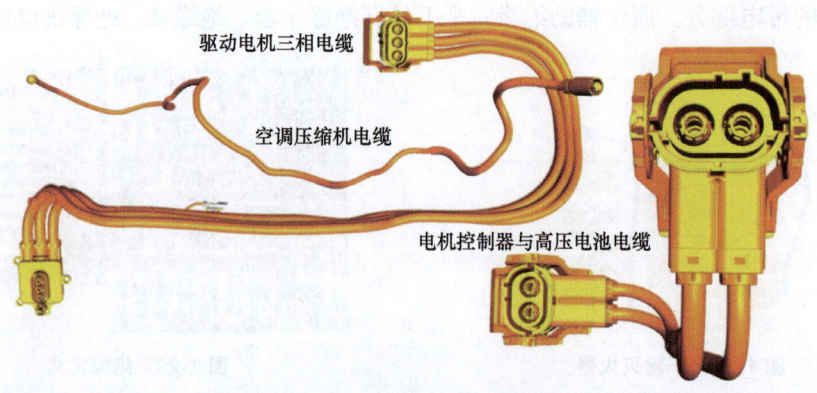

图 1-32　高压电缆标识均为橙色

所有高压部件上均贴有引起对潜在危险注意的警告，如图 1-33 所示。所有高压连接都加以保护且颜色标识为橙色，可以明显区别于车辆中的其他部件。

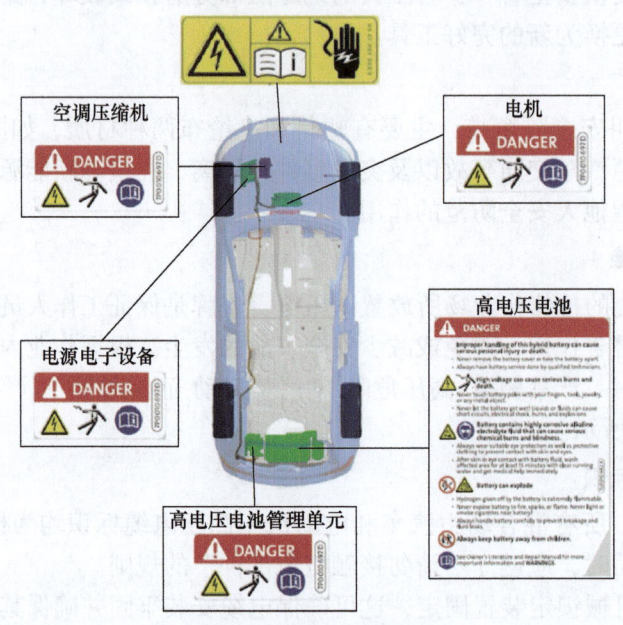

图 1-33　危险注意的警告

必须在维修车间的纯电动汽车或混合动力车辆上张贴警告以引起第三方对潜在危险的关注。

7. 高压系统维修安全规定

（1）设置隔离区和张贴警告标识　在进行维修作业前，需要对整车设置隔离区，防止非预期上电、机械伤害及非维修人员触电等带来的风险，如图 1-34 所示。

a）设置隔离区

b）张贴警告标识

图 1-34　设置隔离区和张贴警告标识

（2）关闭点火开关、断开低压及高压连接开关　车辆带负载的情况下断高压会有拉弧的可能性，为避免拉弧带来的人身伤害，需要先断低压，后断高压，二者顺序不能对调。

断开蓄电池负极电缆后，需要用绝缘胶带包裹负极连接线束，并将其固定，与蓄电池正极极柱保持一定的距离。

断开手动维修开关（MSD）。

（3）防止重新启动　确保没有任何第三方能够重新启动高压系统。负责维修保养的高压技师必须管理重新启动系统的所有所需部件，如点火钥匙、手动维修开关。

车辆下电后，技术人员必须保管好车辆的钥匙，防止其他人启动车辆；若车辆配备了远程无钥匙启动系统，车辆与钥匙必须保持足够远的安全距离。

（4）检查高压系统　检查高压系统是否已正确地断开连接，对高压系统进行定量测试，确定其是否已与动力电池断开。可采取以下措施来检查高压系统是否已断开。

1）验电：使用万用表测量电池正负极对整车底盘的电压，正常情况应该接近 0V，否则，说明电池箱存在漏电的情况；使用万用表测量电池正负极之间的电压，正常情况应该接近 0V，否则，说明电池箱继电器有粘连情况。

2）等电位测试：测量电池系统接地线电阻，电阻应该 <100mΩ，否则，需要检查搭铁线或固定螺栓。

3）绝缘测试：检测绝缘电阻，读取绝缘数值，若测量值与标准数值不符，则说明电池存在绝缘故障，需进一步检修。一般情况下，测量电池系统的绝缘电阻应达到兆欧级别，根据国标要求，混合电路绝缘电阻最低标准为 >500Ω/V。

任务二　新能源汽车维修工具与仪器使用

新能源汽车主要包括混合动力汽车、纯电动汽车等，都装有电池、电机等部件，带有 500V 左右的高压电，因此在维修新能源汽车时，一定要使用专业的维修工具设备，避免发生安全事故。

一、数字万用表

1. 万用表的认知

万用表按显示方式分为指针万用表和数字万用表，是一种多功能、多量程的测量仪表，一般万用表可测量直流电流、直流电压、交流电流、交流电压、电阻和音频电压等，有的还可以测交流电流、电容及半导体的一些参数，其中数字万用表如图 1-35 所示。

低温快充 -1

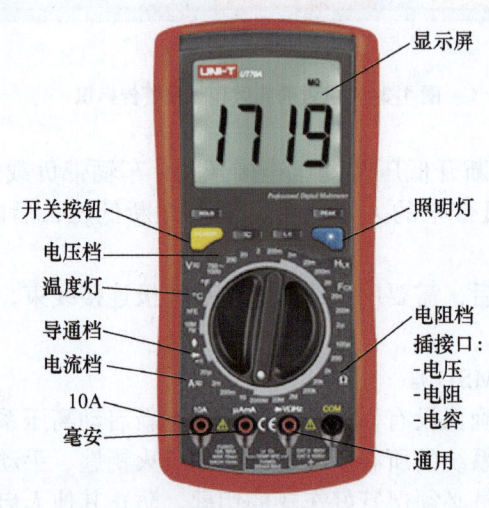

图 1-35　数字万用表

2. 万用表的旋钮开关

万用表的旋钮开关符号及含义见表 1-6。

表 1-6　万用表的旋钮开关符号及含义

符号	含义
V∼	交流电压测量
V⎓	直流电压测量
Ω	电阻测量
A⎓	直流电流测量
A∼	交流电流测量
⇥	二极管，PN 结正向压降测量
•)))	电路通断测量
hFE	晶体管放大倍数 β 测量
mF	电容单位：毫法
NCV	非接触感应交流电压测量功能

3. 万用表的功能按键

万用表的功能按键符号及含义见表 1-7。

表 1-7　万用表的功能按键符号及含义

符号	含义
HOLD/SELECT	按"HOLD/SELECT"键可依次转换为二极管或蜂鸣器测量功能；在 AC750V 档触发时，可测 220V 及 380V 的市电频率，其他档为锁存功能，长按为背光的开启与关闭
TRUE/AVG	真有效值 / 平均值：短触发为真有效值 / 平均值转换

4. 万用表的 LCD 显示屏

万用表的 LCD 显示屏如图 1-36 所示，其符号及含义见表 1-8。

图 1-36　万用表的 LCD 显示屏

表 1-8　万用表的 LCD 显示屏符号及含义

符号	含义
AC	交流
DC	直流
⇥	二极管
•)))	导通

（续）

符号	含义
℃	摄氏度
℉	华氏度
MkΩ	Ω 为欧姆，kΩ 为千欧，MΩ 为兆欧
nF、μF、mF	电容单位：纳法、微法、毫法
VA	V 为电压单位，A 为电流单位
REL	相对值测量提示
HOLD	定格测量值
hFE	晶体管放大倍数提示符
🔋	电池电量提示

5. 万用表的输入插孔

万用表的输入插孔如图 1-37 所示，其符号及含义见表 1-9。

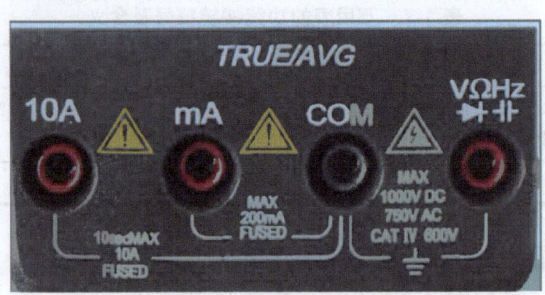

图 1-37　万用表的输入插孔

表 1-9　万用表的输入插孔符号及含义

符号	含义
10A	红表笔插孔，用于测量较大的电流（10A）
mA	红表笔插孔，用于测量较小的电流（以 mA 为档位）
COM	黑表笔插孔，公共端
VΩHz ⤙⊢	红表笔插孔，用于测量电容、电压、电阻、二极管和频率等

6. 万用表的检查

在使用万用表测量之前，要检查万用表是否能够正常工作。

1）"功能量程旋钮开关"从"OFF"档位旋到其他任何一个档位，万用表 LCD 显示屏应能正常亮起。

2）如果不能够正常亮起，应检查与更换万用表电池，安装电池时要注意区分极性。

3）将万用表的红表笔插入电阻档的测试接口，黑表笔插入 COM 接口。

4）将档位打到电阻档。

5）红表笔与黑表笔短接，如果测量到的电阻非常小（≤0.5Ω），则说明万用表内部的熔丝正常，可以进行测量，万用表的检查如图 1-38 所示。

7. 电阻的测量方法

1）万用表的红表笔插入电阻档的测试接口，黑表笔插入 COM 接口。

2）根据测量电阻，将"功能量程旋钮开关"置于合适的电阻测量档位。

3）将表笔并联到被测电阻两端，从 LCD 显示屏上直接读取被测电阻，电阻测量如图 1-39 所示。

图 1-38 万用表的检查

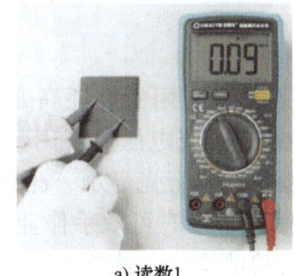
a）读数1

b）读数2

图 1-39 电阻的测量

注意：

① 如果被测电阻开路或电阻超过最大量程时显示"OL"。

② 当测量在线电阻时，在测量前必须先将被测电路内的所有电源关断，并将所有电容器残余电荷放尽，才能保证测量准确。

③ 在低电阻测量时，表笔及仪表内部的引线会带来 0.2～0.5Ω 电阻的测量误差。

④ 当表笔短路时的电阻不小于 0.5Ω 时，应检查表笔是否有松脱或其他现象。

⑤ 测量 1MΩ 以上的电阻时，可能需要几秒钟后读数才会稳定。这对于高电阻的测量属于正常。为了获得稳定的读数，尽量选用短的测试线或配用附件提供的转接插头进行测量，效果更为理想。

⑥ 在完成所有的测量操作后，应断开表笔与被测电路的连接。

8. 直流电压的测量方法

1）万用表的红表笔插入电压档的测试接口，黑表笔插入 COM 接口。

2）将"功能量程旋钮开关"置于直流电压档。

3）将红、黑表笔并联到待测电源或负载上。

4）从 LCD 显示屏上直接读取被测电压，如图 1-40a 所示。

9. 直流电流的测量方法

1）万用表的红表笔插入电流档的测试接口，黑表笔插入 COM 接口。

2）将"功能量程旋钮开关"置于直流电流档。

3）将表笔串联到待测回路中。

4）LCD 显示屏上直接读取被测电流，如图 1-40b 所示。

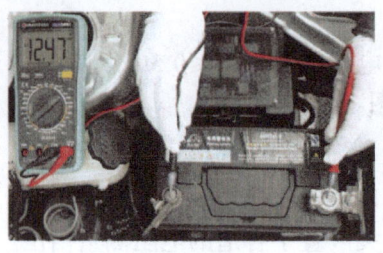 

a) 测电压　　　　　　　　　　b) 测电流

图 1-40　直流电压 / 电流的测量

二、绝缘测试仪

1. 绝缘测试仪的认知

绝缘测试仪也称为数字兆欧表，是采用低损耗高变比电感储能式直流电压变换器将 12V 电压变换成 250V/500V/1000V 的直流电压。采用数字电桥进行电阻测量，用于绝缘电阻的测试，具有使用轻便、量程宽广、背光显示、测试锁定、自动关机等功能，还可以进行市电测量，整机性能稳定，使用背带时可双手作业，适用于电机、电缆、机电设备、电信器材、电力设施等绝缘电阻的检测需要。绝缘测试仪如图 1-41 所示。

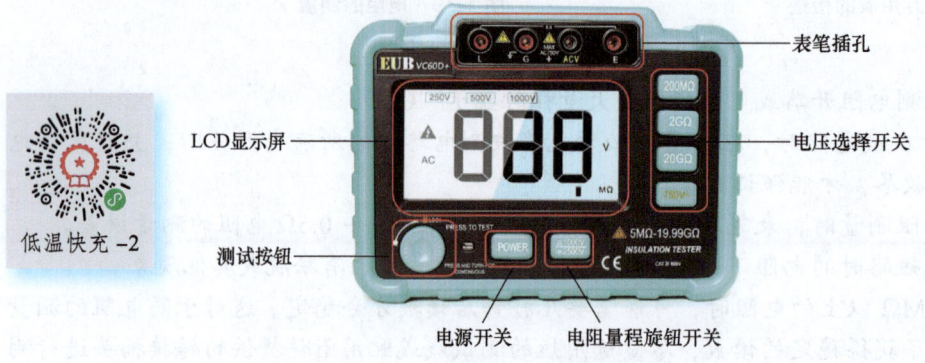

图 1-41　绝缘测试仪

2. 绝缘测试仪按键功能

绝缘测试仪按键功能见表 1-10。

表 1-10　绝缘测试仪按键功能

符号	含义
250V/500V/1000V	根据测量需要，选择合适的测试电压
750V～	测量交流电压
LOCK	测试旋转按钮
POWER	电源开关：自锁式电源开关
RANGE	电阻量程选择开关

3. 绝缘测试仪表笔插孔

绝缘测试仪表笔插孔符号及含义见表 1-11。

表 1-11 绝缘测试仪表笔插孔符号及含义

符号	含义
L	接被测线路端插孔
G	保护端插孔，要求消除被测表面泄漏效应时接入
ACV	交流电压测试输入端
E	接被测对象的搭铁端插孔

4. 绝缘测试仪 LCD 显示屏

绝缘测试仪 LCD 显示屏如图 1-42 所示，其符号及含义见表 1-12。

a)　　　　　　　　　　b)

图 1-42　绝缘测试仪 LCD 显示屏

表 1-12　绝缘测试仪 LCD 显示屏符号及含义

符号	含义
⚡	高压电危险
1	表示测量数值超过量程
MΩ	绝缘电阻单位
250V/500V/1000V	对应选择量程

5. 绝缘测试仪技术指标

绝缘测试仪技术指标见表 1-13。

表 1-13　绝缘测试仪技术指标

基本功能	量程	基本精度
输出电压	250V/500V/1000V	±10%
测试电流	250V（R=250kΩ）1mA 500V（R=500kΩ）1mA 1000V（R=1MΩ）1mA	±10%
RANGE 绝缘电阻	250V：0.1～20MΩ 500V：0.1～50MΩ 1000V：0.1～100MΩ	±4%
	250V：20～500MΩ 500V：50～1000MΩ 1000V：100～2000MΩ	±4%

(续)

基本功能	量程	基本精度
短路电流	<1.8mA	—
中值电阻	250V/500V：2MΩ 1000V：5MΩ	—
电压测量	AC 750V	±1%
插孔位置	绝缘电阻：L、E　AC 750V：ACV G	—

6. 绝缘测试仪的测量操作流程

(1) 绝缘测试仪的检查　在使用绝缘测试仪测量绝缘电阻之前，先要检测绝缘测试仪是否正常工作，如图1-43所示。

1) 将红表笔插入"L"插孔，黑表笔插入"E"插孔。

2) 按下电源开关"POWER"按键。

3) 将测量探头置于空气中按下测试按钮，读取测量值，仅最高位显示"1"，表示超过量程，如图1-44所示。

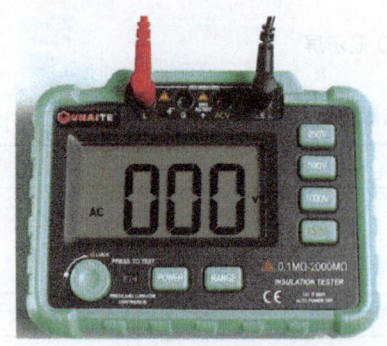

图1-43　绝缘测试仪的检查1

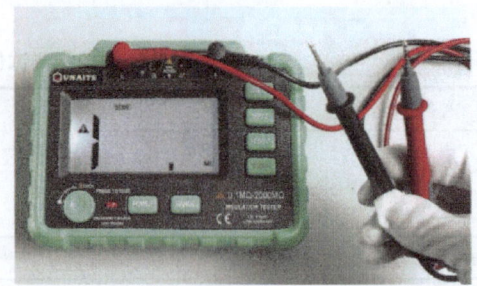

图1-44　绝缘测试仪的检查2

4) 将红、黑表笔探头短接约2s，接触时测试电阻为"0"MΩ，说明绝缘电阻测试仪良好，可以正常使用，如图1-45所示。

注意：执行开路测试时，禁止使用身体部位触碰表笔探头，如图1-46所示。

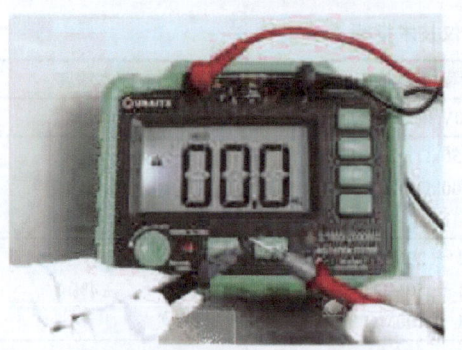

图1-45　绝缘测试仪的检查3

图1-46　绝缘测试仪的检查4

(2) 绝缘电阻的测量方法　绝缘电阻的测量方法如图1-47所示。

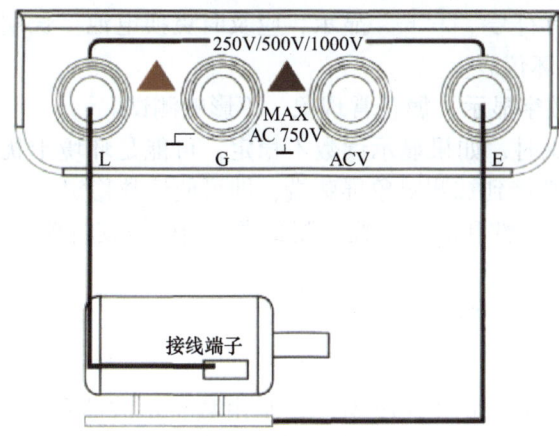

图 1-47 绝缘电阻的测量方法

1）根据测量需要，选择测试电压（250V/500V/1000V）。
2）根据测量需要，选择量程开关（RANGE），绝缘电阻的测量量程见表 1-14。

表 1-14 绝缘电阻的测量量程

基本功能	量程	基本精度
RANGE 绝缘电阻	■	250V：0.1～20MΩ 500V：0.1～50MΩ 1000V：0.1～100MΩ
	■	250V：20～500MΩ 500V：50～1000MΩ 1000V：100～2000MΩ

3）按下测量开关，即可进行测量，向右侧旋转可锁定按键开关，当显示值稳定后，即可读数，绝缘电阻的测量如图 1-48 所示。

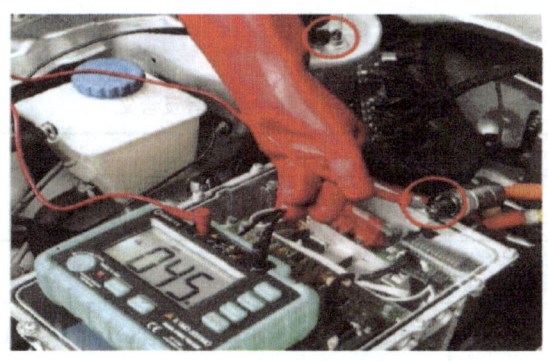

图 1-48 绝缘电阻的测量

(3) 绝缘测试仪的使用注意事项
1）不按下测试电压选择键时，输出电压插孔上将可以输出高压。
2）测试时，不允许手持测试端，以保证读数准确及人身安全。
3）仪表不宜置于高温处存放，避免阳光直接照射，以免影响 LCD 显示屏的寿命。

4)电池能量不足有符号"▭"显示,应及时更换电池。长期存放时,应及时取出电池,以免电池漏液损坏仪表。

5)空载时,如有数字显示,属正常现象,不影响测试。

6)在进行绝缘测试时,如果显示读数不稳定,可能是环境干扰或绝缘材料不稳定造成的,此时可将"G"端接到被测对象屏蔽端,即可使读数稳定。

7)为保证测试的安全性和减少干扰,测试线采用硅橡胶材料,不得随意更换测试线。

三、示波器

1. 示波器的认知

手持式数字存储示波器如图1-49所示,是由数字示波器和万用表组合而成的仪器,实现了易用性、优异的技术指标及众多功能特性的完美结合,可帮助维修工更快地完成测试工作。示波器向用户提供了简单而功能明晰的操作面板,以进行所有的基本操作。

2. 示波器按键

示波器按键如图1-50所示,示波器按键符号及含义见表1-15。

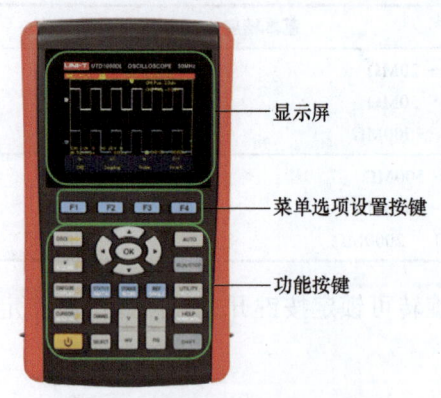

图 1-49 手持式数字存储示波器

图 1-50 示波器按键

表 1-15 示波器按键符号及含义

符号	含义
⏻	电源按键,开关示波器
F1 F2 F3 F4	菜单选项设置按键
DSO/DMM	用以示波器(DSO)和万用表(DMM)工作方式切换
ACQUIRE	在示波器方式下,按此键进入ACQUIRE(采样方式)菜单;如果先按SHIFT键,再按此键则进入亮度调整,通过调节左、右方向键来改变屏幕亮度。当在万用表(DMM)方式下,按此键进入电压测量菜单
CONFIGURE DISPLAY	在示波器方式下,按此键进入DISPLAY(显示方式)菜单;如果先按SHIFT键,再按此键则进入CONFIGURE(界面配制)菜单;当在万用表(DMM)方式下,按此键进入电流测量菜单

（续）

符号	含义
CURSOR/MEASURE	在示波器方式下，按此键进入 CURSOR（光标测量）菜单；如果先按 SHIFT 键，再按此键则进入 MEASURE（自动测量）菜单；当在万用表（DMM）方式下，按此键进入电阻测量菜单，测温电阻/二极管/通断/电容
CHANNEL	在示波器方式下，按此键进入 CHANNEL（通道）菜单；重复按键可相互切换两个通道的通道菜单
STATUS/MATH	在示波器方式下，按此键进入 FFT 菜单；按此键后按 F1 键可切换 FFT 运算和 MATH（数学运算）菜单；如果先按 SHIFT 键，再按此键则打开 STATUS（状态栏）显示
STORAGE/RECORD	在示波器方式下，按此键进入 RECORD（波形录制）菜单；如果先按 SHIFT 键，再按此键则进入 STORAGE（存储）菜单
REF/SINGLE	在示波器方式下，按此键设置 SINGLE（单次触发）功能；如果先按 SHIFT 键，再按此键则进入 REF（波形回调）菜单
AUTO	在示波器方式下，按此键对波形进行自动设置；如果先按 SHIFT 键，再按此键则打开全自动设置功能，在此功能下，示波器会根据输入信号的变化自动调节仪器档位，使波形以最合适的形式显示，无须人工干预
RUN/STOP	在示波器方式下，按此键开始或停止数据采集；当在万用表（DMM）方式下，按此键锁定屏幕测量读数
UTILITY/TRIGGER	在示波器方式下，按此键进入 TRIGGER（触发设置）菜单；如果先按 SHIFT 键，再按此键则进入 UTILITY（辅助功能）菜单
HELP/HORIZONTAL	在示波器方式下，按此键进入 HORIZONTAL（水平设置）菜单；如果先按 SHIFT 键，再按此键则打开 HELP（帮助）信息
SHIFT	配合其他功能键进行功能选择
s/ns	时基：用以改变扫描速率，本机扫描速率为 10ns/div～50s/div。当按"s"时，则扫描速率相对当前再减一慢档，反之按"ns"则加快
V/mV	垂直刻度：用以改变垂直刻度档级，本机刻度范围为 5mV/div～20V/div。当按"V"时，则垂直刻度相对当前再加一大档，反之按"mV"则减小
SELECT	在一般情况下切换通道垂直位移和触发电平，当选择为垂直位移时，则屏幕上的垂直参考三角光标为实心，此时调整上、下方向键即可移动波形在屏幕上的垂直位置。如果再按一次 SELECT，则触发电平位置的三角光标为实心，此时调整上、下方向键则改变触发点的位置
OK（方向键）	在 MEASURE 菜单下，此键用于确认已选择的定制参数；在光标测量下切换光标 1 与光标 2，按 OK 键，在一般情况下用于隐藏/显示当前菜单栏；在万用表（DMM）方式下，进行 A 档电流测量时，用于确认电流分流器是否正确连接
SHIFT+OK	保存当前显示界面到内部存储器中，可通过上位机导出
SHIFT+AUTO	打开全自动设置功能，在此功能下，示波器会根据输入信号的变化自动进行垂直刻度和扫描，使波形以最合适的形式显示，无须人工干预
SHIFT+（F1–F4）	快捷方式打开触发主菜单

3. 示波器通道接口说明

示波器通道接口如图 1-51 所示，其符号及含义见表 1-16。

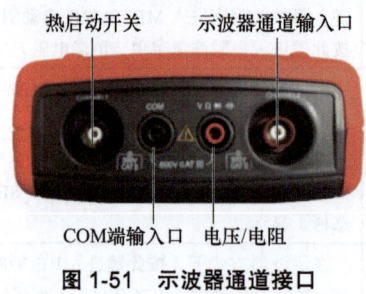

图 1-51　示波器通道接口

表 1-16　示波器通道接口符号及含义

符号	含义
CHANNEL1	示波器通道 1（CH1）接口
CHANNEL2	示波器通道 2（CH2）接口
COM	万用表测量，黑表笔插孔
V Ω ⇥ ⊣⊢	万用表电压/电阻/电流/二极管测量接口

4. 示波器的使用方法

（1）示波器探头补偿

1）连接示波器测量线连接至 CH1 通道。

2）将示波器探头倍率设定为 10 倍，如图 1-52 所示。

3）将示波器测量表笔探头上开关调整 10 倍，如图 1-53 所示。

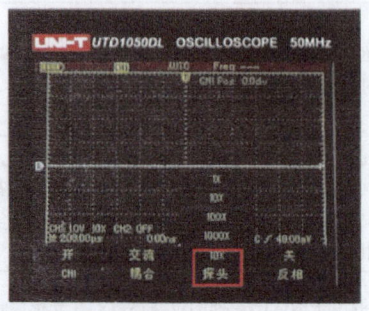

图 1-52　示波器探头倍率设定为 10 倍

图 1-53　示波器测量表笔探头上开关调整 10 倍

4）将测量线探头连接至补偿信号发生器输出口上。

5）按下 AUTO 按键。

6）查看示波器波形，波形显示补偿过度。

7）调整探头上的可变电容，直到波形恢复补偿正确，如图 1-54 所示。

项目一 新能源汽车高压安全防护

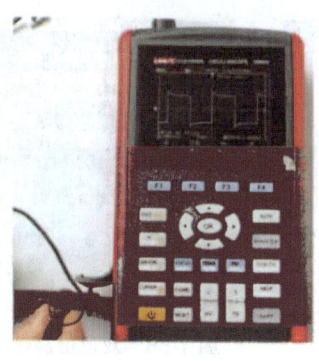
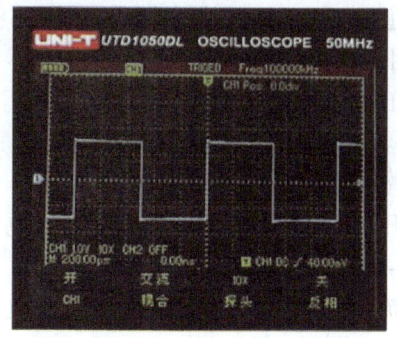

a)   b)

图 1-54　波形恢复补偿正确

（2）示波器测量 CAN 总线波形

1）打开 CH1 通道，调整示波器量程 1V，示波时基 20μs，耦合调整为直流，如图 1-55 所示。

2）测量 CAN 总线波形，如图 1-56 所示。

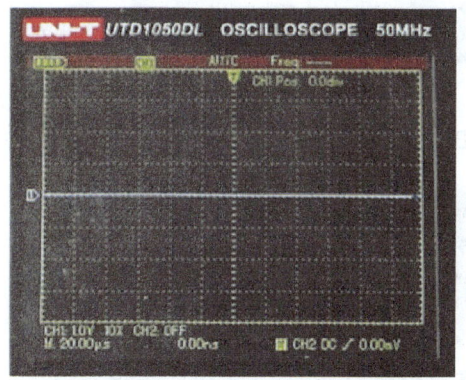
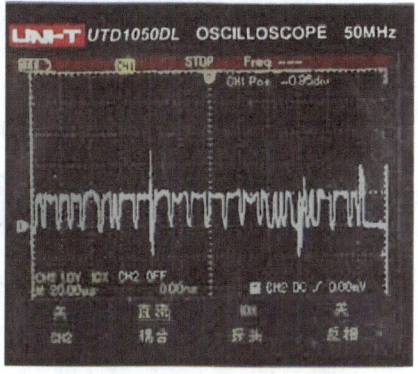

图 1-55　CH1 通道调整示波器量程   图 1-56　测量 CAN 总线波形

3）查看 CANH 信号波形是否正常：V 与 mV 调节垂直刻度范围，升档与降档；S 与 NS 调节示波时基，方向键可以垂直移动波形、左右移动波形，如图 1-57 所示。

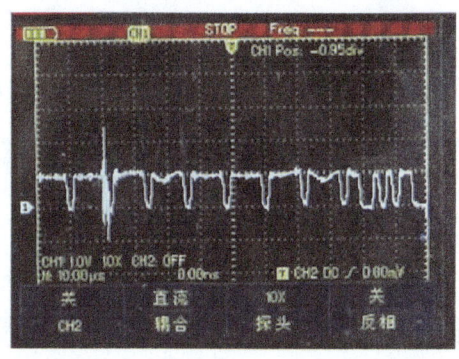
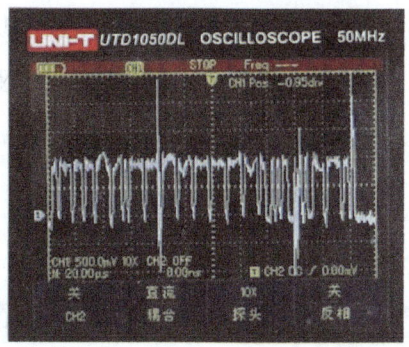

a)   b)

图 1-57　查看 CANH 信号波形

4)双通道测试 CAN 总线波形,如图 1-58 所示。

(3)万用表功能

1)按下 DMM 按键,切换至万用表功能。

2)示波器上部有万用表测量连接线插孔。

3)功能按键有电压、电流、电阻。

4)在电压档位模式下,可以测量直流电压与交流电压,如图 1-59 所示。

5)在电流档位模式下,可以测量直流电流与交流电流,如图 1-60 所示。

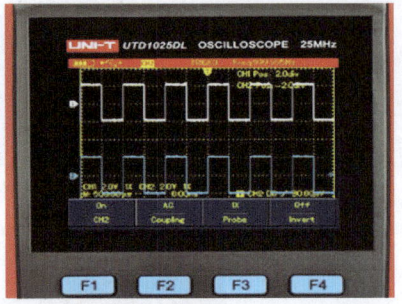

图 1-58 双通道测试 CAN 总线波形

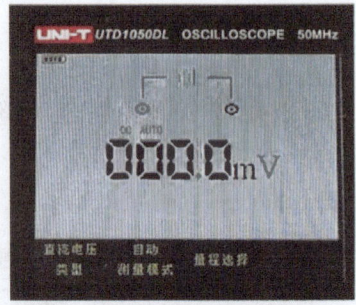
a)测量直流电压

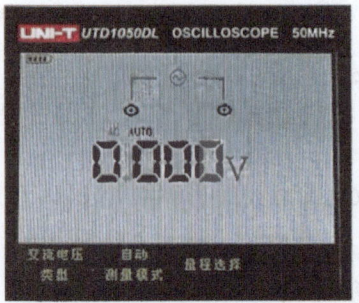
b)测量交流电压

图 1-59 测量直流电压与交流电压

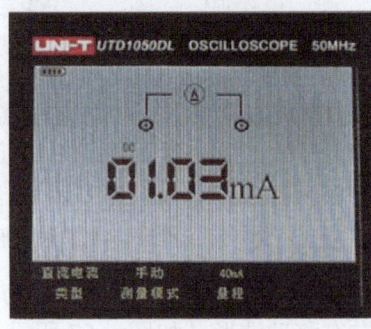
a)测量直流电流

b)测量交流电流

图 1-60 测量直流电流与交流电流

6)在电阻档位模式下,可以测量电阻、二极管、通断、电容等功能,如图 1-61 所示。

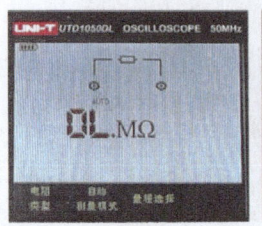
a)测量电阻

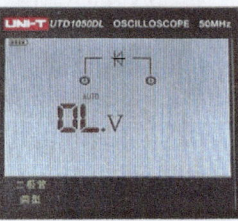
b)测量二极管

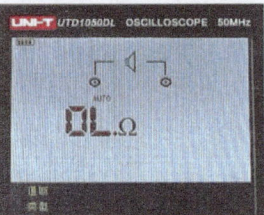
c)测量通断档位

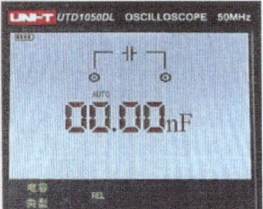
d)测量电容

图 1-61 测量电阻、二极管、通断、电容

四、汽车故障诊断仪的认知

诊断车辆电控系统故障时，用户可以用汽车故障诊断仪读取电控系统的故障，查明发生故障的部位及原因。汽车故障诊断仪是维修中非常重要的工具（图1-62），一般有如下功能。

1）读取计算机版本信息。
2）读取故障码。
3）清除故障码。
4）读取发动机动态数据流。
5）元件动作测试。
6）匹配、设定和编码功能。
7）其他特殊功能。

图 1-62　汽车故障诊断仪

现在汽车都执行了第二代车载诊断系统（OBD-Ⅱ）标准，故 OBD-Ⅱ 插头为常用插头。OBD-Ⅱ 插头及诊断插座，如图 1-63 所示。

a)　　　　　　　　　　　　b)

图 1-63　OBD-Ⅱ 插头及诊断插座

1. 连接诊断仪

1）将 OBD-Ⅱ 测量线连接至蓝牙诊断接口设备（VCI），如图 1-64 所示。
2）连接车辆 OBD-Ⅱ 诊断插座，VCI 设备电源指示灯亮起，如图 1-65 所示。
3）打开诊断仪电源开关。
4）双击汽车故障诊断仪。

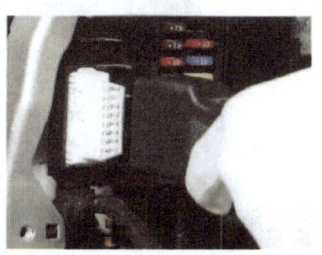
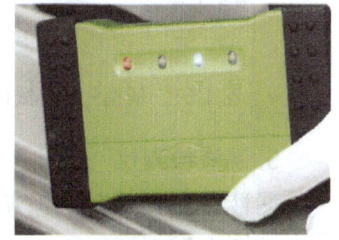

　　　　　　　　　　　　　　　　a) OBD-Ⅱ诊断插座　　　　b) VCI指示灯

图 1-64　将 OBD-Ⅱ 测量线连接至 VCI　　图 1-65　连接车辆 OBD-Ⅱ 诊断插座，
　　　　　　　　　　　　　　　　　　　　　　　VCI 设备电源指示灯亮起

5）进入诊断程序，VCI 有一个"对号"诊断仪与 VCI 设备通信正常。

2. 诊断仪诊断流程

1）读取版本信息、读取故障码、清除故障码、读取数据流、匹配／设置。

2）进入控制单元后，提示"与 ECU 连接失败"，则原因可能是控制单元本身故障、控制单元供电故障、控制单元 CAN 总线故障或网关故障等。

五、动力电池检测设备

1. 电芯维护仪

新能源汽车维修工具中的电芯维护仪是一种集充放电于一体的设备，可以对动力电池电芯进行充放电，如图 1-66 所示。通过对动力电池电芯进行充放电，可以调节电芯的电压或 SOC 在同一标准范围内，避免电芯单体的不一致性，从而避免新能源汽车续驶里程出现不合理的衰减。

图 1-66　电芯维护仪

2. 便携气密测试仪

便携气密测试仪会在电池箱的腔体内充入一定体积、干燥洁净且无杂质的气体，经过平衡保压一段时间后开始检测电池箱内部的气压变化，如图 1-67 所示。如果压力在一定时间内下降超过设定标准值，则认为被测产品的气密性不合格；反之如果压力在测试标准内，则认为气密性合格。

3. 充放电设备

充放电设备用于锂电池箱、电池模组、电芯底盘一体化模块（CTP-Block）日常充放电，如图 1-68 所示。

4. 电池均衡设备

电池均衡设备主要是对电池进行均衡补电，利用电力电子技术使新能源汽车的锂离子单体电池电压或电池箱电压偏差保持在预期的范围内，保证每个单体电池在正常的使用时保持相同的状态，以避免发生过充过放电，满足电池达到一致性，如图 1-69 所示。

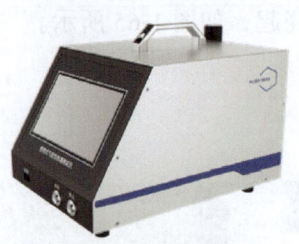　　　　

图 1-67　便携气密测试仪　　图 1-68　充放电设备　　图 1-69　电池均衡设备

5. 漏液检测仪

漏液检测仪是对电池箱的电解液泄漏情况进行测试的仪器，如图 1-70 所示。

6. 动力电池箱举升机台

在新能源汽车维修工具中，动力电池箱举升机台是一种重

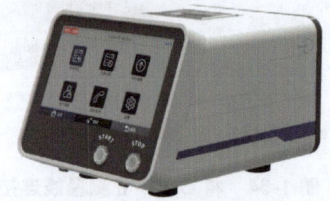

图 1-70　漏液检测仪

要的工具，用于动力电池箱的升降。按照车型标准定制标准版专用工具，可以按照特定的标准调整至能适应不同电池箱尺寸和重量的工具，实现对电池箱的精确举升。动力电池箱举升机台则是一种电动工具，通过电力传动实现对动力电池箱的举升，适用于纯电动汽车和混合动力汽车，如图 1-71 所示。

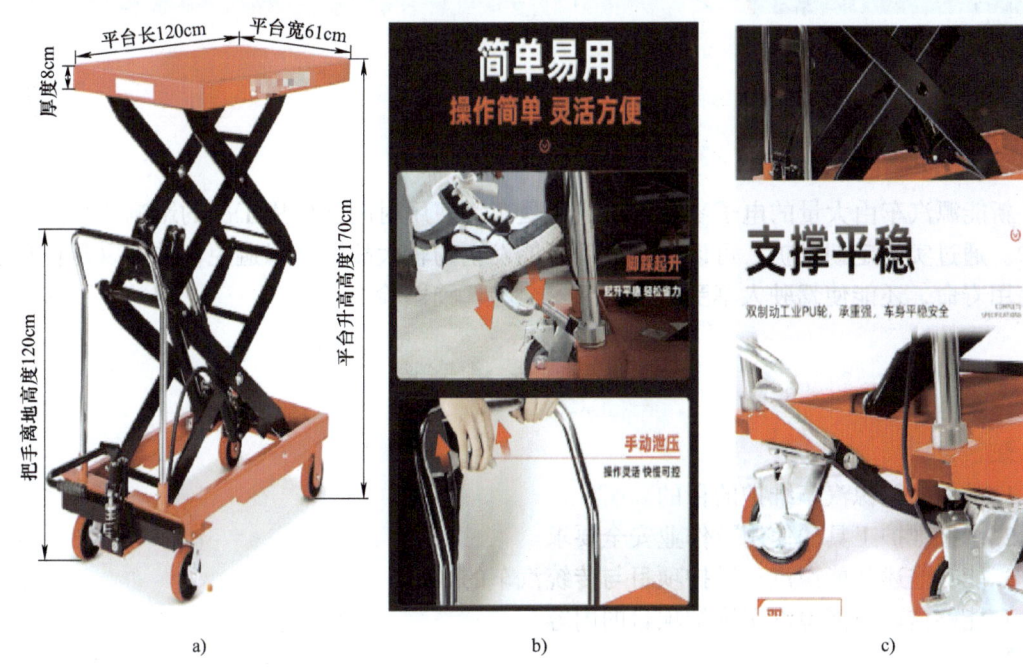

图 1-71　动力电池箱举升机台

拓展学习

2024 年 7 月 4 日，宁德时代在全球范围内正式推出首个商用动力电池品牌——"宁德时代天行"，还推出了全球首款 4C 超充轻型商用车动力电池"天行（L）- 超充版"和"天行轻型商用车（L）- 长续航版"两款产品，可实现最长 500km 的实际续驶里程和 4C 超充能力。

通过在负极材料上采用新型低锂耗石墨、应用仿生自修复 SEI 钝化膜技术，"宁德时代天行"在实现 4C 超充的基础上同时实现循环寿命提升 100%，大幅提高了动力电池全生命周期内的可靠性。

"宁德时代天行"电池采用了 CTP 3.0 无模组极限成组技术，通过拓扑结构优化，大幅提升成组效率，同时还实现了双层大面液冷，以超高能量密度和高效热管理效率，显著提升了续驶里程，同时减小了动力电池自重。

"天行（L）- 超充版"兼具 4C 超充能力和 8 年 80 万 km 质保，拥有 140kW·h 大电量，实际工况下续驶里程可达 350km。仅需 12min 即可补能 60%SOC 的超快充电速度，让"天行（L）- 超充版"能够适应更加灵活的货运需求。

"天行轻型商用车（L）- 长续航版"则兼具 500km 的超长续驶里程和 8 年 80 万 km 质保，拥有 200kW·h 的超大电量，能量密度达到 200W·h/kg，整车综合减重最高可达 300kg，帮助用户多拉、多跑、多赚。

项目二　新能源汽车维护

📌 项目描述

新能源汽车由大量的电子零部件组成，受车辆使用时间和使用工况的影响，需要定期维护。通过实施定期维护，可以使得今后可能发生的较大故障得以避免，并可以延长车辆的使用寿命，还能使驾驶人享受既经济又安全的驾驶体验。

📋 学习目标

知识目标
1. 掌握新能源汽车维护的目的。
2. 掌握维护工具的使用及作业安全要求。
3. 能够描述新能源汽车维护项目与传统汽车的区别。
4. 能够描述新能源汽车维护项目的内容。

技能目标
1. 掌握维护的周期。
2. 掌握维护的项目。
3. 能够进行新能源汽车的维护。
4. 能够进行独立售后备件的维护保养。

素养目标
1. 养成团队协作精神。
2. 养成主动思考、自主学习的习惯。
3. 提升发现问题、分析问题、解决问题的能力。
4. 培养知识总结、综合运用、语言表达的能力。
5. 树立目标并制定实现目标的计划。

任务一　新能源汽车整车维护

一、纯电动汽车维护

以行驶 5 万 km 的纯电动汽车举例，维护大致分为以下 10 个方面。

（1）动力电池系统　动力电池系统维护包括安全防护、绝缘检查、插接件状态、标准件、螺栓紧固力矩、动力电池加热功能检查、外部检查、数据采集等。

（2）电机系统　电机系统维护包括安全防护、绝缘检查、电机和控制器的冷却检查、外部检查。

（3）电气电控系统　电气电控系统维护包括发动机舱及各部位低压线束防护及固定、发动机舱及各部位插接件状态、发动机舱及底盘高压线束防护及固定、发动机舱及底盘各高低压电器固定与插接件状态、低压电池状态检查、灯光检查、信号检查、充电口及高压线检查、高压绝缘监测系统检查、故障诊断系统报警监测。

（4）制动系统　制动系统维护包括驻车制动器检查、制动装置泄漏检查、制动液液位检查、制动真空泵检查、控制器检查、制动盘/片检查。

（5）转向系统　转向系统维护包括转向盘及转向管柱连接紧固状态、转向机本体连接紧固状态、转向拉杆间隙及防尘套检查、检查转向助力功能。

（6）车身系统　车身系统维护包括风窗玻璃及刮水器检查、天窗、座椅及滑道检查、门锁及铰链、发动机舱铰链及锁扣、行李舱铰链及锁扣。

（7）传动及悬架系统　传动及悬架系统维护包括变速器的连接、紧固及渗漏检查，传动轴球笼间隙及防护罩、轮毂检查及紧固，轮胎检查，副车架及各悬架连接状态、前后减振器渗漏及紧固检查。

（8）冷却系统　冷却系统维护包括冷却液位置及冰点、冷却管路渗漏检查、水泵检查、散热器清洁检查。

（9）空调系统　空调系统维护包括空调冷暖风功能、压缩机及控制器检查、空调管路渗漏检查、空调冷凝水排水口检查、空调滤芯更换。

（10）换电装置　换电装置维护包括换电限位器磨损及松动检查、底盘损伤检查、换电装置密封检查、限位装置润滑。

以上项目基本涵盖了纯电动汽车维护，A级维护中这些项目都必须做，B级维护只做一部分常规的维护。典型的纯电动汽车维护项目及内容见表2-1。

表2-1　典型的纯电动汽车维护项目及内容

系统类别	检查内容	处理方法	A级维护			B级维护		
			项目	配件及材料	备注	项目	配件及材料	备注
1.动力电池系统	安全防护	检查并视情况处理	√			√		
	绝缘检查	检查并视情况处理	√			√		
	插接件状态	检查并视情况处理	√			√		
	标准件	检查并视情况处理	√			√		
	螺栓紧固力矩	检查并视情况处理	√			√		
	动力电池加热功能检查	检查并视情况处理	√					
	外部检查	清洁处理	√					
	数据采集	分析并视情况处理	√			√		

（续）

系统类别	检查内容	处理方法	A 级维护			B 级维护		
			项目	配件及材料	备注	项目	配件及材料	备注
2. 电机系统	安全防护	检查并视情况处理	√			√		
	绝缘检查	检查并视情况处理	√			√		
	电机和控制器的冷却检查	检查并视情况处理	√			√		
	外部检查	清洁处理	√					
3. 电气电控系统	发动机舱及各部位低压线束防护及固定	检查并视情况处理	√			√		
	发动机舱及各部位插接件状态	检查并视情况处理	√			√		
	发动机舱及底盘高压线束防护及固定	检查并视情况处理	√			√		
	发动机舱及底盘各高低压电器固定及插接件状态	检查并视情况处理并清洁	√			√		
	低压电池状态检查	检查电量状态，并视情况处理	√			√		
	灯光检查、信号检查	检查并视情况处理	√			√		
	充电口及高压线检查	检查并视情况处理	√			√		
	高压绝缘监测系统检查	检查并视情况处理	√			√		
	故障诊断系统报警监测	检测、检查并视情况处理	√			√		
4. 制动系统	驻车制动器	检查效能并视情况处理	√			√		
	制动装置	泄漏检查	√			√		
	制动液	液位检查	√	更换制动液		√	视情况添加制动液	
	制动真空泵、制动器	检查（漏气）并视情况处理	√			√		
	前后制动盘/片	检查并视情况处理	√			√		
5. 转向系统	转向盘及转向管柱连接紧固状态	检查并视情况处理	√			√		
	转向机本体连接紧固状态	检查并视情况处理	√			√		
	转向拉杆间隙及防尘套	检查并视情况处理	√			√		
	检查转向助力功能	检查并视情况处理	√			√		

(续)

系统类别	检查内容	处理方法	A级维护			B级维护		
			项目	配件及材料	备注	项目	配件及材料	备注
6.车身系统	风窗玻璃及刮水器	检查并视情况更换处理	√	添加风窗洗涤液		√	添加风窗洗涤液	
	天窗	检查并视情况处理	√			√		
	座椅及滑道	检查并视情况处理	√			√		
	门锁及铰链	检查并视情况处理	√	加注润滑油		√	加注润滑油	
	发动机舱铰链及锁扣	检查并视情况处理	√			√		
	行李舱铰链及锁扣	检查并视情况处理	√			√		
7.传动及悬架系统	变速器(减速器)	检查减速器、紧固及渗漏	√	更换减速器齿轮油		√		
	传动轴	检查球笼间隙及防护罩,并视情况处理	√			√		
	轮毂	检查及紧固,视情况处理	√			√		
	轮胎	检查胎压,并视情况处理	√			√		
	副车架及各悬架连接状态	检查紧固	√			√		
	前后减振器	检查渗漏情况并紧固,并视情况更换	√			√		
8.冷却系统	冷却液位置及冰点	液位及冰点测试,视情况添加	√	更换冷却液	冷却液6L	√	冬季时检测冰点视情况添加	
	冷却管路	检查渗漏情况并处理	√			√		
	水泵	检查渗漏情况并处理	√			√		
	散热器	检查并处理	√			√		

以上维护计划具体执行的维护项目有以下两项。

1)动力电池系统维护项目见表2-2。

表2-2 动力电池系统维护项目

维护项目	目的	方法	工具
外观检查	检查外观有无磕碰、损坏	将车辆举升,目测动力电池底部有无碰伤、划伤现象	无
绝缘检查(内部)	防止动力电池内部短路	将动力电池高压母线旋变拧开,用绝缘电阻表测总正、总负对地,电阻应≥500Ω/V	绝缘电阻表
底盘连接检查	防止螺栓松动发生故障	用力矩扳手紧固固定螺栓	力矩扳手

（续）

维护项目	目的	方法	工具
插接件检查	检查插接件有无异常	目测动力电池是否有高低压插接件变形、松脱、过热、损坏等情况	无
高低压插接件可靠性检查	确保插接件正常使用	检查是否有松动、破损、锈蚀、密封等情况	绝缘电阻表、万用表
动力电池内部温度采集点检查	确保测温点工作正常，采集点合理	对比计算机监控温度与红外热像仪温度，检查温度精度	笔记本计算机、CAN卡、红外热像仪
动力电池加热系统测试	确保加热系统工作正常	动力电池接通12V，打开监控软件，启动加热系统，目测风扇是否正常	12V电源、笔记本计算机、CAN卡
标识检查	防止脱落	目测	无
动力电池密封检查	保证动力电池箱体密封良好，防止水进入	目测检查密封条，有问题则更换新件	无

2）驱动电机及驱动电机控制器维护项目见表2-3。

表2-3 驱动电机及驱动电机控制器维护项目

维护项目	目的	方法	工具
安全防护	检查外观有无磕碰、损坏	将车辆举升，目测驱动电机底部有无磕碰、划伤、损坏的现象	无
绝缘检查	防止驱动电机内部短路	将驱动电机U/V/W旋变拧开，用绝缘电阻表测，电阻≥500Ω/V	绝缘电阻表
电机和控制器冷却检查	检查电机与电机控制器冷却液循环的制冷效果	捏紧冷却水管使其水道内部阻力增大，水泵转速变小，如无声音变化，则说明水道内冷却液没有循环，需放气	卡环钳子、螺钉旋具
外部检查	清洁电机及电机控制器表面	压缩空气吹驱动电机及电机控制，禁止使用潮湿的布或高压水枪进行清洁	空气压缩机

二、混合动力汽车维护

混合动力汽车将发动机、电机与动力电池通过控制系统相组合，电机可以补充提供车辆起步、加速时所需的转矩，可以吸收并存储发动机富余的功率和车辆制动能量，从而大幅度降低油耗，减少污染物的排放。虽然没有实现零排放，但其动力性、经济性和排放等综合指标均能够满足当前各国的法规要求，可缓解汽车排放污染和石油短缺的矛盾。

纯电动汽车因为没有发动机、变速器等复杂的动力机械结构，所以不需要进行更换机油、三滤、传动带等常规保养，只需要对动力电池和电机进行一些常规的检查。在结构方面，混动车型相当于安装了两套系统，从日常保养的项目来看，混动车型与燃油车型非常相似。

正常驾驶情况下，混合动力汽车的维护是5000km需要更换机油、1万km需要更换机滤，每隔4万km时需要对混合动力系统进行特殊的保养，检查变换器冷却液和混合动力传动桥油。尤其是相关电路的状况，检查电路是否接触不良，检查车内电压是否在正常的范围内。

（1）换油周期长　检查所需的换油间隔，由于发动机的使用较少，混合动力汽车的换油间隔通常较长。提示：一定要检查使用手册，在手册中会有换油间隔的建议。

（2）制动片寿命长　由于混合动力汽车的再生制动功能，制动片可以减少热量损失和摩擦，从而使制动性能更持久。

混合动力汽车仍然有发动机，因此在日常的维护与保养上，与传统燃油车的区别不大。

任务二　动力电池系统的维护

为保障市场端新能源汽车的安全营运，规避由于用户不正确使用、滥用造成的安全隐患，为了预防故障发生，减缓其劣化过程，维持动力电池正常的使用寿命，特设立此任务，以指导市场端进行规范化的维护作业。

通过定期维护检测，可确保动力电池系统的安全可靠，减少车辆故障率，提高用户出行率。

1. 乘用车维护周期

（1）出租车维护周期　出租车应按照如下周期进行维护。

1）首次维护周期为 5000km 或 6 个月，进行一次一级维护。

2）每隔 1 万 km 或 1 个月，进行一次一级维护。

3）里程每达 10 万 km 或 1 年，进行一、二级维护中的电池外观检测和气密性检测。

4）里程从 20 万 km 开始，每 20 万 km 应进行一、二级维护的全部项目检测，直至达到产品的设计寿命。

注意：以上条件中的里程与年限以先到达为准。

（2）私家车维护周期　私家车应按照如下周期进行维护。

1）首次维护周期为 5000km 或 6 个月，进行一次一级维护。

2）每隔 1 万 km 或 1 年进行一次一级维护。

3）里程每达 8 万 km 或 5 年，进行一、二级维护中的外观检测和气密性检测，直至达到产品的设计寿命。

注意：以上条件中的里程与年限以先到达为准。

2. 商用车维护周期。

商用车维护周期见表 2-4。

表 2-4　商用车维护周期

序号	项目	服务内容	频次
1	结构件检查	物理操作+设备检测	1次/季度
2	BMS 检测	系统检测	
3	单体不平衡度检测	系统检测+数据采集+人工分析	
4	加热系统检测	系统检测+数据采集+人工分析	

（续）

序号	项目	服务内容	频次
5	水冷系统检测	物理操作 + 系统检测	1次/季度
6	SOC 检测	系统检测 + 数据采集 + 人工分析	
7	气密性检测	物理操作 + 设备检测	1次/年
8	漏液检查	物理操作 + 设备检测	
9	电池容量检测	物理操作 + 数据采集分析	
10	开箱检查	物理操作 + 系统检测	1次/5年或30万

3. 作业项目和要求

（1）作业项目　维护作业项目主要包括：清洁及外观检查、软件诊断、后台监控数据诊断分析、箱体气密性检测、无损检测（漏液检查）、开箱检测、容量测试。

注意：若一级维护电池箱体气密性检测不满足制造商要求时，应按照表 2-6 所列进行二级维护开箱检测。

（2）作业要求　维护作业时应参照点检表进行维护项目点检，点检要求如下。

1）点检表应如实填写，作业完毕后用户应签字确认，否则视为未实施。

2）点检表应按时间进行存档，存档时间应不少于 3 年，确保 3 年内的维护记录可追溯。

① 乘用车动力电池一级维护项目作业内容及技术要求见表 2-5。
② 乘用车动力电池二级维护项目作业内容及技术要求见表 2-6。
③ 商用车动力电池一级维护项目作业内容及技术要求见表 2-7。
④ 商用车动力电池二级维护项目作业内容及技术要求见表 2-8。
⑤ 商用车动力电池三级维护项目作业内容及技术要求见表 2-9。
⑥ 电动乘用车动力电池一级维护项目作业点检表见表 2-10。
⑦ 电动乘用车动力电池二级维护项目作业点检表见表 2-11。

拓展学习

2024 年 9 月 13 日，宁德时代正式发布为新能源客车量身定制的解决方案——"宁德时代天行（B）- 客车版"电池，将新能源客车电池的全生命周期延长至 15 年 150 万 km，同时实现了 175W·h/kg 的能量密度，为大规模的新能源城市公交车及动力电池更新提供了技术保障。

这背后是"宁德时代天行（B）- 客车版"电池的多层级、多维度的创新技术设计。据介绍，这款电池宏观上提升堆积密度，最大限度利用空间，微观上提升锂离子活化率和能量传导效率，解决了客车动力电池长寿命与长续驶里程的双重难题。

同时，高能量密度低锂耗石墨、高稳态界面电解液的独家添加剂分子设计、精准成膜技术相辅相成，有效提升了电芯寿命；U 形密封方案、零拔模角上盖设计，创新应用集成式热管理箱体，使其在实现了超级结构强度的同时，比上一代提升了 22% 的体积能量密度。

"宁德时代天行（B）- 客车版"电池还在动力电池管理系统层面做了更为创新的设

计，引入了24h智能化安全监控系统，通过集成先进的传感器、大数据分析及人工智能算法，实现对动力电池健康状况的持续监控与潜在风险的预警排查。无论车辆运行与否，宁德时代的安全守护都时刻在线。

表 2-5 乘用车动力电池一级维护项目作业内容及技术要求

序号	类别	作业项目	作业内容	技术要求
1	清洁及外观检查（动力电池不从整车上拆卸）	异味检查	靠近电池箱鼻嗅是否有刺激性异味	无刺激和烧焦等异味
2		电池箱局部清洁	使用吸尘器、柔软毛刷、干布清理电池箱外部（含插接件）灰尘或异物	外观无灰尘，泥土堆积，清洁度良好
3		铭牌、标签	检查是否完好、规范、清晰，粘贴是否牢固	铭牌、标签完好、规范、清晰、无脱落
4		电池箱外部线束/插接件	检查电池箱与整车所有高低压线束及连接情况，视情况更换	电池箱外高低压线束无磨损，插座、插头无破损，连接无松脱
5		电池箱与整车挂载螺栓力矩	校紧电池箱与整车挂载螺栓	力矩满足质量要求标准
6		电池箱与整车等电位线	检查线束外观并校紧等电位线束连接螺栓	a）线束无破损 b）力矩满足质量要求标准
7		电池箱下箱体	检查下箱体外观，视情况更换底护板或下箱体	变形量小于制造商的允许限度、无裂纹、无红锈
8		手动维修开关（MSD）	检查MSD外观，干式清洁外部灰尘、异物 注：无MSD设计可忽略此项	MSD无划痕、破损，开关内部洁净，无污物
9		水冷管进/出水口	检查电池箱进/出水口连接，视情况处理	水冷管软管与硬管连接可靠，无液体泄漏痕迹，变形量小于制造商的允许限度
10	软件诊断	最高单体温度	a）统一诊断服务（UDS）诊断电池详细数据 b）静态压差对应 ΔSOC>15%SOC，视情况进行均衡或更换	a）最高温度≤55℃ b）单体电压在工作电压范围内（因不同产品电芯工作电压范围存在差异，具体以电芯设计规格参数为依据） c）静态单体 ΔSOC≤15%SOC d）系统实测绝缘 >500Ω/V e）无当前或历史故障码记录
11		电芯单体过电压		
12		电芯单体欠电压		
13		静态电压差		
14		系统绝缘阻抗		
15		除以上的其他报警信息		
16		软件版本	读取当前软件版本，将其刷写为最新软件版本	最新软件版本
17	后台监控诊断	数据分析	a）电池系统后台监控数据诊断 b）续驶里程及工况循序 c）SOC分布	无安全和性能类预警和报警

表2-6 乘用车动力电池二级维护项目作业内容及技术要求

序号	类别	作业项目	作业内容	技术要求
1	外观检查（动力电池从整车上拆卸）	箱体	上、下箱体外部清洁，检查外观并视情况更换	a）箱体外部清洁度良好，无泥土灰尘堆积 b）箱体变形小于制造商的允许范围，无腐蚀、无裂纹、无鼓包
2		平衡阀（防爆阀）	检测平衡阀（防爆阀）外观、清洁度，视情况处理或更换	平衡阀（防爆阀）无破损，无异物堵塞
3	箱体气密性检测	气密性测试	检测箱体气密性，若气密性检测不满足制造商要求，则开箱检测	电池箱气密性符合质量要求，详细标准参考维修手册
4	开箱检测	内部清洁度	检查电池箱内部金属杂质情况并清理	内部清洁度良好、无残余杂质
5		密封圈	检查密封圈外观，视情况更换	无破损、褶皱
6		上盖内侧	清理上盖内侧冷凝水，检查外观	外观无裂，表面无冷凝水
7		箱体内部	检查是否有冷凝水并清理	电池箱四周，模组上层和侧板，BMS硬件均无冷凝水
8		箱内低压线束外观及插接件连接情况	检查连接线束扎带固定牢靠情况，以及插接件和线束外观，视情况更换	平衡阀无破损，无异物堵塞
9		箱内高压线束（含铜巴）	检查高压线束绝缘皮外观并视情况更换	线束绝缘皮无磨损，铜巴无烧蚀发黑现象
10		模组	检查模组端板/侧板焊缝，清理异物，校紧模组固定螺栓及高压连接螺栓力矩	a）焊缝无裂纹 b）无异物 c）螺栓划线标记无位移
11		热管理组件	检查热管理外观及连接情况，视情况更换	a）水冷管软/硬管连接无松动 b）水冷板变形量小于制造商的允许限度 c）加热膜无烧蚀，连接无松动
12		高压盒	抽测高压盒连接螺栓力矩和清洁度状况	a）力矩满足制造商质量要求 b）无冷凝水和其他杂质
13		容量测试	工具检测	通过充放电实测电池实际剩余容量

表2-7 商用车动力电池一级维护项目作业内容及技术要求

序号	点检级别	项目	一级部件	二级部件	点检内容	点检工具
1	一级	性能检测	电池箱状态	主控制板	电池荷电状态（SOC）	动力电池管理系统诊断仪
2					静态电流	
3					绝缘电阻（正/负极）	
4					累加总电压	
5					最大单体电压	
6					最小单体电压	
7				电芯	最高单体温度	
8					最低单体温度	
9					单体电压差	

(续)

序号	点检级别	项目	一级部件	二级部件	点检内容	点检工具
10	一级	性能检测	零部功能及软件版本	继电器	预充继电器故障状态	动力电池管理系统诊断仪
11					主继电器故障状态	
12					充电继电器故障状态	
13					加热继电器故障状态	
14				（CAN 总线通信）	内部通信	
15				从控制板	均衡功能	
16				关系数据库（RDB）	RDB 故障检测	
17				BMS 软件	最新软件状态	
18	一级	结构件检查	电池箱总成	箱体	箱体外壳无腐蚀	校验工具
19					箱体外壳无变形	
20					箱体外壳无破损	
21					箱体外壳无漏液	
22				防爆阀	防爆阀紧固	力矩扳手、校验工具
23					防爆阀无破损	
24				高压端子	正极高压端子外盖螺栓紧固	
25					负极高压端子外盖螺栓紧固	
26				格兰头	正极格兰头紧固	
27					正极格兰头无磨损	
28					负极格兰头紧固	
29					负极格兰头无磨损	
30				快断器	快断器紧固	
31					快断器无磨损	
32				插接件	低压输入插接件紧固	
33					低压输入插接件无磨损	
34					低压输入插接件无腐蚀	
35					低压输出插接件紧固	
36					低压输出插接件无磨损	
37					低压输出插接件无腐蚀	

（续）

序号	点检级别	项目	一级部件	二级部件	点检内容	点检工具
38	一级	结构件检查	线束总成	高压线束	高压线束无破损	校验工具
39					高压线束无磨损	
40				低压线束	低压线束无破损	
41					低压线束无磨损	
42				加热线束	加热线束无破损	
43					加热线束无磨损	
44			高压盒总成	高压端子	正极高压端子外盖螺栓紧固	力矩扳手、校验工具
45					负极高压端子外盖螺栓紧固	
46				插接件	低压输入插接件紧固	
47					低压输入插接件无磨损	
48					低压输入插接件无腐蚀	
49					低压输出插接件紧固	
50					低压输出插接件无磨损	
51					低压输出插接件无腐蚀	
52				快断器	快断器紧固	
53					快断器无磨损	
54			箱体固定部位	固定支架	电池箱与车辆支架连接紧固	力矩扳手
55					高压盒与车辆支架连接紧固	
56			水冷机组	防冻液	膨胀水箱液位正常并视情况添加	校验工具、清洁工具
57				风道/过滤网	风道/过滤网无堵塞并视情况清洁	

表 2-8 商用车动力电池二级维护项目作业内容及技术要求

序号	点检级别	项目	一级部件	二级部件	点检内容	点检工具
1	二级	无损检测		密封性	电池箱气密性符合质量要求	便携气密测试仪
2				容量检测	采集充电数据（实车检测或后台数据）	充放电设备
3				均衡维护（初级）	通过后台监控数据或上门检查，适时对在用车辆的单体 ΔSOC≥10%SOC 且 ΔSOC<15% 的客户提醒做如下维护： a)低端均衡：点火开关（KEY ON）静置 b)高端均衡：充电枪满充	—
4				无损检测	无电解液泄漏	漏液检测仪

表 2-9　商用车动力电池三级维护项目作业内容及技术要求

序号	点检级别	项目	一级部件	二级部件	点检内容	点检工具
1	三级	开箱检测	箱体内部		内部清洁度良好、无残余杂质	力矩扳手、校验工具
2			密封组件		无破损、褶皱	
3			上盖内侧		检查是否有冷凝水并清理	
4			箱内低压线束外观及插接件连接		线束外观良好，无磨损和老化，插接件无松脱	
5			箱内高压线束（含铜巴）		线束绝缘皮无磨损，铜巴无烧蚀发黑现象，螺栓力矩划线标记无位移	
6			模组		检查模组端板/侧板焊缝，清理异物，校紧模组固定螺栓及高压连接螺栓标记 a) 接螺栓力矩 b) 焊缝无裂纹 c) 无异物 d) 螺栓划线标记无位移	
7			高压盒		检查高压连接螺栓标记，无位移，无冷凝水和其他杂质	
8			均衡维护（深度）		电池箱容量自放电正常情况下，单体 ΔSOC>15% 时，开箱进行均衡，确保单体 SOC 水平保持一致	专业均衡设备
9			高压盒内部元器件		MSD 总成	校验工具
10					继电器	
11			箱体内部		熔丝	

表 2-10　电动乘用车动力电池一级维护项目作业点检表

电动乘用车动力电池一级维护项目作业点检表					
作业日期：	车架号（VIN）：		电池编号（Barcode）：		
续驶里程：	服务中心（4S店）名称：		作业人员：		

序号	类别	作业项目	作业内容	技术要求	是否正常 （正常画√，异常画×）	异常问题记录
1	清洁及外观检查（动力电池不从整车上拆卸）	异味检查	靠近电池箱鼻嗅是否有刺激性异味	无刺激和烧焦等异味		
2		电池箱局部清洁	使用吸尘器、柔软毛刷、干布清理电池箱外部（含插接件）灰尘或异物	外观无灰尘，泥土堆积，清洁度良好		
3		铭牌、标签	检查是否完好、规范、清晰，粘贴是否牢固	铭牌、标签、完好、规范、清晰、无脱落		
4		电池箱外部线束/插接件	检查电池箱与整车所有高低压线束及连接情况，视情况更换	电池箱外高低压线束无磨损，插座、插头无破损，连接无松脱		

（续）

电动乘用车动力电池一级维护项目作业点检表					
作业日期： 车架号（VIN）： 电池编号（Barcode）：					
续驶里程： 服务中心（4S店）名称： 作业人员：					
序号	类别	作业项目	作业内容	技术要求	是否正常（正常画√，异常画×）	异常问题记录
---	---	---	---	---	---	---
5	清洁及外观检查（动力电池不从整车上拆卸）	电池箱与整车挂载螺栓力矩	校紧电池箱与整车挂载螺栓	力矩满足质量要求标准		
6		电池箱与整车等电位线	检查线束外观并校紧等电位线束连接螺栓	a）线束无破损 b）力矩满足质量要求标准		
7		电池箱下箱体	检查下箱体外观，视情况更换底护板或下箱体	变形量小于制造商的允许限度、无裂纹、无红锈		
8		手动维修开关（MSD）	检查MSD外观，干式清洁外部灰尘、异物 注：无MSD设计可忽略此项	MSD无划痕、破损，开关内部洁净，无污物		
9		水冷管进/出水口	检查电池箱进/出水口连接，视情况处理	水冷管软管与硬管连接可靠，无液体泄漏痕迹，变形量小于制造商的允许限度		
10	软件诊断	最高单体温度	a）UDS诊断电池详细数据 b）静态压差对应ΔSOC>15%SOC，视情况进行均衡或更换	a）最高温度≤55℃ b）单体电压在工作电压范围内（因不同产品电芯工作电压范围存在差异，具体以电芯设计规格参数为依据） c）静态单体ΔSOC≤15%SOC d）系统实测绝缘电阻>500Ω/V f）无当前或历史故障码记录		
11		电芯单体过电压				
12		电芯单体欠电压				
13		静态电压差				
14		系统绝缘阻抗				
15		除以上的其他报警信息				
16		软件版本	读取当前软件版本，将其刷写为最新软件版本	最新软件版本		
17	后台监控诊断	数据分析	a）电池系统后台监控数据诊断 b）续驶里程及工况循序 c）SOC分布	无安全和性能类预警和报警		

意见或建议：
用户签字：

表 2-11 电动乘用车动力电池二级维护项目作业点检表

电动乘用车动力电池二级维护项目作业点检表					
作业日期： 　车架号（VIN）： 　电池编号（Barcode）： 续驶里程： 　服务站（4S）名称： 　作业人员：					
序号	类别	作业项目	作业内容	技术要求	是否正常（正常画√，异常画×）	异常问题记录
1	外观检查（动力电池从整车上拆卸）	箱体	上、下箱体外部清洁，并检查外观并视情况更换	a）箱体外部清洁度良好，无泥土灰尘堆积 b）箱体变形小于制造商的允许范围，无腐蚀、无裂纹、无鼓包		
2		平衡阀（防爆阀）	检测平衡阀（防爆阀）外观，清洁度，视情况处理或更换	平衡阀（防爆阀）无破损，无异物堵塞		
3	箱体气密性检测	气密性测试	检测箱体气密性，若气密性检测不满足制造商要求，则进行开箱检测	电池箱气密性符合质量要求，详细标准参考维修手册		
4	开箱检测	内部清洁度	检查电池箱内部金属杂质情况并清理	内部清洁度良好、无残余杂质		
5		密封圈	检查密封圈外观，视情况更换	无破损、褶皱		
6		上盖内侧	清理上盖内侧冷凝水，检查外观	外观无裂，表面无冷凝水		
7		箱体内部	检查是否有冷凝水并清理	电池箱四周、模组上层和侧板，BMS硬件均无冷凝水		
8		箱内低压线束外观及插接件连接情况	检查连接线束扎带固定牢靠情况，以及插接件和线束外观，视情况更换	线束外观良好，无磨损和老化，插接件无松脱		
9		箱内高压线束（含铜巴）	检查高压线束绝缘皮外观并视情况更换	线束绝缘皮无磨损，铜巴无烧蚀发黑现象		
10		模组	检查模组端板/侧板焊缝，清理异物，校紧模组固定螺栓及高压连接螺栓力矩	a）焊缝无裂纹 b）无异物 c）螺栓划线标记无位移		
11		热管理组件	检查热管理外观及连接情况，视情况更换	a）水冷管软/硬管连接无松动 b）水冷板变形量小于制造商的允许限度 c）加热膜无烧蚀，连接无松动		
12		高压盒	抽测高压盒连接螺栓力矩和清洁度状况	a）力矩满足制造商的质量要求 b）无冷凝水和其他杂质		
13		容量测试	工具检测	通过充放电实测电池的实际剩余容量		

意见或建议：
用户签字：

项目三　纯电动汽车故障诊断

项目描述

纯电动汽车（Battery Electric Vehicle，BEV）是指完全由动力电池（如铅酸蓄电池、磷酸铁锂电池、镍氢电池或锂离子电池等）提供动力的汽车。这些汽车完全由外接电源充电获得能量，当动力电池能量耗尽时，汽车就不能继续行驶。纯电动汽车构造如图 3-1 所示。

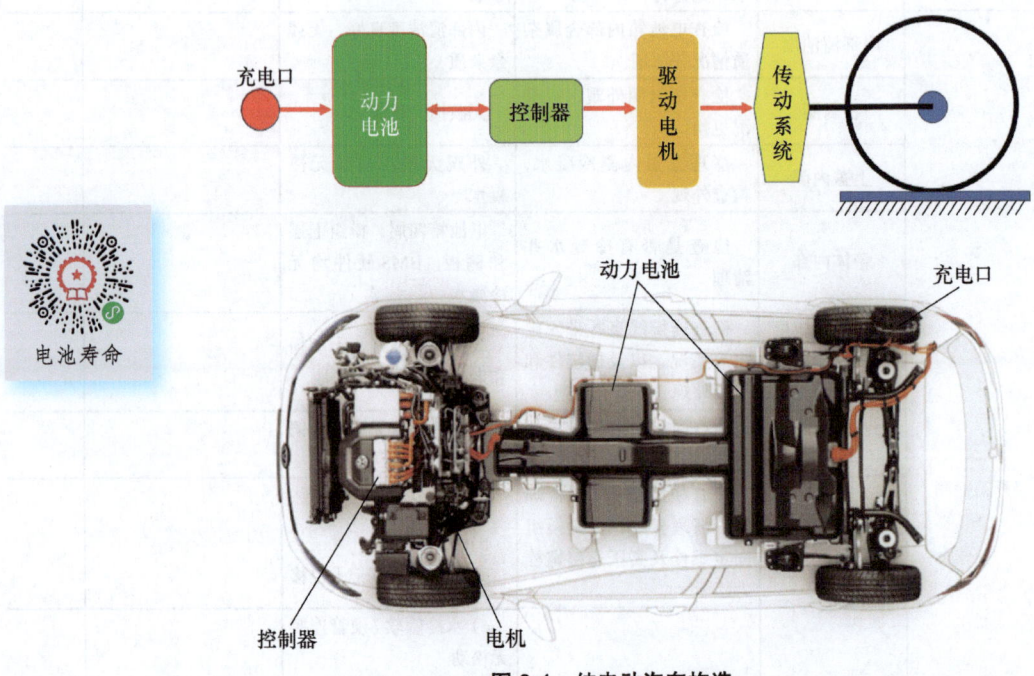

图 3-1　纯电动汽车构造

（1）纯电动汽车电缆　在纯电动汽车上，不仅有传统汽车上的 12V 低压电缆，还有用于电驱动系统的高压电缆。为了行驶安全和使用方便，部分电缆安装在硬质绝缘管中隔离防护，并用不同的颜色进行区分。

黑色、红色——低压电缆，一般用于车载电器设备，如音响、灯光和安全气囊等。人体接触它们没有危险。

橙色——高压电缆，一般用于动力系统供电线路。人体接触它们非常危险，高压电缆如图 3-2 所示。

项目三 纯电动汽车故障诊断

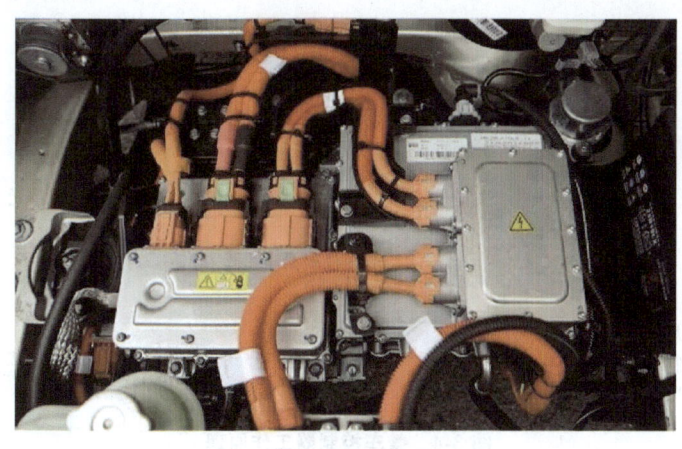

图 3-2 高压电缆

（2）动力电池系统 纯电动汽车的动力电池系统是一个集成的动力能量系统，它通过 CAN 总线与整车控制系统、充电机、电机控制器等部件进行通信，协同完成车辆的正常行驶。图 3-3 所示为纯电动汽车动力电池系统。

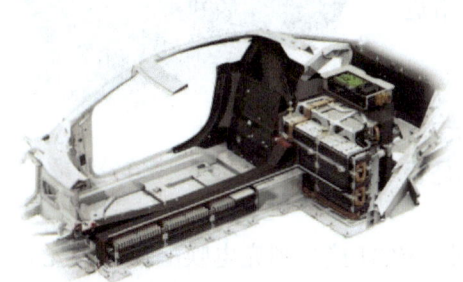 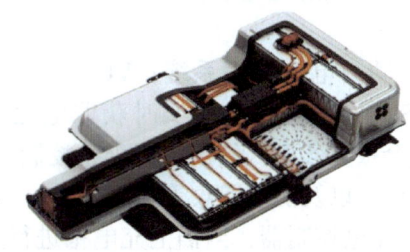

图 3-3 纯电动汽车动力电池系统

（3）动力电池管理系统 现在纯电动汽车的动力电池多采用锂离子电池，但锂离子电池对工作温度、电压、电流、安全防护等要求较高，因此，必须为动力电池配备一套先进的管理系统，即动力电池管理系统（Battery Management System，BMS），顾名思义是对车辆的动力电池进行管理的系统，BMS 主要功能为智能化管理及维护各个电池单元，防止电池出现过充电和过放电，延长电池的使用寿命，监控电池的使用状态。

BMS 是连接车载动力电池和纯电动汽车的重要纽带。BMS 实时采集、处理、储存电池箱运行过程中的重要信息，与外部设备如整车控制器交换信息，解决锂离子电池系统中的安全性、可用性、易用性、使用寿命等关键问题。

（4）整车控制器 纯电动汽车就是一个高度集成的电气化系统，主要包括整车控制器、车载充电系统、车身控制系统、信息传输及显示系统等。

整车控制器为纯电动汽车上的核心部件，被称为纯电动汽车的大脑，整车控制器工作原理如图 3-4 所示。电动汽车以整车控制器为主节点，通过 CAN 总线网络对纯电动汽车动力链的各个环节进行管理、协调和监控，以此实现对整车的驱动控制、能量优化控制、制动回馈控制以及网络管理等功能，如图 3-5 所示。

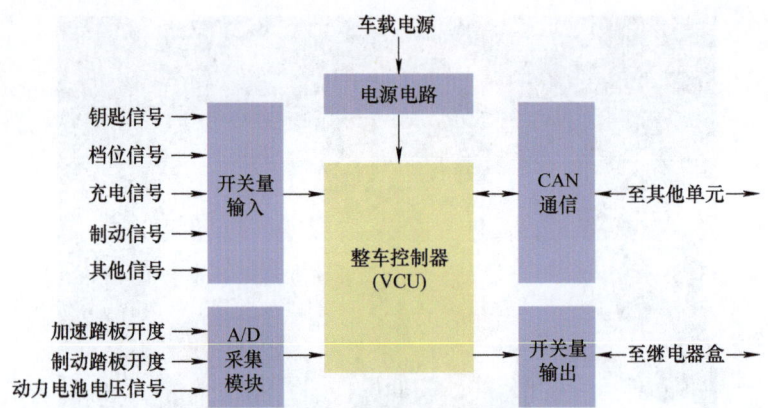

图 3-4 整车控制器工作原理

整车控制器管理下面 7 个控制单元，分别是动力电池管理系统（BMS）、充电控制器、空调控制器、电机控制器、真空泵和散热风扇。其中，真空泵和散热风扇直接由 VCU 通过导线控制，其他 5 个控制单元通过纯电动汽车内部 CAN 总线网络进行通信。

1）动力电池管理系统：VCU 通过 CAN 总线和 BMS 进行信息交互，实时获取电池箱的状态，同时也会根据驾驶人给出的指令，控制高压电是否可以输出，以及能量回收等功能。

图 3-5 整车控制器

2）充电控制器：当插上充电枪进行充电时，VCU 接收到充电唤醒信号后先确认充电枪是否已经正确连接，然后向充电控制器发送充电指令，并根据此时电池箱的状态信息选择合适的充电电流进行充电。

3）空调控制器：当通过空调控制面板开启，空调选择合适的制冷或制热模式后，VCU 便向电动压缩机或 PTC 加热器发送开启或关闭的指令。

4）电机控制器：当驾驶人踩下加速踏板时，VCU 根据此时车辆状态，判断驾驶人意图，当车辆符合行驶条件时，便向电机控制器传达驱动电机的信号，此时电机控制器再通过 VCU 给出的加速踏板信号控制驱动电机的转速和转矩输出，使车辆按照驾驶人的意图行驶。

（5）高压配电盒　高压配电盒是纯电动汽车高压电的分配单元。新能源汽车高压系统普遍采用集中配电方案，其结构设计紧凑、接线布局方便。高压动力电源直接进入高压配电盒，根据系统需要再分配到各个高压电气部件，此外高压配电盒还集成了部分动力电池管理系统的智能控制单元，从而更进一步简化了整车架构。高压配电盒如图 3-6 所示。

（6）DC/DC 变换器　根据 GB/T 24347—2021《电动汽车 DC/DC 变换器》的术语和定义，DC/DC 变换器是能够将一个直流电压值的电能变换为另一个直流电压值的电能的装置。DC/DC 变换器就是直流变直流的意思，给新能源汽车的基础电气系统提供低压直流电源，如图 3-7 所示。

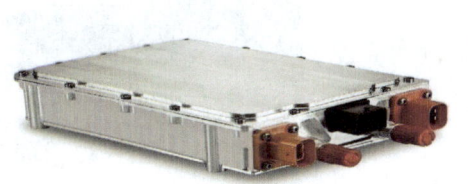
图 3-6　高压配电盒

图 3-7　DC/DC 变换器

DC/DC 变换器相当于燃油汽车的发电机，其作用是将动力电池 290～420V 高压直流电变换成 13.8～14V 直流电，对用电设备供电和为蓄电池充电。12V 蓄电池为灯光照明、电动车窗、刮水器、除霜器、电控系统、仪表系统、娱乐系统等设备供电。

DC/DC 变换器由控制芯片、电感线圈、二极管、晶体管、电容器组成，通过重复通断开关，将直流电压变换成高频方波电压，再经平滑整流转变为直流电压输出，纯电动汽车 DC/DC 变换器采用的是降压型，不同车型的 DC/DC 变换器如图 3-8 所示。

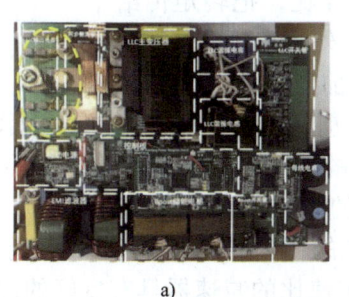　　　

a)　　　　　　　　　　　　　　b)

图 3-8　不同车型的 DC/DC 变换器

（7）车载充电机　按照 QC/T 895—2011《电动汽车用传导式车载充电机》的定义，车载充电机是指固定地安装在电动汽车上的充电机。车载充电机将公共电网的电能变换为车载储能系统所要求的直流电，并给车载储能系统充电，能够根据动力电池管理系统（BMS）提供的数据，动态调节充电时的电流或电压参数，自动完成充电过程。

车载充电机是电动汽车交流充电系统中的重要组成部件，在使用中与交流充电口相连，如图 3-9 所示。其作用是将交流充电口传递过来的交流电源转换为直流高压电为动力电池充电，同时在充电过程中给低压蓄电池补充电能。

车载充电机主要由车载充电机印制电路板、电容、变压器等组成，如图 3-10 所示。车载充电机一般具有效率高、体积小、耐受恶劣工作环境等特点。

（8）动力驱动系统　动力驱动系统主要由驱动电机和电机控制器组成。驱动电机是车辆行驶的主要执行机构。驱动电机可以根据驾驶人的驾驶意图，将动力电池的电能转换为动能驱动车辆行驶，或者将车轮上的动能反馈到动力电池系统，以实现车辆的再生能量回收工作。图 3-11 所示为动力驱动系统。

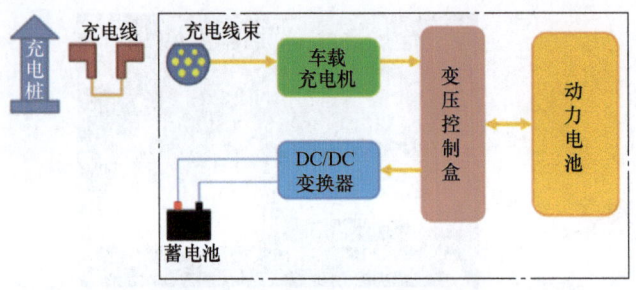

图 3-9　车载充电机在交流充电系统中的位置

图 3-10　车载充电机

该系统使车辆具有在各种行驶条件下所必需的牵引力,以及使牵引力与车速之间协调变化的功能。目前,电动汽车的动力传动系统主要有以下 5 种布置方案。

1)前置前轮驱动。前置前轮驱动由发动机前置前轮驱动的燃油车发展而来,即由电机替代发动机,仍采用燃油汽车的传动系统,它由电机、离合器、齿轮箱和差速器组成;其中离合器是用来切断或接通电机到车轮传递动力的机械装置;变速器是一套具有不同速比的齿轮机构,驾驶人可选择不同的变速比,把转矩传给车轮;汽车在转弯时,内侧车轮的转弯半径小,外侧车轮的转弯半径大,差速器使内外车轮以不同的转速行驶。前置前轮驱动结构复杂、效率低,不能充分发挥电机驱动的优势,前置前轮驱动如图 3-12 所示。

图 3-11　动力驱动系统

2)固定速比的减速器。如果用固定速比的减速器,去掉离合器,可减少机械传动装置的质量、缩小其体积。由电机、固定速比的减速器和差速器组成电力驱动系统,应该注意这种结构的纯电动汽车没有离合器和可选的变速档位,不能提供理想的转矩/转速特性,因而不适于使用发动机的燃油汽车。固定速比的减速器具有良好的通用性和互换性,便于在现有的汽车底盘上安装,使用、维修也较方便,如图 3-13 所示。

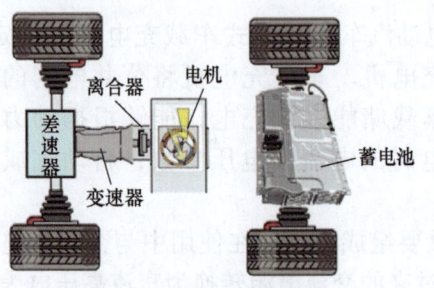

图 3-12　前置前轮驱动

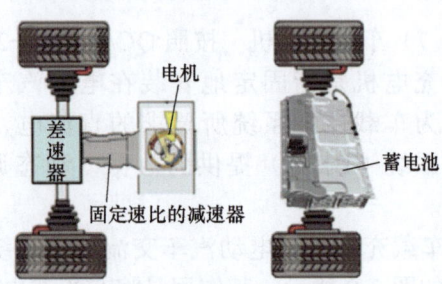

图 3-13　固定速比的减速器

3)横向前置。横向前置相似于发动机横向前置、前轮驱动的燃油汽车布置方式,它把电机、固定速比的减速器和差速器集成为一个整体,两根半轴连接驱动车轮,这种结构在小型纯电动汽车上应用比较普遍,如图 3-14 所示。

4)双电机结构。双电机结构是采用两个电机通过固定速比的减速器分别驱动两个车轮,每个电机的转速可以独立地调节控制,便于实现电子差速,因此,纯电动汽车不必选用机械差速器,可以选用双电机结构如图 3-15 所示。

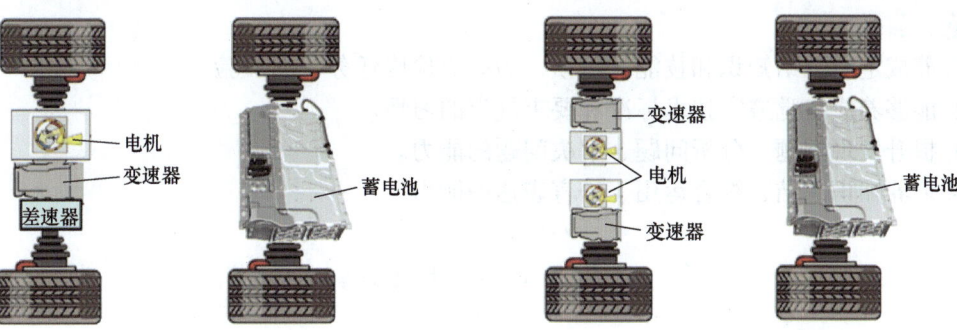

图 3-14　横向前置　　　　　　图 3-15　双电机结构

5）轮毂电机。可以装在车轮里面的电机称为轮毂电机，这种轮毂电机为内转子外定子结构，它能提供较大的减速比，来放大其输出转矩。高速内转子电机具有体积小、质量轻和成本低的优点。轮毂电机可进一步缩短从电机到驱动车轮的传递路径，为了将电机转速降低到理想的车轮转速，可采用固定减速比的行星齿轮变速器，它能提供大的减速比，而且输入和输出轴可布置在同一条轴线上，如图 3-16 所示。

轮毂电机采用低速外转子电机，彻底去掉了机械减速齿轮箱，电机的外转子直接安装在车轮的轮缘上，车轮转速和纯电动汽车的车速控制完全取决于纯电动汽车的转速。低速外转子电机结构简单，无须齿轮变速传动机构，但其体积大、质量大、成本高。

电机作为纯电动汽车最重要的动力驱动系统与传统的燃油汽车有很大的不同，其结构特点比较灵活，具体表现在：首先能量由电缆传递，纯电动汽车的各部件可灵活布置；其次纯电动汽车的不同布置会影响其系统结构，选用不同类型的电机会影响到纯电动汽车的质量、尺寸等问题；此外，不同的补充能源装置具有不同的硬件、结构和储能装置。

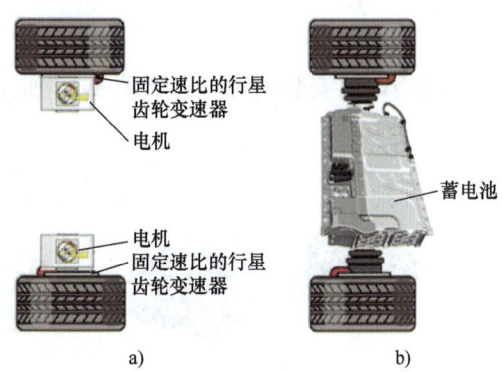

图 3-16　轮毂电机

学习目标

知识目标
1. 能够了解动力电池常见故障。
2. 能够了解驱动电机常见故障。
3. 能够了解整车故障。

技能目标
1. 能够掌握动力电池管理系统故障诊断的方法。
2. 能够掌握驱动电机及管理系统故障诊断的方法。
3. 掌握整车故障诊断和排除方法。
4. 能够掌握新型空调技术。

电池测试

素养目标

1. 养成定期总结知识和技能的习惯，为完成检修任务积累经验。
2. 能够养成自觉遵守技术标准和要求规定的习惯。
3. 提升发现问题、分析问题、解决问题的能力。
4. 培养知识总结、综合运用、语言表达的能力。

任务一　检修动力电池及管理系统

动力电池是新能源汽车的心脏，动力电池的主要作用是向用电设备供电，如图3-17所示。

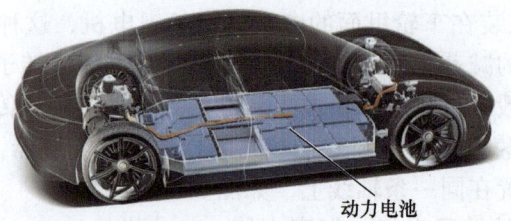

图3-17　动力电池

动力电池安装位置分布如图3-18所示。

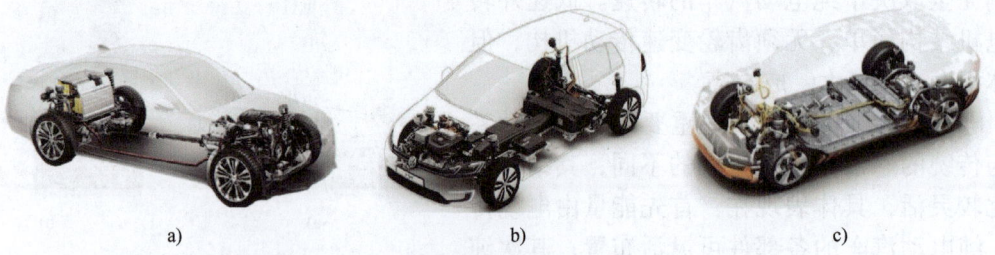

图3-18　动力电池安装位置分布图

动力电池由电池箱组件、模组与电芯、高压配电盒、热管理系统、动力电池管理系统、高低压线束等组成。乘用车动力电池如图3-19所示。

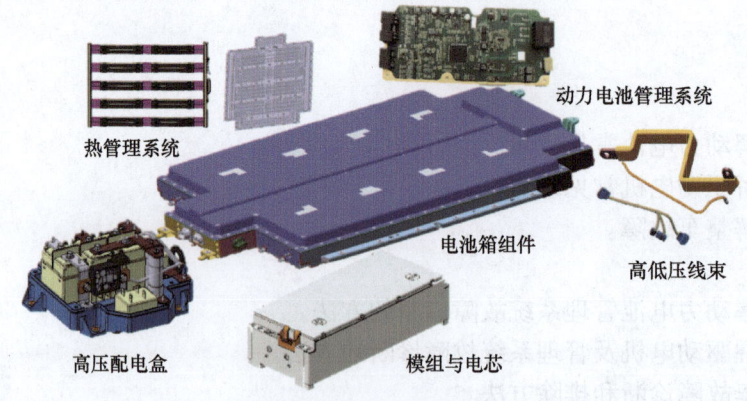

图3-19　乘用车动力电池

一、电池工作原理

1. 蓄电池的工作原理

如果同时将两根分别由锌和铜制成的金属棒吊挂在两个单独的、装有适当电解液的容器中,那么两种金属就会以不同的速度向电解液中释放出数量不同的离子,并在金属棒上留下电子。在一个容器的溶液中存在大量带正电的锌离子,在锌棒上存在大量的电子。在另一个容器的溶液中只存在少量带正电的铜离子,在铜棒上存在少量的电子。现在,如果将两个容器通过离子桥连接起来,那么就会因为离子浓度不同而发生电荷转移。

因为锌棒上存在过量的电子,所以它充当阳极,而铜棒就成为阴极。因为电子浓度不同,所以在两极之间可以测得电压。如果用一个导体连接两个电极,电子就从阳极向阴极移动。这种结构统称为蓄电池,是电池最简单的形式。当蓄电池释放能量时,阳极就是负极。对于可充电蓄电池,同一个电极会在蓄电池充电或放电情况下分别充当阳极或阴极,蓄电池的工作原理如图 3-20 所示。

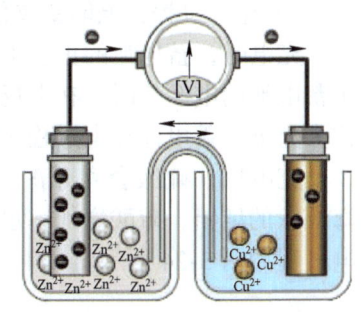

图 3-20 蓄电池的工作原理

动力电池经历了铅酸蓄电池、镍铬电池、镍氢电池等多种类型的发展和探索之后,锂离子电池由于具备能量密度高、大功率充放电能力强等优点,已逐渐成为纯电动汽车动力电池的首选。

2. 铅酸蓄电池

从构造上看,铅酸蓄电池由正极板、负极板、电解液、单格电池、通气孔,观察窗等组成。从结构上看,铅酸蓄电池由两个或多个串联连接的单格电池组成,这取决于所需要的电压,通常汽车蓄电池由 6 个单格电池串联组成,一个充足电的蓄电池极柱电压为 12.72V,也就是每个单格电池电压为 2.12V,如图 3-21、图 3-22 所示。

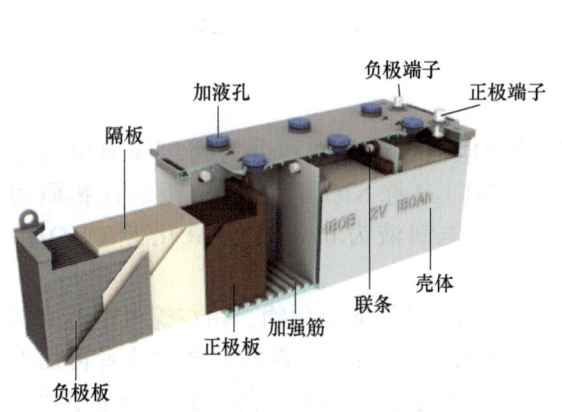

图 3-21 铅酸蓄电池

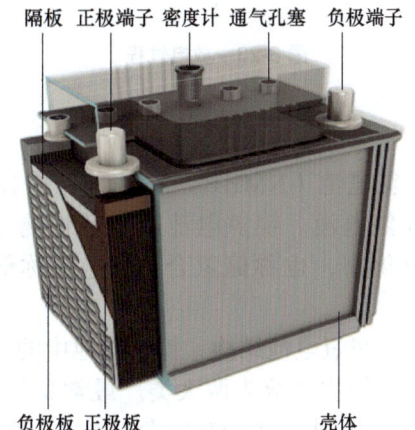

图 3-22 电解液混合比例

蓄电池的充电过程和放电过程是一种可逆的化学反应过程。

1)放电过程:化学能转变为电能。

当铅酸电池的正、负极板浸入电解液中时,在正负极板间就会产生约 2.1V 的静止电动势。当正负极板间电路形成后,蓄电池将开始放电产生电流。此时若接入负载,在电动势的作用下,电流会从蓄电池的正极经外电路流向蓄电池的负极,这一过程称为放电。蓄电池的放电过程是化学能转变为电能的过程。

正极板上,二氧化铅(PbO_2)结合电解液中的硫酸(H_2SO_4)发生化学反应,生成硫酸铅($PbSO_4$)和水;负极板上,铅(Pb)和硫酸反应生成硫酸铅($PbSO_4$),放电使正极板和负极板都变成硫酸铅($PbSO_4$),由于放电生成水的稀释作用以及硫酸被消耗而减少,造成酸的浓度降低,电解液中大部分是水,冬天会有结冰的危险。放电过程如图 3-23 所示。

2)充电过程:电能变成化学能,正负极板和电解液恢复原来的形态。

充电时,蓄电池的正、负极分别与直流电源的正、负极相连,当充电电源的端电压高于蓄电池的电动势时,在电场的作用下,电流从蓄电池的正极流入、负极流出,这一过程称为充电。蓄电池充电过程是电能转换为化学能的过程。

充电后,硫酸会离开正、负极板,返回电解液,正极板上还原成 PbO_2,负极板上是海绵状的纯铅,硫酸增加,水减少,电解液相对密度可恢复到放电前比较理想的状态。充电过程如图 3-24 所示。

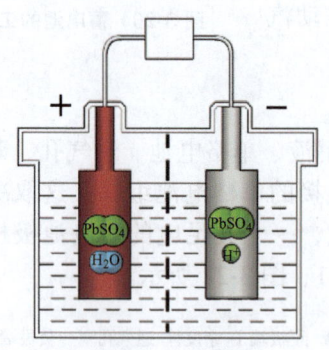

图 3-23 放电过程

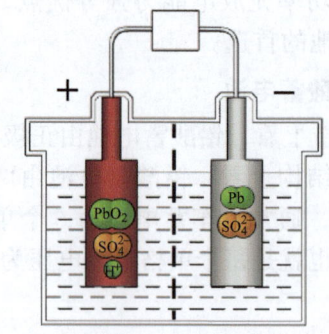

图 3-24 充电过程

3. 镍氢电池

镍氢电池(NMHB)是一种性能良好的动力电池。镍氢电池分为高压镍氢电池和低压镍氢电池。镍氢电池正极活性物质为 $Ni(OH)_2$(称 NiO 电极),负极活性物质为金属氢化物,也称储氢合金(电极称储氢电极),电解液为 6mol/L 氢氧化钾(KOH)溶液。

(1)镍氢电池结构 镍氢电池中的金属部分实际上是金属氢化物,用在镍氢电池的制造上,它们主要分为两大类。最常见的一类是 AB5,A 是稀土元素的混合物或者再加上钛(Ti),B 则是镍(Ni)、钴(Co)、锰(Mn),或者还有铝(Al)。另一类高容量电池含多种成分的电极主要由 AB2 构成,A 则是钛(Ti)或钒(V),B 则是锆(Zr)或镍(Ni),再加上一些铬(Cr)、钴(Co)、铁(Fe)和锰(Mn)。所有这些化合物扮演的都是相同的角色,可形成金属氢化物。镍氢电池结构如图 3-25 所示。

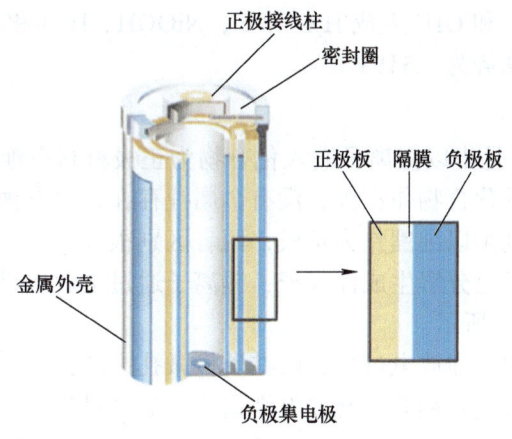

图 3-25 镍氢电池结构

（2）镍氢电池的工作原理　镍氢电池主要应用于纯电动汽车或混合动力汽车。镍氢电池中的"金属"部分实际上是金属氢化物。

镍氢电池正极活性物质为 Ni（OH）$_2$（称 NiO 电极），负极活性物质为金属氢化物，也称储氢合金（电极称储氢电极），电解液为 6mol/L 氢氧化钾溶液。活性物质构成电极极片的工艺方式主要有烧结式、拉浆式、泡沫镍式、纤维镍式及嵌渗式等，不同工艺制备的电极在容量、大电流放电性能上存在较大差异，一般根据使用条件不同的工艺生产电池。通信等民用电池大多采用拉浆式负极、泡沫镍式正极构成电池。充放电化学反应如下。

正极：$Ni(OH)_2 + OH^- = NiOOH + H_2O + e^-$

负极：$M + H_2O + e^- = MH_{ab} + OH^-$

总反应：$Ni(OH)_2 + M = NiOOH + MH$

式中，M 为氢合金；H_{ab} 为吸附氢；反应式从左到右的过程为充电过程；反应式从右到左的过程为放电过程，如图 3-26 所示。

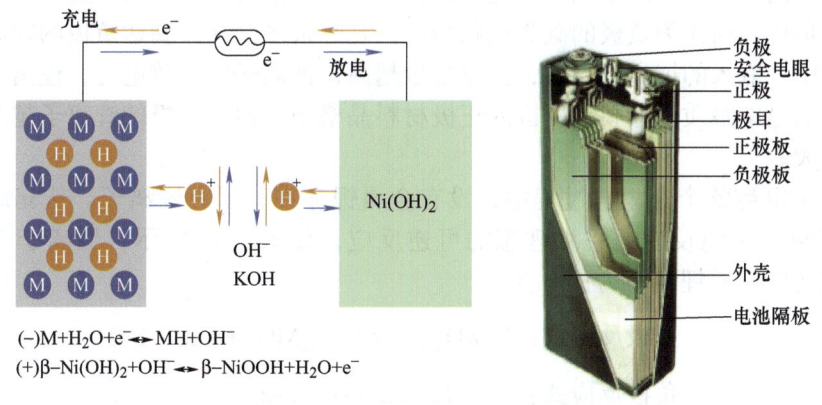

图 3-26 镍氢电池的工作原理

充电时正极的 Ni（OH）$_2$ 和 OH$^-$ 反应生成 NiOOH 和 H$_2$O，同时释放出 e$^-$，并一起生成 MH 和 OH$^-$，总反应是 Ni（OH）$_2$ 和 M 生成 NiOOH，储氢合金储氢；放电时与此相反，MH_{ab} 释放 H^+，H^+ 和 OH^- 生成 H_2O 和 e^-，$NiOOH$、H_2O 和 e^- 重新生成 $Ni(OH)_2$ 和 OH^-。电池的标准电动势为 1.319V。

4. 锂离子电池

锂离子电池（LiB）是指以锂离子嵌入化合物为正极材料电池的总称。锂离子电池以碳材料为负极，以含锂的化合物作正极，没有金属锂存在，只有锂离子，因此称为锂离子电池。而原来的锂电池则是以纯锂作为负极，两者区别很大。

对电池充电时，正极上分解生成锂离子，锂离子通过电解质进入电池负极，嵌入负极碳层的微孔中，如图 3-27 所示。

在电池的使用过程中，即放电过程，嵌在负极微孔中的锂离子又运动回正极。回到正极的锂离子越多，放电容量就越高，充放电锂离子的运动过程如图 3-28 所示。

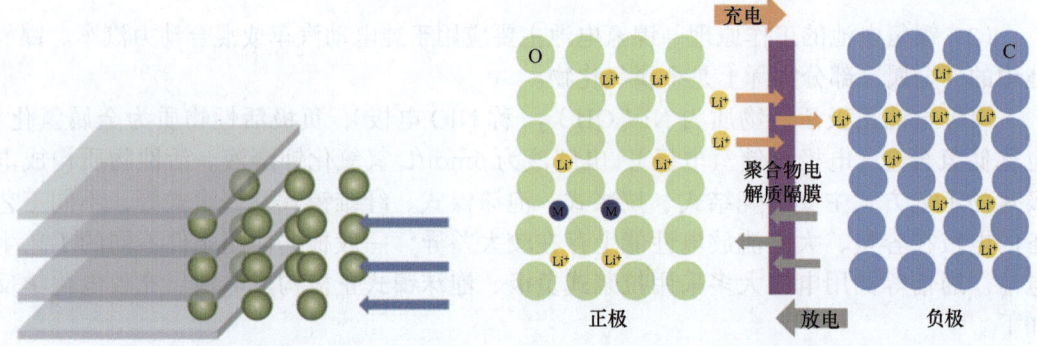

图 3-27 负极碳层的微孔　　　图 3-28 充放电锂离子的运动过程

在电池充放电过程中，锂离子不断地在正极和负极之间来回"奔跑"，所以锂离子电池也叫摇椅式电池。

（1）锂离子电池工作原理　锂离子电池依靠锂离子（Li^+）在正极和负极之间往返，进行嵌入和脱嵌工作。锂离子电池充电时，锂离子从正极材料的晶格中脱嵌，经过电解质和隔膜到达负极，而作为负极的碳为层状结构，它有很多微孔，到达负极的锂离子就嵌入碳层的微孔中，嵌入的锂离子越多，充电容量越高；锂离子电池放电时，锂离子从负极碳层中脱嵌，通过电解质和隔膜重新嵌入正极材料晶格中，回到正极的锂离子越多，电池的放电容量越大。

在锂离子电池整个充放电过程中，没有金属锂存在，只有锂离子。从充放电的可逆性来看，锂离子电池反应是一种理想的可逆反应，如图 3-29 所示。锂离子电池的电极反应表达式（以三元锂电池为例）为

正极反应式：$LiMO_2 \longrightarrow Li_{(1-x)}MO_2 + xLi^+ + xe^-$

负极反应式：$nC + xLi^+ + xe^- \longrightarrow Li_xC_n$

电池总反应式：$LiMO_2 + nC \longrightarrow Li_{(1-x)}MO_2 + Li_xC_n$

式中，M 代表 Co、Ni、Mn 等金属。

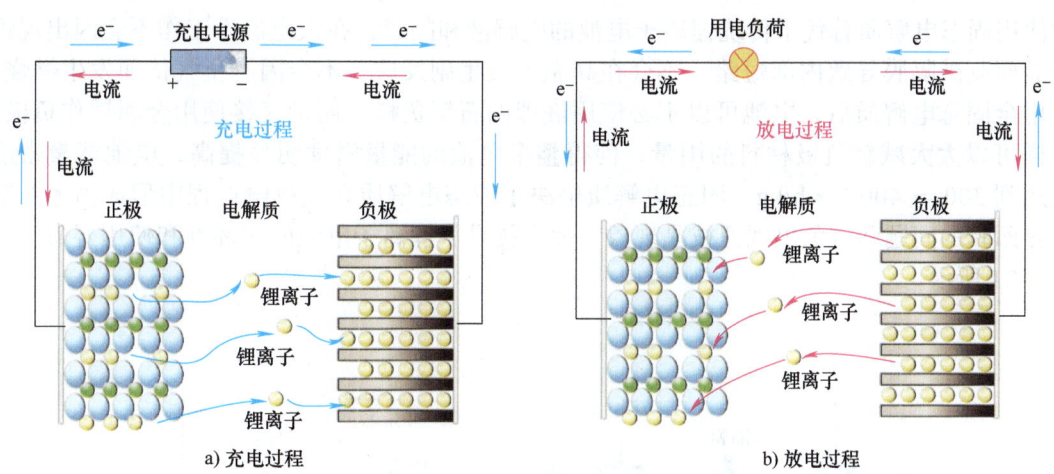

图 3-29 锂离子电池充电和放电过程示意图

（2）锂离子电池组成　锂离子电池组成如图 3-30 所示。

1）正极：活性物质一般为锰酸锂或者钴酸锂、镍钴锰酸锂材料、锂铁磷酸盐，导电极流体使用的电解铝箔。

2）隔膜：一种特殊成型的高分子薄膜，薄膜有微孔结构，可以让锂离子自由通过，而电子不能通过。

3）负极：活性物质为石墨，或近似石墨结构的碳，导电极流体使用的电解铜箔。

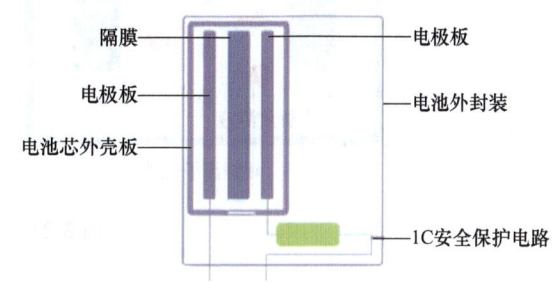

图 3-30　锂离子电池组成

4）有机电解液：溶解有六氟磷酸锂的碳酸酯类溶剂，聚合物锂离子电池则使用凝胶状电解液。

5）电池外壳：分为方形、圆柱形、软包形等。

5. 三元锂电池

三元锂电池全称是三元聚合物锂电池，三元聚合物锂电池是指正极材料使用镍钴锰酸锂（Li（NiCoMn）O_2）三元正极材料的锂电池。

三元聚合物锂电池在容量与安全性方面比较均衡的材料，循环性能好于正常钴酸锂，三元锂电池标称电压一般为 3.6V，随着技术的发展，三元锂电池的标称电压可达到 3.7～3.8V，使得在比能量、比功率、内阻、寿命等方面更加具备明显优势。

6. 磷酸铁锂电池

磷酸铁锂电池（LFP）简称铁锂电池，采用橄榄石结构的磷酸铁锂（$LiFePO_4$）作为电池的正极，由铝箔与电池正极连接，中间是聚合物隔膜，它把正极与负极隔开。磷酸铁锂电池单体标称电压 3.2V，单体充电截止电压 3.7V，放电终止电压 2.5V。

7. 固态电池

固态电池（SSB）与目前主流的传统锂离子电池最大的不同在于电解质。固态电池通过使用固态电解质替代了传统锂离子电池的电解液和隔膜，在大电流下工作不会因出现锂枝晶而刺破隔膜导致内部短路，不会在高温下发生副反应，不会因产生气体而发生燃烧。使用全固态电解质后，电池可以不必使用嵌锂的石墨负极，而是直接使用金属锂作负极，这样可以大大减轻负极材料的用量，使得整个电池的能量密度明显提高，电池能量密度可达到 300～400W·h/kg。固态电解质解决了液态电解质在充放电过程中形成固体电解质界面膜的问题和避免出现锂枝晶现象，大大提升了锂离子电池的循环性和使用寿命，如图 3-31 所示。

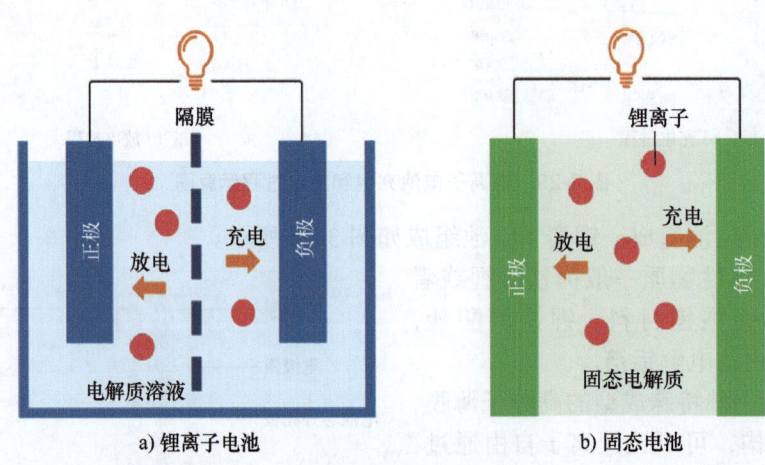

图 3-31　固态电池

二、动力电池的结构

1. 电芯单体

电芯单体是化学能与电能进行相互转换的基本单元装置，通常包括电极、隔膜、电解液、外壳和端子，并被设计成可充电形式。

电芯单体如图 3-32 所示。

（1）电芯单体的组成　电芯单体由正极板、负极板、电解液、绝缘隔膜、顶盖、壳体、绝缘皮等组成，如图 3-33 所示。

1）正极板。正极板的材料是铝箔，铝箔上面被黑色的金属氧化物覆盖，金属氧化物的材料决定锂电池的名称，常见的正极材料包括钴酸锂、锰酸锂、镍钴锰、磷酸铁锂等。

2）负极板。负极板的材料是铜箔，铜箔上面被灰色的石墨材料覆盖，常见的为鳞片石墨或人造石墨材料。理想的石墨材料具有层状结构，可以嵌入和固定锂离子和电子，如图 3-34 所示。

3）顶盖。顶盖通过激光焊接与壳体组成一个密封的整体，顶盖具有较多的设计和功能，包括注液孔、安全阀（防爆阀）、防护板、绝缘塑料等，能够有效防止电路短路和壳体底部腐蚀，如图 3-35 所示。

图 3-32　电芯单体

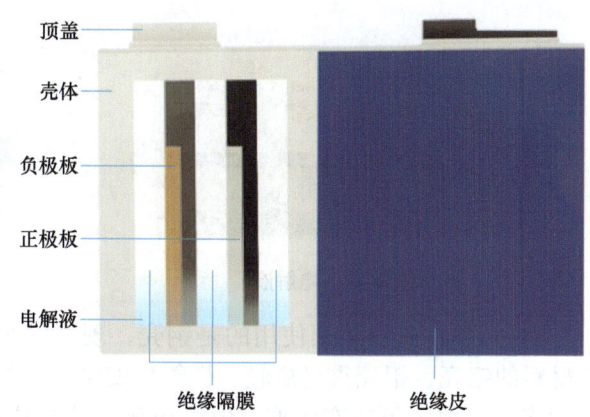

图 3-33　电芯单体的组成

图 3-34　正极板和负极板

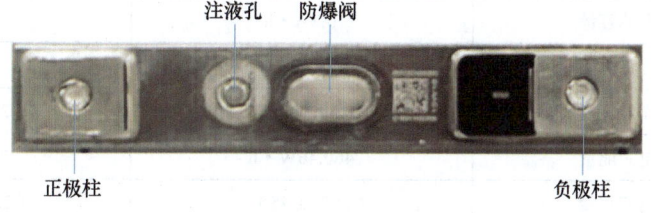

图 3-35　顶盖

4）电解液。电解液是离子传输的载体，一般由锂盐和有机溶剂组成。电解液在锂电池正、负极之间起到传输离子的作用，常见的电解液为碳酸乙烯酯、碳酸丙烯酯、碳酸二乙酯等，如图 3-36 所示。

5）绝缘隔膜。绝缘隔膜为不导电材质，绝缘隔膜会影响电池的界面结构、内阻等，电解液为有机溶剂体系，因而需要用耐有机溶剂的绝缘隔膜材料，一般采用高强度薄膜化的聚烯烃多孔膜，如图 3-27 所示。

锂电池绝缘隔膜位于正极板和负极板之间，主要作用是将正负极活性物质分隔开，防止两极因接触而短路。此外，在电化学反应时，能保持必要的电解液，形成离子移动的通道。隔膜材质不导电，其物理化学性质对电池的性能有很大的影响。电池的种类不同，采用的隔膜也不同。

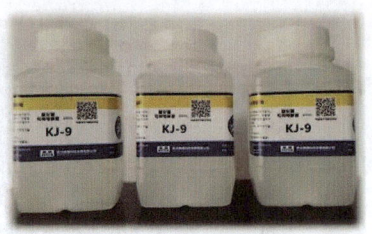

图 3-36 电解液

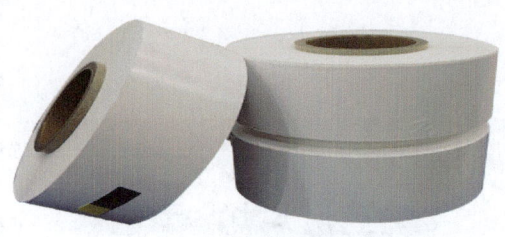

图 3-37 绝缘隔膜

6)壳体。壳体早期使用的是钢壳,现在多采用合金材料的铝壳,铝壳重量更轻、性能更安全。从材料厚度和膨胀系数上可以有效抑制电池极化、减少热效应、保护电池和电解液。

7)绝缘皮。绝缘皮是电芯单体外部的白色或蓝色绝缘膜胶带,是以聚酯薄膜复合材料为基材,在基材胶粘带上涂覆专用的亚克力胶水,具有耐高温、耐高压击穿、耐穿刺、抗拉强度好等特点,如图 3-38 所示。

图 3-38 电芯单体外部的绝缘膜胶带

(2)电芯参数 磷酸铁锂电池电芯和三元锂电池电芯参数对比见表 3-1。

表 3-1 磷酸铁锂电池电芯和三元锂电池电芯参数对比

序号	参数		磷酸铁锂电池电芯数值	三元锂电池电芯数值
1	电芯规格		LFP-143A·h	NCM-190A·h
2	外形尺寸		$L \times W \times H$:150mm×69mm×116mm	$L \times W \times H$:148mm×80mm×103mm
3	电芯容量		143A·h	190A·h
4	标称电压		3.22V	3.7V
5	工作电压范围		2.5~3.65V	2.8~4.35V
6	电芯能量		460.46W·h	709.65W·h
7	电芯重量		(2600±45)g	(2800±200)g
8	电芯能量密度		177.1W·h/kg	253.44W·h/kg
9	工作温度	充电:-20~55℃		充电:-20~55℃
		放电:-30~55℃		放电:-30~55℃
10	储存温度		-30~55℃	-40~60℃
11	4周最大自放电率		4%(25℃,以40%SOC储存)	4%(25℃,以40%SOC储存)

2. 电池模组和电池箱

(1)电池模组 电池模组(Battery Module)是由多个电芯单体、采样线束、连接器柔性印制电路板(FPC)和外壳等组成的单元,用于提高电压和容量。通过并联或串联连接电芯单体,电池模组可以满足不同应用的电能需求。串联连接电芯单体可以增加总电压,而并联连接电芯单体可以增加总容量,如图 3-39 所示。

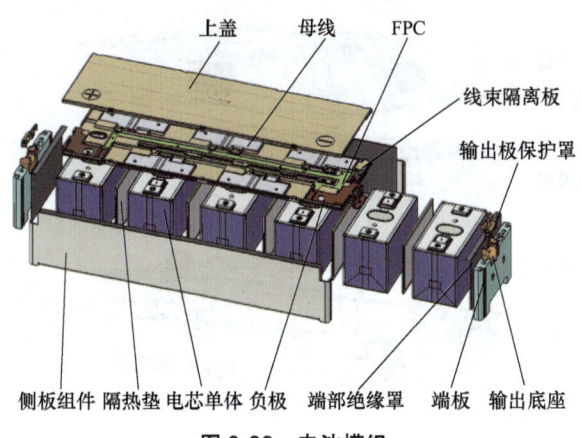

图 3-39 电池模组

（2）电池箱　电池箱（Battery Pack）是由多个电池模组组装而成的整体单元，用于储存和提供电能。它是电池系统中更高级别的组件，通常由若干个电池模组、高低压线束、动力电池管理系统、热管理系统、电气接口和壳体等组成。

电池箱的主要功能是将多个电池模组集成在一起，形成一个整体单元，如图 3-40 所示。电池模组通过并联或串联连接，以增加动力电池系统的电压、容量或功率。电池箱还负责提供动力电池系统所需的其他功能和特性，如电气接口用于连接到外部系统、热管理系统用于控制温度、壳体用于保护电池以及其他辅助设备和组件。

相比于电池模组，电池箱配备了动力电池管理系统，用于监控和管理整个电池系统。BMS 对电池模组的状态进行监测，控制充放电过程，实施对电池的保护和平衡控制，以确保电池的安全和性能稳定。

电池箱分类如下。

1）无模组（CTP）电池箱。电芯单体作为 CTP 电池箱的核心组成，由多个电芯单体直接集成到电池箱内，CTP 电池箱如图 3-41 所示。

图 3-40　电池箱

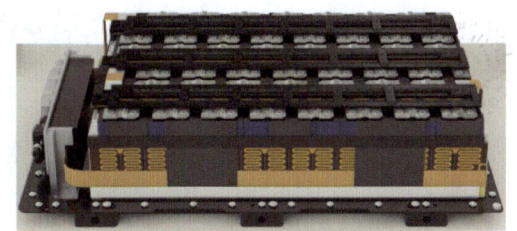

图 3-41　CTP 电池箱

2）有模组（MTP）电池箱。MTP 电池箱是由电池模组组成的电池箱，它是传统技术的电池箱技术，多个模组是由电芯单体通过电池极柱串联。MTP 电池箱是电池箱内部集成封装好之后再安装到车身上，因为它是有模组的结构，所以维修的时候可以单独更换电池模组，这是目前电池维修中常见的电池箱，如图 3-42 所示。

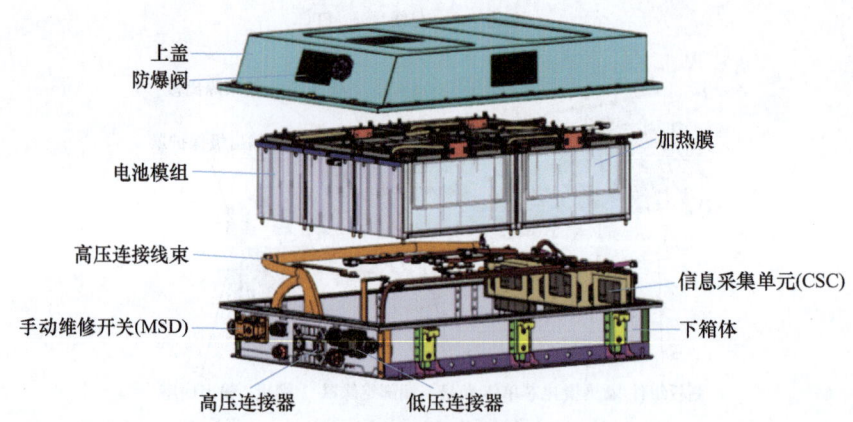

图 3-42 MTP 电池箱

（3）电芯底盘一体化（CTC）电池　电芯底盘一体化（CTC）电池是将电芯直接集成到车辆底盘内部的电池技术。

CTC 电池省去了从电芯到模组，再到电池箱的步骤，直接将电芯安装在车辆底盘平台上，是 CTP 电池的进一步集成方案。

CTC 电池集成方案是直接将电芯集成在地板框架内部，将地板的上下板作为电池壳体。它是 CTP 方案的进一步集成，完全使用地板的上下板代替电池壳体和盖板，与车身地板和底盘进行一体化设计，从根本上改变了动力电池的安装形式。

三、动力电池管理系统

动力电池管理系统可以保证动力电池一直处于正常、安全的工作状态，在动力电池状态出现异常时及时响应处理，并根据车辆行驶状态、环境温度、动力电池状态等确定动力电池的充放电功率等。动力电池管理系统包括众多的传感器（监测电流、电压和温度等）和电池控制单元（BMU）等。图 3-43 所示为动力电池管理系的重要部件电池控制单元（BMU）。

图 3-43　BMU

1. 动力电池管理系统（BMS）功能

动力电池管理系统（BMS）可对电池箱和电池模组的运行状态进行动态监控，能够精确测量电池的剩余电量，同时对电池进行充放电保护，并使电池工作在最佳状态，达到延长其使用寿命、降低运行成本的目的，进一步提高了动力电池的可靠性。其功能如图 3-44 所示。

图 3-44 动力电池管理系统（BMS）功能

2. 动力电池管理系统（BMS）组成

动力电池管理系统 BMS 的主要组件是 BMU、电池监控单元（CSU）、CSC、电池组件、熔断器或 MSD、继电器、高低压线束。通过各模块协同配合，实现系统高效有序运行。

（1）电池控制单元（BMU） BMU 是 BMS 的核心，根据采样芯片的位置分为集成式与非集成式。

（2）动力电池数据采集系统 电流采样分为两种，一是霍尔式传感器，二是分流器。

1）霍尔式传感器。霍尔式传感器根据霍尔定律原理设计制造，由于其采样时并不连接高压回路，所以也叫非接触式电流传感器；感受被测电流信息，并将检测内容转化为电信号发送给 BMU 的检测通信装置，位于 S 盒（S-BOX），当一次电流流过导体时，在导体周围产生磁场强度与电流大小成正比的磁场，霍尔元件输出与气隙处磁感应强度成正比的电压信号，放大电路将该信号放大输出。霍尔式传感器工作原理如图 3-45 所示，乘用车霍尔式传感器实物如图 3-46 所示。

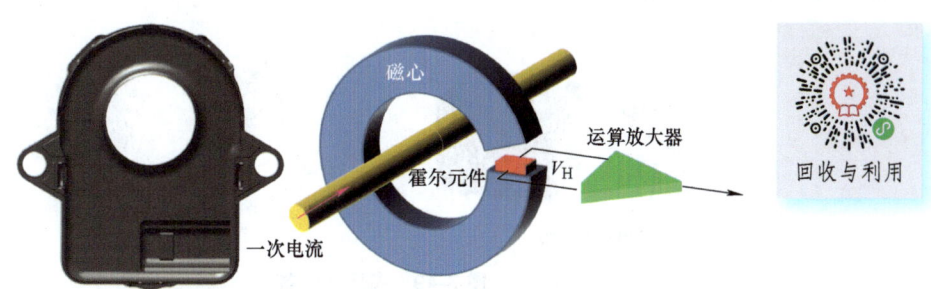

图 3-45 霍尔式传感器工作原理

非接触式电流传感器，对温度不敏感，但是对外部磁场变化比较敏感，对于结构（尤其是母线设计）有较高的要求，商用车霍尔式传感器如图 3-47 所示。

图 3-46　乘用车霍尔式传感器实物

2）分流器。分流器电流采样；检测点为主回路正极、与 BMU 进行 SCAN 通信。

区别于传统意义上的电流传感器，分流器在检测到被测电路的电流与主回路电压信息时，将检测信息转化为电信号发送给 BMU 的检测通信装置，位于 S-BOX 内部，分流器电流采样单元如图 3-48 所示。

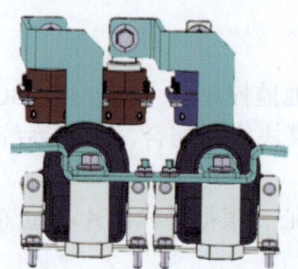

图 3-47　商用车霍尔式传感器

图 3-48　分流器电流采样单元

3）高压继电器。高压继电器作为高压通断的开关器件，如图 3-49 所示。高压继电器主要作用如下。

① 控制充放电回路的接通与断开，控制动力电池高压电的输出与断开。

② 控制充电流程。

③ 控制热管理系统的开启与关闭。

④ 具备在发生电池自保护故障或火灾预警故障时断开所有高压连接回路，以实现保护电池及确保整车安全的目的。

a) 乘用车继电器　　　　　　　　b) 商用车继电器

图 3-49　高压继电器

通过采集电池内侧电压与高压继电器外侧电压进行比较来判断高压继电器的工作状态；如果高压继电器闭合前采样到的内外侧电压一致，说明高压继电器粘连；如果高压继电器闭合后采样到的外侧电压为 0V，说明高压继电器断路。图 3-50 所示为高压继电器实物。

4）信息采集单元（CSC）。信息采集单元（Cell Supervision Circuit，CSC）是一种安装在电池箱内部的监测器，负责将电池信息采集后传递给 BMU 进行处理。CSC 是新能源汽车中的一个重要部件，如图 3-51 所示。

图 3-50　高压继电器实物

CSC 主要功能：监控单体电压、模组温度与 BMU 通信，执行均衡。

每一个电池单元有多个 CSC，以监测其中每个单体电池或电池模组的单体电压、温度信息。CSC 将相关信息上报动力电池管理单元（BMU），并根据 BMU 的指令执行相关动作。

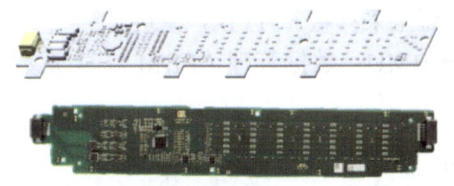

a) 某乘用车动力电池信息采集单元(CSC)　　　b) 某商用车动力电池信息采集单元(CSC)

图 3-51　信息采集系统（CSC）

（3）高压配电盒　高压配电盒（也称为配电盒）主要包括主正继电器、主负继电器、充电继电器、预充继电器、预充电阻、熔断器等。某乘用车高压配电盒构造如图 3-52 所示。

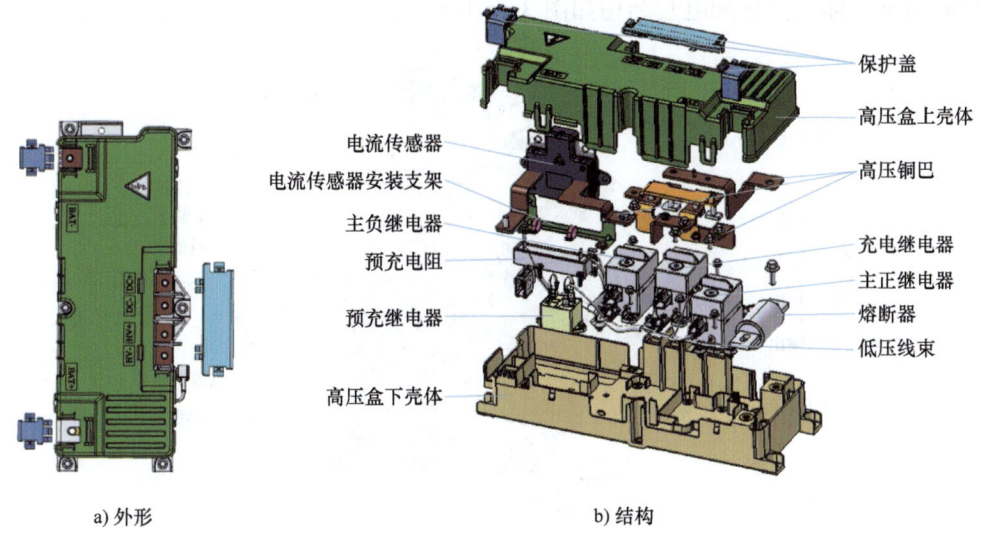

a) 外形　　　　　　　　　　　b) 结构

图 3-52　某乘用车高压配电盒构造

高压配电盒的继电器接收控制单元指令，完成整车预充、上电、下电过程，在短路、过热或故障情况下切断动力电池输出。某商用车高压配电盒实物，如图 3-53 所示。

图 3-53 某商用车高压配电盒实物

某商用车高压配电盒如图 3-54 所示。高压盒分为一体式高压配电盒（图 3-54a）和分体式高压配电盒（图 3-54b）两种，其中

分体式高压盒 = 控制盒 + 接线盒

1）接线盒：高压回路及高压采样模块，包含高压采样板（HVB）模块。

2）控制盒：包括 BMS 硬件及驱动控制，包含 BMU、数据管理（PDM）、关系数据库（RDB）模块。

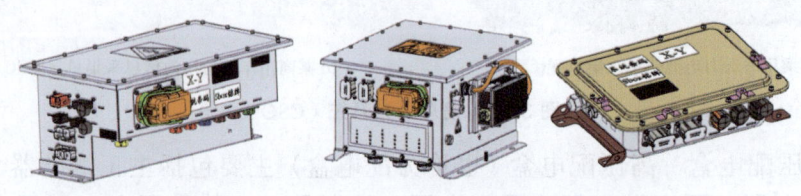

a) 一体式高压配电盒　　　　　　　b) 分体式高压配电盒

图 3-54 某商用车高压配电盒

某商用车一体式高压配电盒结构如图 3-55 所示。

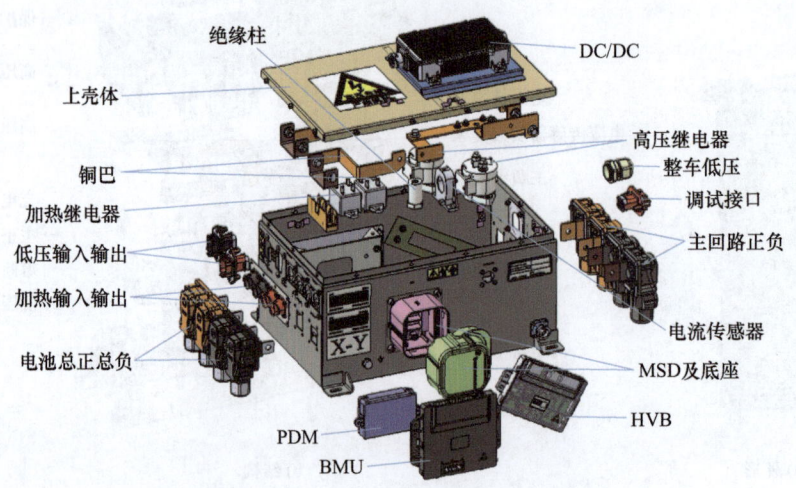

图 3-55 某商用车一体式高压配电盒结构

某商用车分体式——控制盒如图 3-56 所示。

某商用车分体式——接线盒如图 3-57 所示。

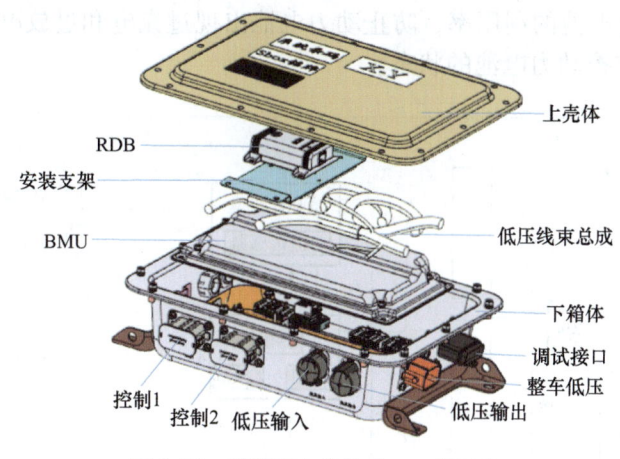

图 3-56　某商用车分体式——控制盒

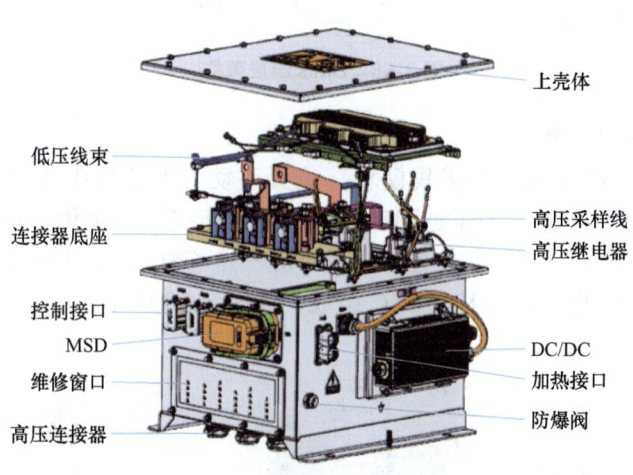

图 3-57　某商用车分体式——接线盒

NP 技术

四、动力电池管理系统工作原理

　　动力电池管理系统（BMS）组成架构如图 3-58 所示，一般包括 CSC（从控模块）、BMU（主控模块）、高压配电盒、电流传感器和热管理系统五个部分组成。集中式 BMS 将从控模块与主控模块集成为一整体。

　　动力电池管理系统是保证动力电池正常使用、行车安全、数据采集和提高电池寿命的一种关键技术。它能提升动力电池的工作性能，预防个别电芯单体早期发生损坏，有利于纯电动汽车的顺利运行，并对乘员具有保护和警告功能。

　　动力电池管理系统不仅要保证动力电池系统安全可靠的运行，还要充分发挥动力电池的性能并延长其使用寿命。BMS 是动力电池和整车控制器（VCU）以及驾驶人沟通的桥梁，通过控制高压继电器的动作来控制动力电池的充放电，并向整车控制器上报动力电池系统的运行参数与故障信息。BMS 是动力电池的核心部件，是集监测、控制与管理为一体的控制单元，主要由主控模块、从控模块、高压配电盒、温度调节装置等部件组成。动力电池的性能很复杂，不同类型的动力电池特性相差很大。需要建立动力电池管理系统

（BMS）来提高动力电池的利用率，防止动力电池出现过充电和过放电的情况，延长动力电池的使用寿命并监控动力电池的状态。

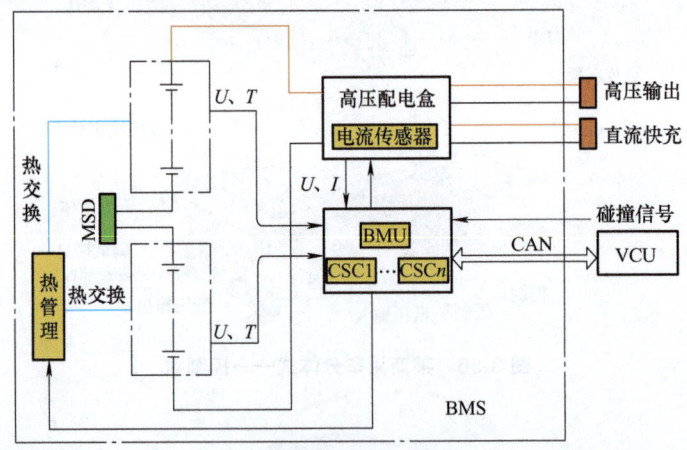

图 3-58　BMS 组成架构

1. 信息采集单元（CSC）

CSC 是一个专用的集成数据采集模块，负责对动力电池模组各电芯单体电压、温度和采样线是否异样进行监测。为了达到动力电池系统布线的最优化，各电芯单体的均衡电路也在这个模块中完成。一个动力电池模组对应一个 CSC，动力电池由多个动力电池模组组成，因此 BMS 也就需要由多个 CSC 组成，如图 3-59 所示。

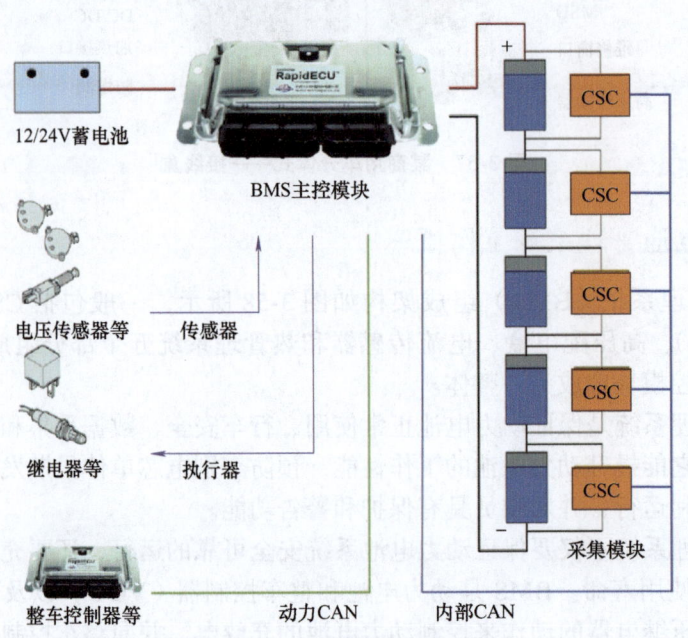

图 3-59　BMS 由多个 CSC 组成

（1）数据采集　动力电池管理系统所有的控制均源于准确的数据采集，采集的数据包括电芯单体电压、温度、总电压、总电流、绝缘电阻、高压互锁（HVIL）信号、碰撞信号、热管理系统进出水口温度等。

根据 GB 18384—2020《电动汽车安全要求》，在最大工作电压下，直流电路绝缘电阻应≥100Ω/V，交流电路应≥500Ω/V。如果直流和交流的 B 级电压电路可导电的连接在一起，则应满足绝缘电阻≥500Ω/V 的要求。动力电池管理系统还对高压插接件的连接可靠性、手动维修开关及部件开合状态进行高压互锁检测，确保高压系统安全有效。动力电池管理系统对所有采集的数据均通过动力系统 CAN 总线与整车控制器进行交互。

（2）状态估算　状态估算是 BMS 的重要功能之一，通过采集当前的动力电池状态、运行工况和充放电电量信号，对动力电池的电池荷电状态（SOC）、电池健康度（SOH）进行估算，SOC、SOH 估算精度直接影响动力电池的运行效率和使用寿命，一般要求估算误差不超过 5%。SOC、SOH 信息还会与整车控制器交互，并显示在仪表上。

（3）能量管理　能量管理主要包括动力电池充放电管理和均衡管理。BMS 根据动力电池荷电状态对充放电过程的电流和电压进行限制，控制充放电功率。动力电池模组中设置有均衡电路，对电芯单体进行均衡控制，确保电芯单体工作状态的一致性，提高动力电池的整体性能和使用寿命。

（4）安全保护　BMS 具备动力电池保护功能，当动力电池出现过充电、过放电、过热时对动力电池进行限流、限压、下电控制，监测动力电池绝缘故障、高压互锁故障和碰撞信号，切断高压回路，确保人身和高压系统的安全。

（5）热管理　例如，锂离子动力电池对工作温度的要求非常高，动力电池热管理系统必须确保动力电池在最佳温度状态下工作。当动力电池工作温度过高时启动制冷系统进行冷却，工作温度过低时通过 PTC 加热器等方式进行加热，并在动力电池工作过程中保持电芯单体间温度的一致性。

（6）数据通信与显示　BMS 具有与整车控制器（VCU）、车载充电机（OBC）及直流充电桩等进行通信的功能。通信方式包括模拟量、脉冲宽度调制（PWM）信号和动力 CAN 总线。为了帮助驾驶人及时准确地了解纯电动汽车动力系统的状态，动力电池管理系统还需将温度、SOC 和各种警告信息通过仪表进行显示。

（7）故障自诊断　BMS 具备故障自诊断功能，系统上电后根据动力电池的工作状况、采样线通断等情况，对动力电池及其管理系统自身的故障进行判断和报警，保存故障信息，以便进行故障快捷排查。

2. 动力电池管理系统（BMS）的类型

BMS 一般采用模块化设计，主要包括两大功能模块，主控模块（BMU）和从控模块（CSC），通常也称之为主控模块和从控模块。CSC 为动力电池信息采集与均衡控制模块，负责采集动力电池信息和执行 BMU 的均衡控制。BMU 负责处理信息处理及系统控制。按主控模块和从控模块拓扑结构的不同，BMS 可分为集中式 BMS 和分布式 BMS 两种类型。

（1）集中式 BMS　集中式 BMS 将主控模块（BMU）、从控模块（CSC）组成一个一体机，如图 3-60 所示。集中式 BMS 高度集成，主控模块与从控模块位于同一块印制电路板（PCB）内，结构简单，成本较低，占用电池箱空间较少，维护比较简单。但由于采集线全部从一体机引出，当动力电池串联电芯单体过多时，一体机采集线十分庞大，部分采集线过长且长短不一，容易造成信号失真和均衡时产生额外的电压降，过长的采集线也容易产生一些安全隐患。因此集中式 BMS 通常只适用于电池容量低、总电压低、串联数量不多、电池系统体积较小的车型，如电动场地车（电瓶车）、低速乘用车等。

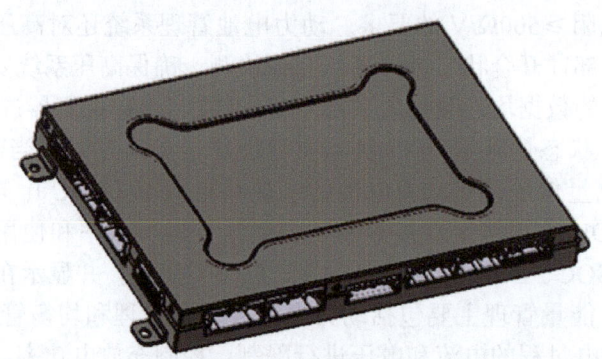

图 3-60　集中式 BMS

（2）分布式 BMS　分布式 BMS 主要由多个从控模块（CSC）、主控模块（BMU）、高压控制单元等部件组成，如图 3-61 所示。一个从控模块对应一个动力电池模组或一组电芯，负责监控电芯单体电压、温度采集、均衡管理和故障诊断。高压控制单元负责对动力电池系统的电池总电压、总电流、绝缘电阻等状态进行监测。从控模块和高压控制单元分别将采集后的数据发送到主控单元，由主控单元对 BMS 进行状态估算、能量管理、安全保护、热管理、数据通信与显示和故障自诊断等。

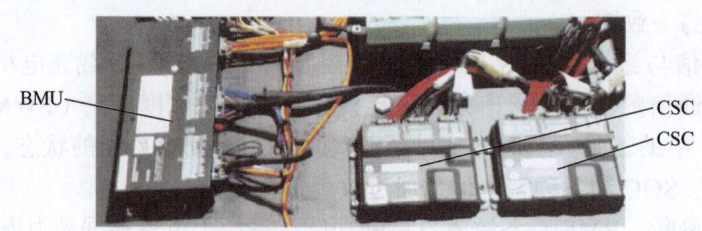

图 3-61　分布式 BMS

分布式 BMS 架构的优势在于可以根据不同电池系统的串并联设计进行高效配置，分布式 BMS 连接到动力电池的采样线更短、更均匀、可靠性更高，同时也可以支持体积更大的电池系统。目前分布式 BMS 主控模块、从控模块之间主要采用 CAN 总线进行通信。

五、检修动力电池管理系统常见故障

纯电动汽车的主要部件——动力电池系统属于高压部件，其设计的好坏直接影响着整车安全性及可靠性。在动力电池系统中，从故障发生的部位看，分为传感器故障、执行器故障（接触器故障）和部件故障（电芯故障）等，动力电池系统故障诊断及处理十分重要。

动力电池管理系统故障按照故障发生的部位可以分为三类，即电芯单体故障、动力电池管理系统故障、线路或插接件故障。

1. 电芯欠电压或过电压的故障类型

（1）基本依据　动力电池电压的正常工作范围见表 3-5。

表 3-2　动力电池电压的正常工作范围

	工作电压范围 / V
磷酸铁锂电池（LFP）	2.5～3.22～3.65
三元锂电池（NCM）	2.8～3.7～4.2

故障码含义清单见表 3-3。

表 3-3　故障码含义清单

故障码	含义
P16E016	单体电池欠电压 1 级
P16E116	单体电池欠电压 2 级
P16E216	单体电池欠电压 3 级
P16E017	单体电池过电压 1 级
P16E117	单体电池过电压 2 级
P16E217	单体电池过电压 3 级
P16E417	电池包总电压过高 1 级
P16E517	电池包总电压过高 2 级
P16E416	电池包总电压过低 1 级
P16E516	电池包总电压过低 2 级
P164001	电芯电压采样线掉线
P16101C	电芯电压传感器故障
P164302	电芯电压和芯片（Chip）电压偏差故障
P168500	内部菊花链不更新故障

（2）故障排查　故障排查方法见表 3-4。

表 3-4　故障排查方法

故障位置	故障原因	故障排查
电芯	欠电压、过电压、一致性差、容量衰减、不均衡、环境不佳…… 内短路、过电流、过温……	万用表测量电压
母线（Busbar）	阻抗大、断裂、虚接	—
键合 / 镍片	断裂、虚接、阻抗大	外观检查
FPC	破损、插接件虚接 / 退针	外观检查、万用表测量导线通断和电压
采样线束	破损（绝缘破损微短路 / 串电）、虚焊、被钳压	外观检查、万用表测量导线通断和电压

（续）

故障位置	故障原因	故障排查
采样芯片	供电问题、硬件损坏	万用表测量导线通断和电压、ABA 验证
CSC	供电问题、编码问题、硬件损坏、通信问题（菊花链/CAN）	万用表测量导线通断和电压、上位机编码、ABA 验证、排查通信问题
BMU	供电问题、编码问题、硬件损坏、通信问题（菊花链/CAN）	万用表测量导线通断和电压、上位机编码、ABA 验证、排查通信问题
软件	软件漏洞（bug）、软件加载错误	软件升级、重刷软件
……	……	……

以某乘用车上位机（某纯电动汽车）检测为例（参考上位机软件的安装与使用），如图 3-62 所示。

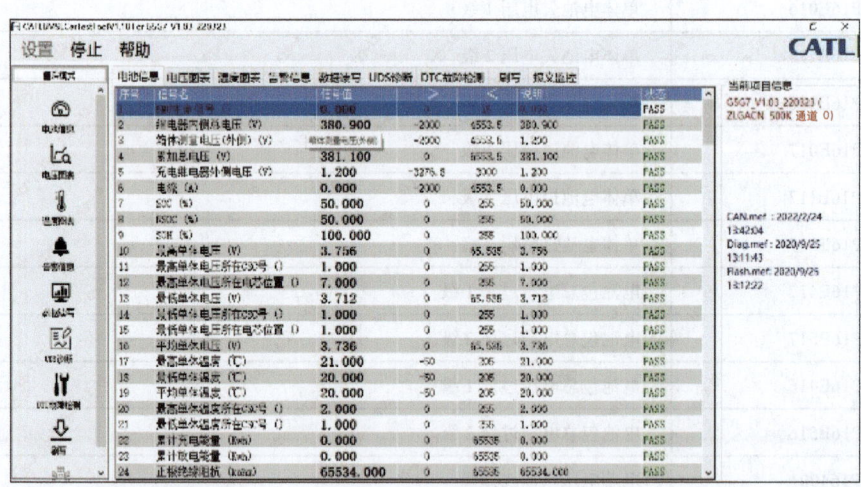

a）电池信息

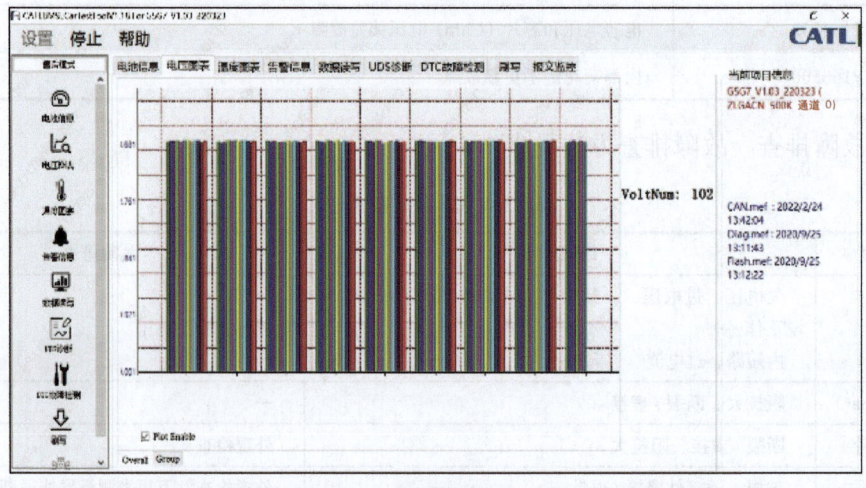

b）电压图表

图 3-62　某乘用车上位机（某纯电动汽车）检测

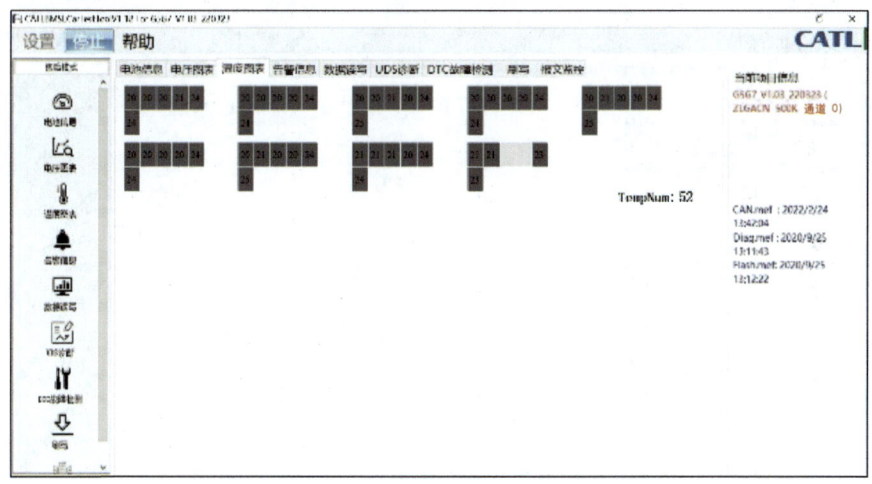

c) 温度图表

d) 告警信息

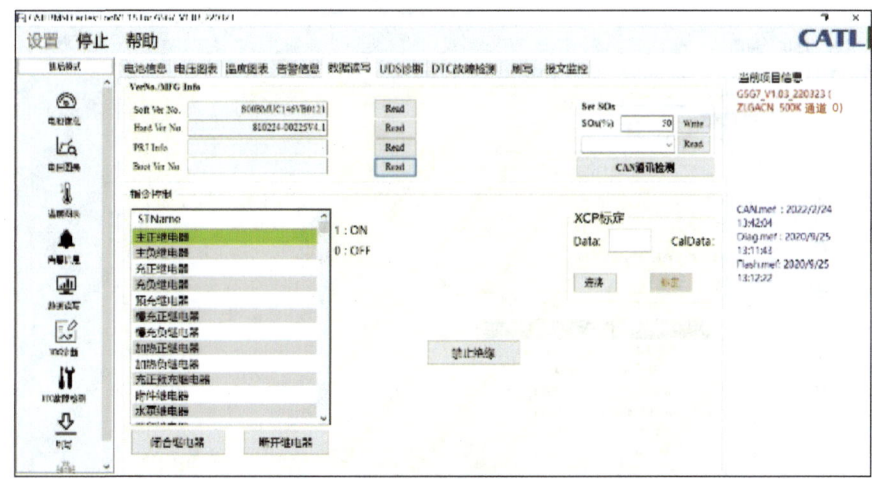

e) 数据读写

图3-62 某乘用车上位机（某纯电动汽车）检测（续）

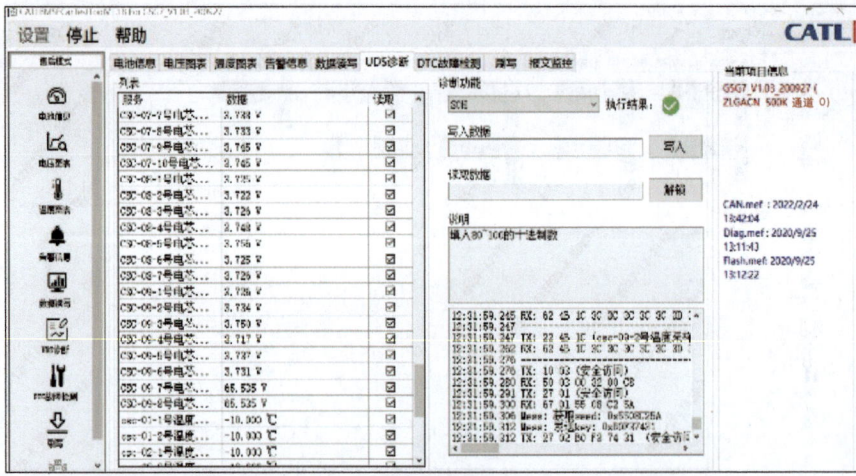

f) UDS诊断

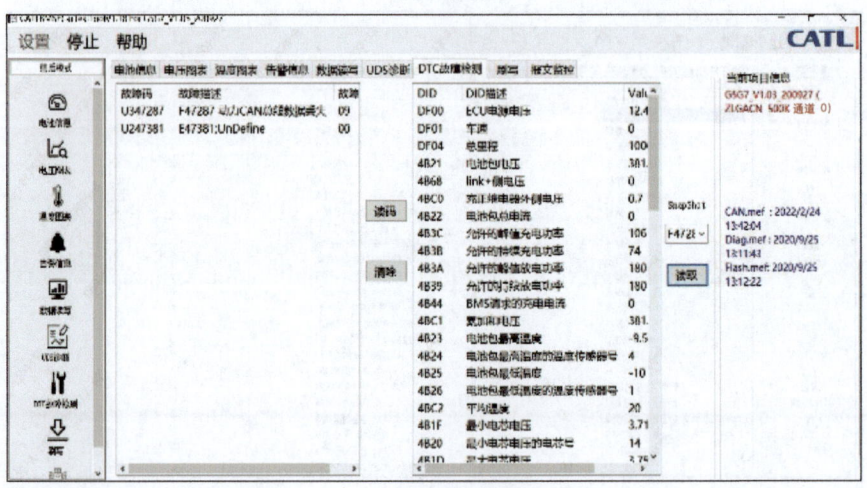

g) DTC故障检测

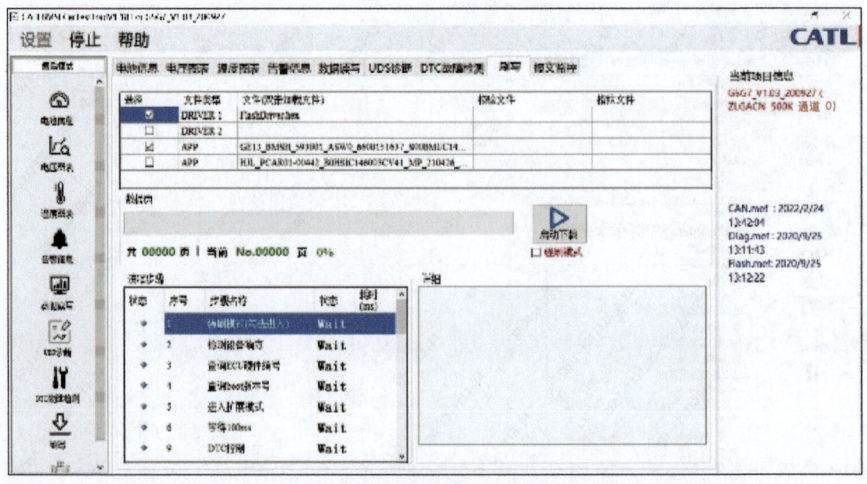

h) 刷写

图 3-62　某乘用车上位机（某纯电动汽车）检测（续）

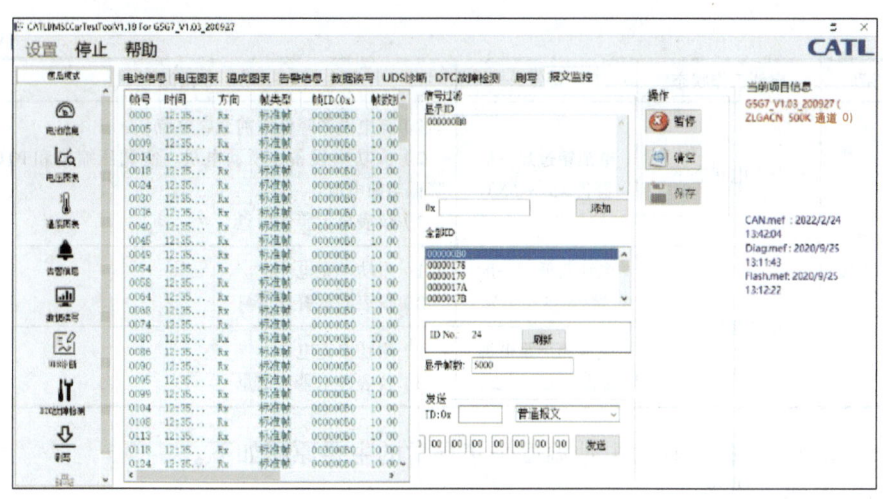

i) 报文监控

图 3-62　某乘用车上位机（某纯电动汽车）检测（续）

1) 根据实际故障情况评估维修方案，可能的维修方案有：充放电、均衡、更换模组（MTP）、更换电池箱（CTP）、更换采样线束、更换 FPC 等。

2) 部分情况下，需由维修人员按要求用上位机采集容量数据（操作方法按如下步骤），发给责任外服进行电池容量衰减分析，从而评定最终的维修方案。

3) 注意更换电池箱、更换 FPC 后的特殊维修项，如上位机重新编码、刷程序、标定等。

① 数据记录。

② 数据保存如图 3-63 所示。

图 3-63　数据保存

2. 检修电芯温度类故障

BMS 通过 CSC 采集动力电池温度，动力电池模组温度过高会导致无法充电、限定电流、限定功率等，温度过低会导致限定电流、限定功率充电等。电池温度过高或过低警告及措施见表 3-5。

表 3-5　电池温度过高或过低警告及措施

序号	名称	电池工作状态	警告	措施
1	动力电池温度	充放电状态下	电池箱过热严重警告 >55℃	1）充电设备关断充电，直到清除警告 2）大功率设备（驱动电机、空调压缩机和 PTC 加热器）停止用电 3）延迟一定时间切断主接触器、负极接触器 4）仪表灯亮 5）仪表显示警告信号

（续）

序号	名称	电池工作状态	警告	措施
2	动力电池温度	充放电状态下	电池箱过热一般警告 45～55℃	1）充电设备降低当前充电电流 2）大功率设备（驱动电机、空调压缩机和 PTC 加热器）降低当前电流 3）仪表显示警告信息
3		充放电状态下	电池箱低温一般警告 –5～0℃	1）限功率充电 2）仪表显示警告信息
4		充放电状态下	电池箱严重低温警告 –10～–5℃	1）限功率充电 2）仪表显示警告信息

（1）故障原因分析　动力电池温度采集异常的主要原因如下。

1）温度传感器故障。

2）温度传感器线路故障。

3）CSC 或 BMS 控制器自身故障。

对于动力电池采集温度故障，首先通过诊断仪读取故障码，看 BMS 是否记录了动力电池温度的故障码；其次通过诊断仪读取动力电池温度状态数据，若动力电池温度异常，须拆解动力电池模组，测量异常的温度传感器电阻是否与标准值一致。如果不一致，判断温度传感器故障，更换温度传感器，其温度正常工作范围见表 3-6。若一致，检查温度传感器线路，若线路正常，可判断温度采集 CSC 故障或 BMS 控制器自身故障。

电芯温度类故障有以下几种。

1）温度高：电池系统中某个或者某几个温度点偏高，运行或充电中达到警告阈值。

2）温度低：电池系统中某个或者某几个温度点偏低，运行或充电中达到警告阈值。

3）温差：参照高低温排查方法。电芯发热差异。

表 3-6　动力电池温度正常工作范围

电池温度特性（乘用车）	
电池工作温度 /℃	–30～55
储存环境温度 /℃	–40～60
最佳充放电温度 /℃	–20～55
电池温度特性（商用车）	
电池工作温度 /℃	–35～55
储存环境温度 /℃	–40～55
最佳充放电温度 /℃	–25～45

（2）故障码清单　故障码含义清单见表 3-7。

表 3-7 故障码含义清单

故障码	含义
P16E098	电池温度过高 1 级警告
P16E198	电池温度过高 2 级警告
P16E298	电池温度过高 3 级警告
P16E099	电池温度过低故障
P16E006	电池温差过大
P16114C	电池温度传感器故障
P16104C	电池温度传感器故障（严重）
P164802	电池温度测量故障
P16484B	热失控故障

（3）故障排查　故障排查方法见表 3-8。

表 3-8 故障排查方法

故障位置	故障原因	故障排查
电芯	温度低、温差大、容量衰减…… 内短路、过电流、过温……	万用表测电压
母线（Busbar）	阻抗大、断裂/虚接	—
键合/镍片	断裂、虚接、阻抗大	外观检查
FPC	破损、插接件虚接/退针	外观检查、万用表测量导线通断和电压
采样线束	破损（绝缘破损微短路/串电）、虚焊、被钳压	外观检查、万用表测量导线通断和电压
采样芯片	供电问题、硬件损坏	万用表测通断和电压、ABA 验证
CSC	供电问题、编码问题、硬件损坏、通信问题（菊花链/CAN）	万用表测量导线通断和电压、上位机编码、ABA 验证、排查通信问题
BMU	供电问题、编码问题、硬件损坏、通信问题（菊花链/CAN）	万用表测量导线通断和电压、上位机编码、ABA 验证、排查通信问题
软件	软件漏洞（bug）、软件加载错误	软件升级、重刷软件
……	……	……

参考使用上位机检测电芯单体电压为例（乘用车）。

（4）故障处理

1）根据实际故障情况评估维修方案，可能的维修方案有：更换模组温度采样组件、更换线束转接线、直插式插头等组件。

2）充放电均衡、更换模组（MTP）、更换电池箱（CTP）、更换采样线束等。

3）部分情况下，需由维修人员按要求用上位机采集容量数据（操作方法按如下步骤），发给企业工程师帮助对电池容量衰减进行分析，从而评定最终的维修方案。

4）注意更换电池箱、更换 FPC 后的特殊维修项，如上位机重新编码、刷程序、标定等。

数据保存如图 3-64 所示。

图 3-64 数据保存

3. 检修电流采样故障

（1）检测仪检测　使用检测仪对电池箱进行检测，对检测出的故障码进行分析，见表 3-9。

表 3-9　故障码分析

故障码	含义
P16E019	放电过电流 1 级
P16E119	放电过电流 2 级
P16E018	充电过电流 1 级
P16E118	充电过电流 2 级
P16E318	回充过电流 1 级
P16E418	回充过电流 2 级
P161228	电流传感器零漂过大故障
P164419	极限过电流故障
P164502	CSU KB 值异常
P164602	CSU ECC double 故障
P164702	CSU 复位故障
P16934B	CSU 温度过高一级故障
P16954B	CSU 温度过高二级故障
P161028	电流传感器故障
P161487	电流采样报文丢失
P167188	SCAN 模块 BUS OFF
P167388	SCAN 总线故障
P167487	MOS 状态报文丢失
P167587	CSU 故障状态报文丢失
P167683	电流采样报文 CRC
P164020	预充电流反向
P161529	上高压过程中传感器失效

（2）故障分析方法　根据检测出的故障码进行故障分析，见表 3-10。

（3）上位机对动力电池诊断　使用上位机对动力电池进行故障诊断，如图 3-65 所示。

(4)故障排查

1)连接调试线束,连接上位机,车辆上电,确认故障码为电流传感器故障还是电流传感器通信故障。

表 3-10 故障分析

故障位置		故障原因	故障排查
非接触式电流传感器	传感器分身	装反、硬件故障	外观观察、ABA 验证
	供电线束	电压范围异常、损坏、断路、插接件退针	外观检查、万用表测量导线通断和电压
	采样输出电压线束	电压范围异常、损坏、断路、插接件退针	外观检查、万用表测量导线通断和电压
	通信线束	电压范围异常、损坏、断路、插接件退针	外观检查、万用表测量导线通断和终端电阻、报文解析
	软件	终端电阻断路、通信丢失	重刷软件、售后标定
接触式电流传感器	分流器(Shunt)	软件漏洞(bug)、软件加载错误	外观观察、ABA 验证
	Shunt 5 根线束	装反、硬件故障	外观检查、万用表测量导线通断和电压
	CSU	电压范围异常、损坏、断路、插接件退针	外观检查、ABA 验证
	CSU 供电线束	硬件故障	外观检查、万用表测量导线通断和电压
	CSU 通信线束	电压范围异常、损坏、断路、插接件退针	外观检查、万用表测量导线通断、电压和终端电阻、报文解析
	软件	电压范围异常、损坏、断路、插接件退针	重刷软件、售后标定

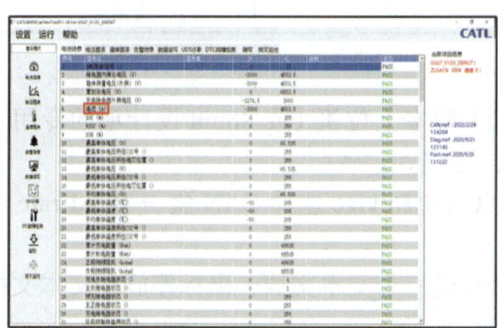

a) 电池信息

b) 告警信息

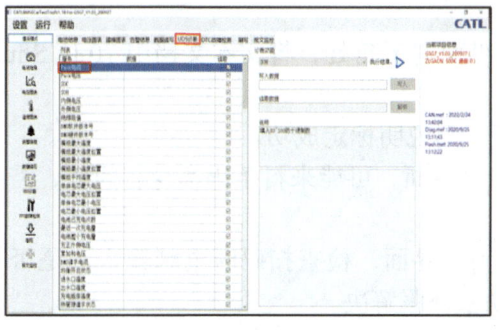

c) UDS 诊断

d) DTC 故障检测

图 3-65 使用上位机对动力电池进行故障诊断

2）启动车辆部分功能（如空调），查看上位机显示的电流是否正常。是，确认为误报，联系 BMS 工程师；否则，进行下一步。

3）查看上位机 BMU Setting 界面中 BAT_I_Branch1&2&3&4 变量，定位异常支路。

4）参照电气原理图，检查 BMU 至故障支路电流传感器的供电电压是否为 12V，异常则进行下一步，正常则跳转到第 6）步。

5）用万用表测量 BMU 输出到电流传感器之间的低压线束是否断路、短电源或短地，若线束异常，更换线束；若线束正常则跳转到第 7）步。

6）检查 SCAN 通信是否正常；正常则进行下一步，异常则跳转到第 8）步。

7）更换 BMU 进行验证，如果问题解决则为 BMU 故障，否则继续排查。

8）采集 SCAN 报文，根据协议分析电流传感器采样是否正常，是则继续排查，否则更换电流传感器。

（5）售后标定条件　分离式的 CSU，在更换了 Shunt 或 CSU 后，必须进行标定，进行标定的条件见表 3-11。

表 3-11　进行标定的条件

CATL 方案	电流校准/计算模块	是否需要售后标定	结构
BCD-CSU	CSU	×	一体式
HV-CSU	CSU	×	一体式
BUS-CSU	BMU+CSU	×	一体式
HV-CSU-PLUS	CSU	√	分离式
CSU-PLUS	CSU	√	分离式

（6）标定方法

1）单包状态下，打开 Ecar 6.0s V1.25 及以上版本上位机（或 Shunt 设计项的专用上位机），连接动力电池整车低压接口 SCAN，进行标定。

2）上位机系统设置：点击 System Setup → CAN Device 选择 CAN 盒→ Baud rate 选 500kbit/s →点击 Save →点击 Start。

3）将扫码枪 USB 与电脑相连，在电脑桌面新建一个文本文档，鼠标停放在文本文档中，电脑输入法调整为英文输入法。

4）用扫码枪扫描"Shunt 校准信息"位置，70 位 Shunt 校准信息就会自动扫入文本文档，标定方法如图 3-66 所示。

图 3-67 所示为上位机 BMU Setting 操作栏界面右下角处，将文本文档中 70 位 Shunt 校准信息复制到红框内，点击"写入 ABC"。

如图 3-68a 所示，若弹出"写入成功"界面，则说明标定成功。

如图 3-68b 所示，若弹出"条码长度错误!!"界面，可能来料条码本身有问题，需要联系外服解决。

如图 3-68c 所示，若弹出"条码 CRC 错误!!"界面，检查扫码时电脑输入法是否正确，如正确，可能来料条码本身有问题，需要联系外服解决。

4. 检修均衡故障

（1）测试仪检测　使用测试仪检测电池箱，进行故障码分析见表 3-12。

项目三 纯电动汽车故障诊断

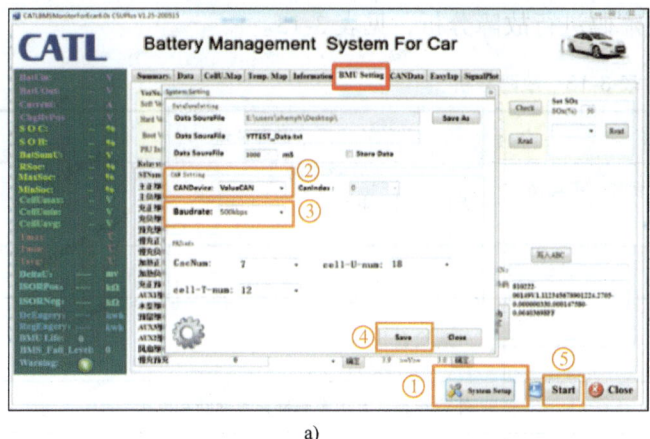

a)

PCBA BC信息

Shunt校准信息

b)

图 3-66 标定方法

图 3-67 写入 ABC

CTP3.0 轻量化

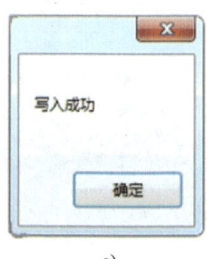

a)

b)

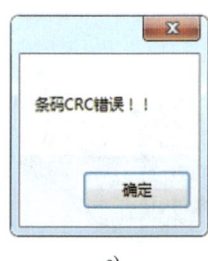

c)

图 3-68 操作界面的显示

表 3-12 故障码分析

故障码	含义
P16E028	电芯不均衡
P16944B	均衡回路温度过高
P169412	均衡回路短路故障
P169413	均衡回路开路故障
P164A86	均衡回路温度无效故障

083

（2）故障分析　根据检测出的故障码进行故障分析，见表 3-13。

表 3-13　故障分析

故障位置	故障原因	故障位置
电芯	欠电压、过电压、一致性差、容量衰减、不均衡、环境不佳……	万用表测量电压
母线	阻抗大	—
键合/镍片	断裂/虚接、阻抗大	外观检查
FPC	破损、插接件虚接/退针	外观检查、万用表测量导线通断和电压
采样线束	破损（绝缘破损微短路/串电）、虚焊、被钳压	外观检查、万用表测量导线通断和电压
采样芯片	供电问题、硬件损坏	万用表测量通断和电压、ABA 验证
CSC	供电问题、编码问题、硬件损坏、通信问题（菊花链/CAN）	万用表测量通断和电压、上位机编码、ABA 验证，排查通信问题
BMU	供电问题、编码问题、硬件损坏、通信问题（菊花链/CAN）	万用表测量通断和电压、上位机编码、ABA 验证，排查通信问题
软件	软件漏洞（bug）、软件加载错误	软件升级、重刷软件
……	……	……

（3）电池均衡仪的使用　整机配件包括：ACTM-5201 锂电均衡维护测试仪、均衡测试电缆（母线）、AC 220V 市电供电线及密封袋（使用说明书、合格证、保修卡、检验报告），如图 3-69 所示。

a) 主机

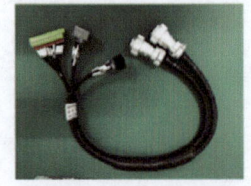
b) 均衡测试电缆（母线×2）

c) AC 220V 市电供电线

图 3-69　整机配件

连接线束如图 3-70 所示。
主机面板如图 3-71 所示。
交流市电接口：单相三线 220V 输入，最大输入 10A，接入电源时注意线束插排的选择。仪器连接如图 3-72 所示。
主机连接时先连接电源线，按照使用说明书的指示，连接 16 端子和 24 端子线束，连接导线如图 3-73 所示。将标准模组测试接口或满端子接口转接鳄鱼夹通用连接线，如图 3-74 所示。

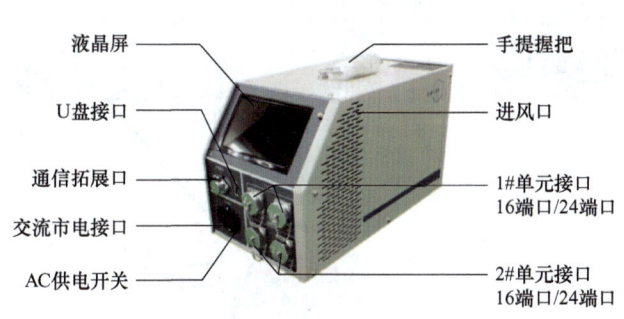

a) 母线

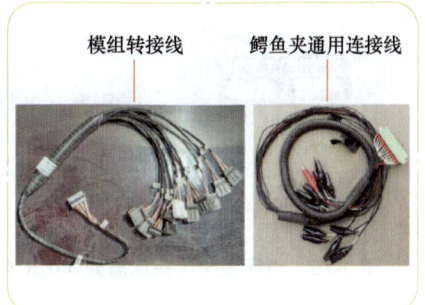

b) 模组/电芯连接线

图 3-70 连接线束

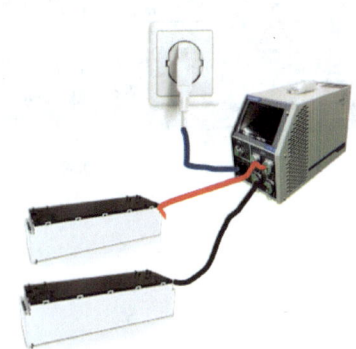

图 3-71 主机面板　　　　图 3-72 仪器连接

图 3-73 连接导线　　　　图 3-74 转接鳄鱼夹通用连接线

注意：剩余没用的线夹不要接地，需做绝缘处理；不可跨接电芯进行同时均衡操作。

（4）连接电芯　将鳄鱼夹连接至需要均衡的电芯，如图 3-75 所示。

使用转接线时要注意线束标签，如图 3-76 所示。

ESS 水冷项目均衡维护连接示例，均衡机端连接，实例 1 如图 3-77 所示、实例 2 如图 3-78 所示。

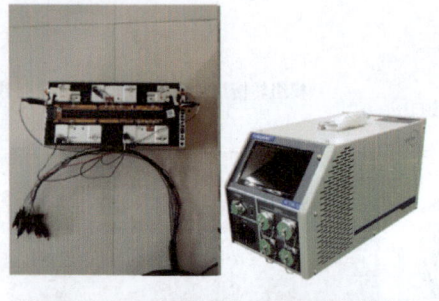

图 3-75　将鳄鱼夹连接至需要均衡的电芯

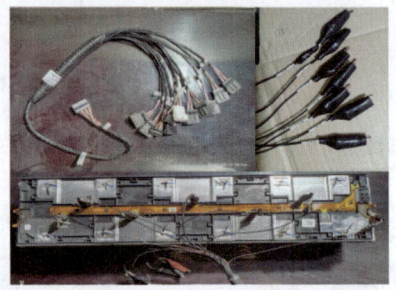

图 3-76　注意线束标签

图 3-77　均衡机端连接实例 1

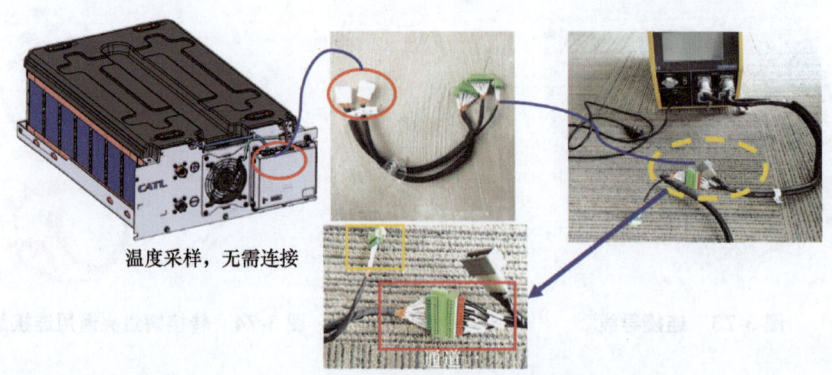

图 3-78　均衡机端连接实例 2

(5) 开机界面

1) 开机界面。打开电源,屏幕显示的开机界面如图 3-79 所示。

2) 进入功能主菜单。进入功能主菜单,点击均衡维护,如图 3-80 所示。

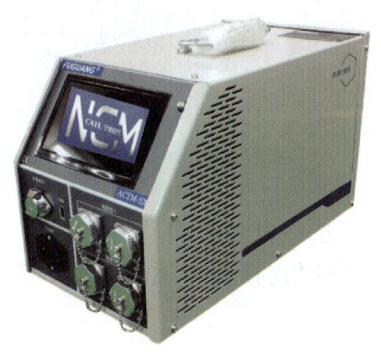

图 3-79　开机界面

图 3-80　点击均衡维护

3）进入参数设置操作，如图 3-81 所示。

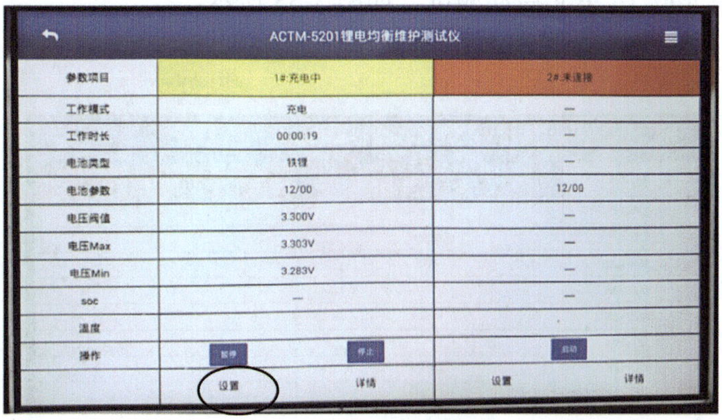

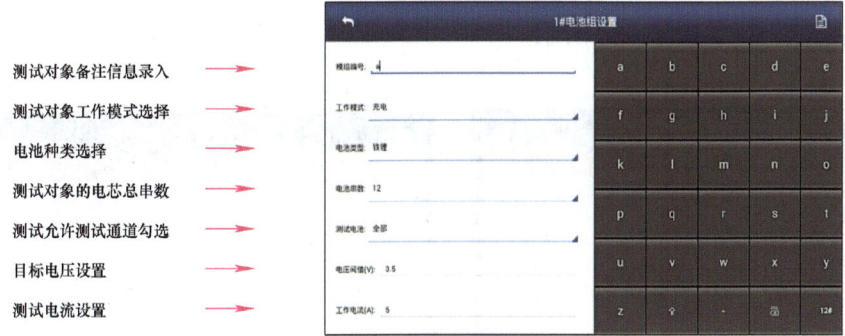

图 3-81　进入参数设置操作

（6）参数设置　测试参数设置，如图 3-82 所示。

图 3-82　测试参数设置

注意：均衡维护参数依据实际对象设置，参数设置完点击右上角"保存"。

1）操作方法。

① 均衡维护参数依据实际对象设置。

② 参数设置完点击右上角"保存"。

2）工作模式。

① 充电——高对齐，最大电流 5A。

② 放电——低对齐，最大电流 5A。

③ 均衡——可同时充放电，最大电流 2.5A。

3）注意事项。

① 不同电池类型有不同的最低最高电压保护，不可选错电池类型。

② 根据连接的电芯总串数进行数值设定（尤其是同时连接两个通道对同一模组进行均衡）。

③ 电压阈值为需要达到的目标电压。

④ 测试电池全部打勾。

（7）均衡维护

1）点击 2# 单元或 1# 单元启动测试，如图 3-83 所示。

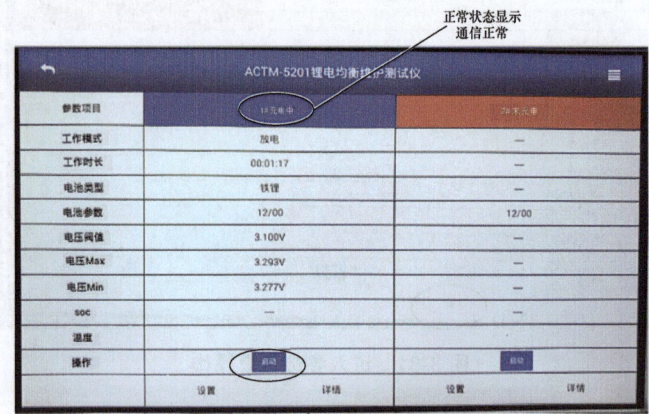

图 3-83　启动测试

2）均衡维护中，如图 3-84 所示。

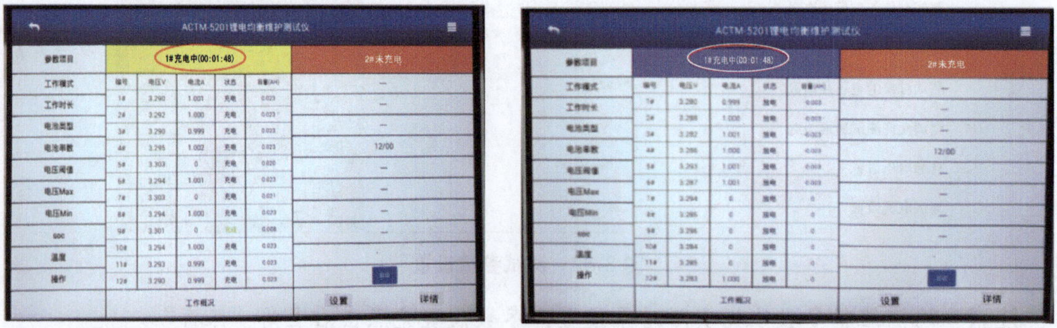

图 3-84　均衡维护中

注意：测试到达目标值减流至阈值电流内，自动完成测试/手动停止测试。

3）均衡完成，如图 3-85 所示。

项目三 纯电动汽车故障诊断

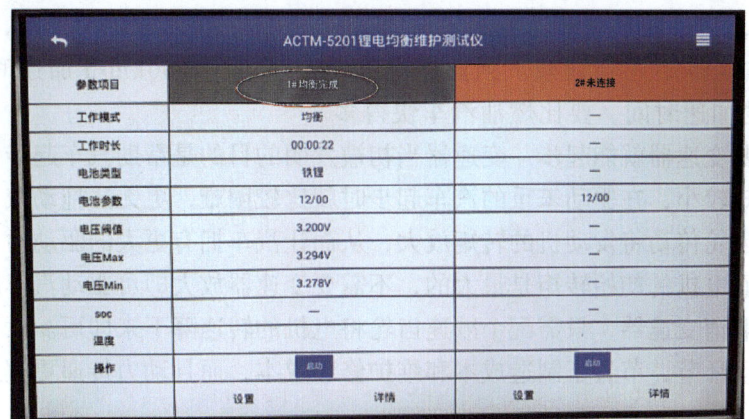

图 3-85 均衡完成

4）数据导出，如图 3-86 所示。

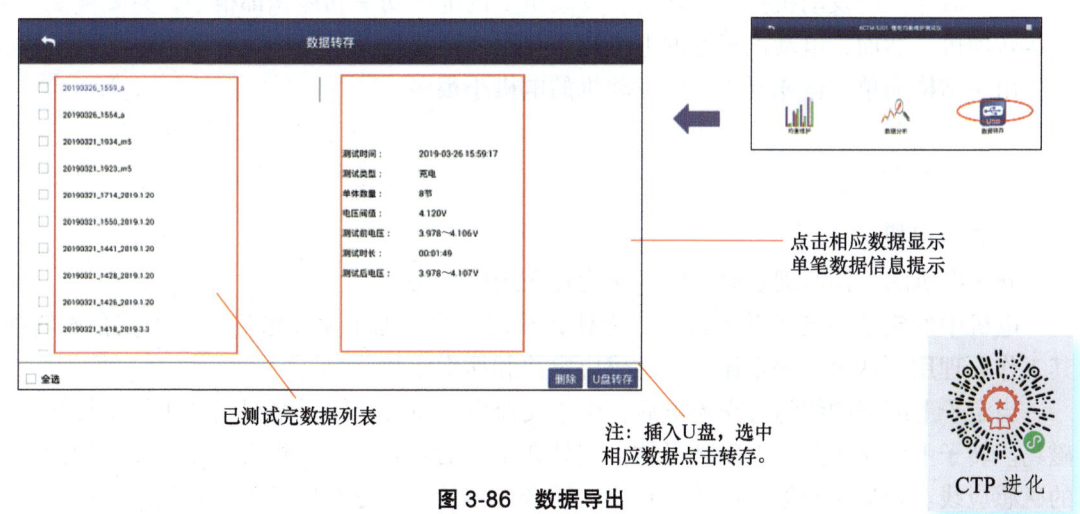

图 3-86 数据导出

任务二 检修驱动电机及管理系统

与内燃机相比，电机作为汽车的动力系统有很多优势，驱动电机结构如图 3-87 所示，主要包括以下 3 个方面。

（1）可以使汽车的起步加速能力更强 汽车静止时发动机怠速转速约为 800r/min，当它从静止起步加速时，发动机转矩必须随转速的升高而逐步升高，达到一定转速时才能输出最大转矩。涡轮增压发动机在一定转速范围内保持最大转矩。而自然吸气发动机最大转矩对应的转速范围非常小，转速升高后很快就会衰减下来。而电机的转矩特性与

图 3-87 驱动电机结构

089

它们完全不同，它一起动就能达到最大转矩，并能保持较大的转速范围，只有当转速达到特别高时其转矩才会衰减。因此，电动汽车的 0～100km/h 加速时间，尤其是 0～60km/h 的加速时间，要比燃油汽车快得多。

（2）不需要变速器就能起步　变速器当初被发明的目的是帮助汽车起步和爬坡，因为发动机初始转矩较小，在驱动笨重的汽车起步时就比较困难，更无法拖动汽车爬坡。变速器则可以通过齿轮传动将发动机的转矩放大，从而让汽车拥有更大的驱动力，使汽车顺利起步和爬坡。而电机的初始转矩是最大的，不需要变速器放大即可驱动汽车顺利起步和爬坡，因此可以取消变速器，只需配个减速齿轮将电机的转速降下来即可。没有变速器，不仅少了一个传动环节，节省了制造成本和维护修理成本，而且动力传递更直接，能量损耗更小。

（3）电机的体积较小、结构简单、制造成本低　每台发动机上都有一台电机，即起动机，所有传统汽车的起动都是由起动机带动飞轮、曲轴和活塞等一系列发动机部件先运动起来，然后才能使发动机持续运转的。发动机上的电机功率和体积都很小，只要能驱动活塞运转即可。然而，电动汽车上的电机却需要很大的功率，它要作为驱动汽车前进的动力源，由于结构简单，体积要比一般发动机的电机小很多。

一、电机工作原理

1. 异步电机

异步电机的工作原理是通电绕组在旋转磁场里转动。

电机中的定子和转子并不接触，为什么给定子绕组通上交流电后，转子就会旋转呢？其工作原理用到两大电磁定律：电磁感应定律和楞次定律。

当定子上缠绕的绕组通交流电后，由于交流电的特性，定子绕组会产生一个旋转的电磁场。转子上的绕组是一个闭环导体，它处在定子的旋转磁场中相当于在不停地切割定子的磁感应线。根据法拉第电磁感应定律，闭合导体的一部分在磁场中做切割磁感应线的运动时，导体中会产生电流。

再根据楞次定律，感应电流的效果总是反抗引起感应电流的原因，也就是尽力使转子上的导体不再切割定子旋转磁场的磁感应线，这样的结果是转子上的导体会"追赶"定子的旋转电磁场，也就是使转子追着定子旋转磁场跑，最终使电机开始旋转，异步电机工作原理如图 3-88 所示。

由于转子总是在"追赶"定子旋转磁场的旋转速度，并且为了能够切割磁感应线而产生感应电流，转子的转速总要比定子电磁场的转速慢一点（2%～6%），也就是异步运行，所以才将这种产生感应电流的电机称为异步电机。

图 3-89 所示为某电动汽车异步电机结构。

三相异步电机是在电动汽车上应用最为广泛的电机。它结构简单、重量较轻、体积较小、运行可靠、经久耐用、制造成本较低、维修简单方便。它的转速可达到 12000～15000r/min。其缺点是控制系统非常复杂、制造成本较高，其控制系统的造价要远高于电机本身。

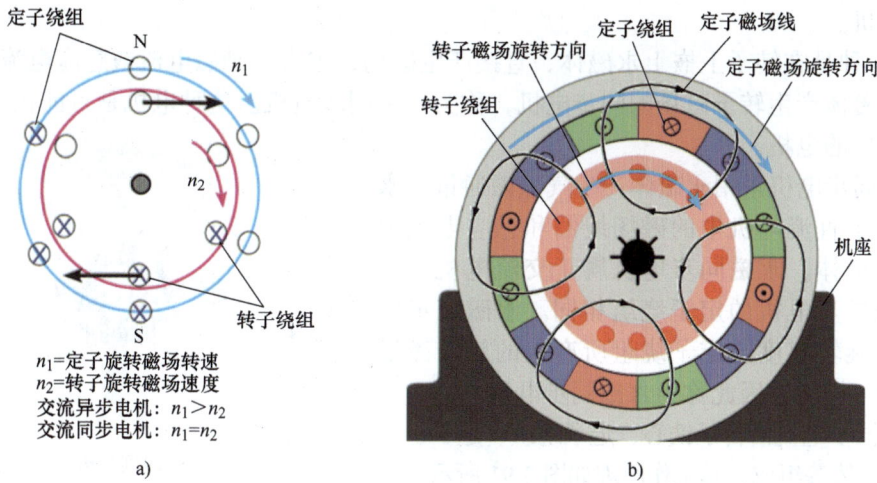

图 3-88 异步电机工作原理

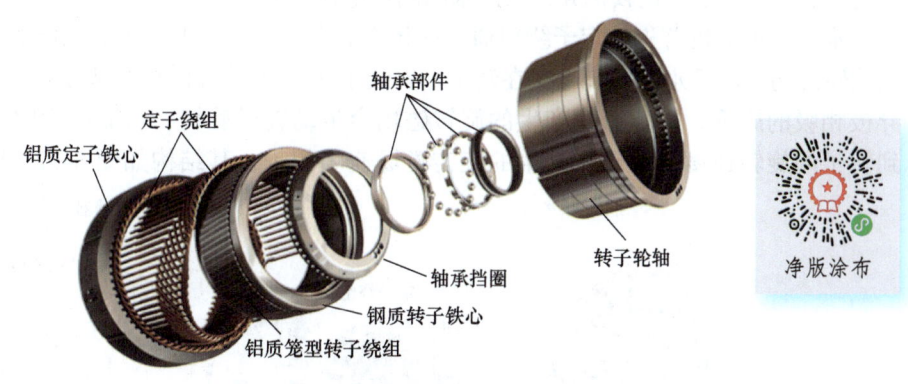

图 3-89 某电动汽车异步电机结构

2. 永磁同步电机

在异步电机中，转子磁场的形成要分两步走：第一步是旋转磁场先使转子绕组产生感应电流，第二步是感应电流再产生转子磁场。在楞次定律的作用下，转子跟随定子旋转磁场转动，但又"永远追不上"，因此才称其为异步电机。

如果转子绕组中的电流不是由定子旋转磁场感应的，而是自己产生的，则转子磁场与定子旋转磁场无关，而且其磁极方向是固定的，根据同性相斥、异性相吸的原理，定子的旋转磁场会推拉转子旋转，使转子磁场和转子一起与定子旋转磁场"同步"旋转。永磁同步电机的工作原理，如图 3-90 所示。

根据转子自生磁场产生方式的不同，可以将同步电机分为以下两种。

1) 一种是将转子绕组通上外接直流电（励磁电流），由励磁电流产生转子磁场，进而使转子与定子磁场同步旋转。这种由励磁电流产生转子磁场的同步电机称为励

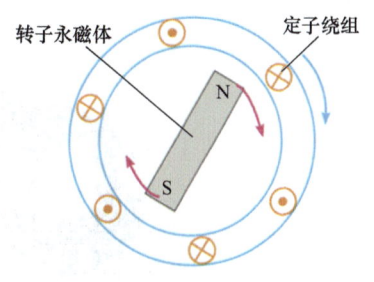

图 3-90 永磁同步电机的工作原理

磁同步电机。

2）一种是在转子上嵌上永磁体，直接产生磁场，省去了励磁电流或感应电流的环节。这种由永磁体产生转子磁场的同步电机，称为永磁同步电机。这种电机是目前在电动汽车上应用较广的电机。

永磁同步电机采用永磁体产生气隙磁通量，永磁体代替了直流电机中的磁场线圈和感应电机中定子的励磁体。永磁同步电机属于交流电机，定子绕组与异步电机的定子绕组相同。永磁同步电机转子的旋转速度与定子绕组所产生的旋转磁场的速度是一样的，因此称为永磁同步电机。

永磁同步电机由转子铁心、定子绕组、定子、永磁体以及壳体等组成，其工作原理如图 3-91 所示。

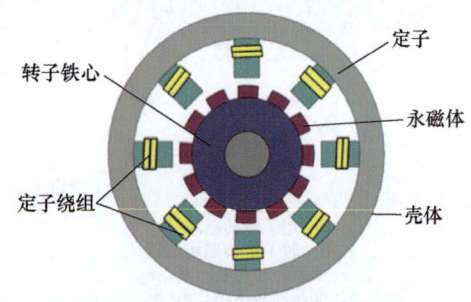

图 3-91　永磁同步电机工作原理

永磁同步电机具有较高的功率质量比，体积更小、质量更轻、输出转矩更大，电机的极限转速和制动性能也比较优异，因此永磁同步电机已成为现今电动汽车上应用最广的电机。

永磁同步电机首先给定子绕组通入三相交流电，在通入电流后会在电机的定子绕组中形成旋转磁场。由于永磁同步电机在转子上安装了永磁体并且磁极是固定的，根据同极相斥、异极相吸的原理，在定子中产生的旋转磁场会带动转子旋转，从而产生驱动力，并最终达到转子的旋转速度与定子中产生的旋转磁场速度相等，其结构如图 3-92、图 3-93 所示。

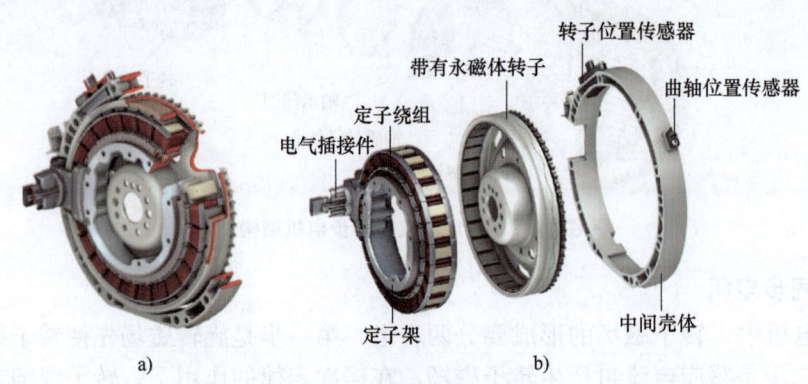

图 3-92　永磁同步电机的结构（一）

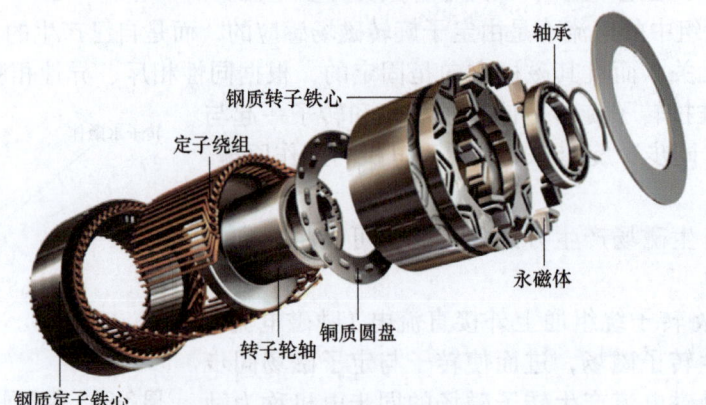

图 3-93　永磁同步电机的结构（二）

3. 交流感应电机

交流感应电机具有功率密度低、调速范围小、生产成本低、可靠性高、无退磁现象等特点，适用于高速公路网比较发达的区域。

二、电动汽车驱动电机与传动系统

电动汽车的驱动电机系统主要由驱动电机（DM）和电机控制器（MCU）组成，驱动电机系统通过高低压线束、冷却管路与整车其他系统进行连接，如图3-94所示。

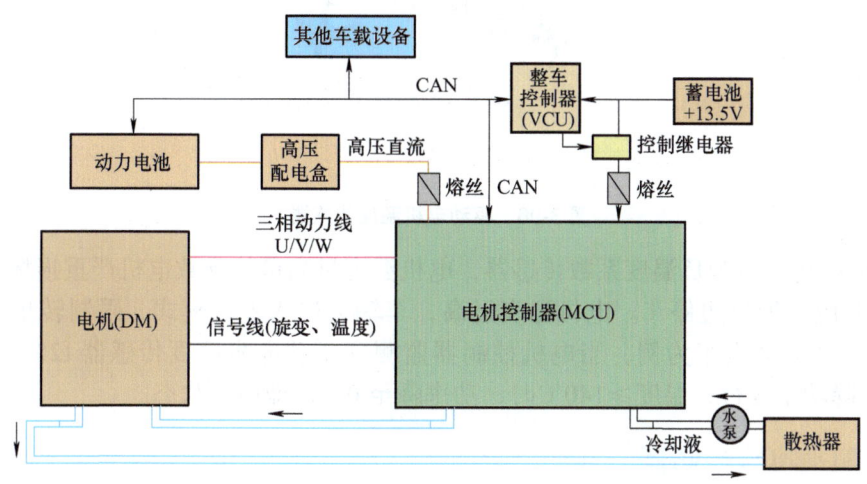

图3-94 驱动电机系统

驱动电机作为车辆的唯一动力源向外输出转矩，驱动车辆前进或后退。根据车辆不同的运行状态，新能源汽车的驱动电机具有电力驱动和能量回收两种工作模式。

当车辆采用电力驱动时，动力电池的高压直流电输送至电机控制器，电机控制器将直流电转换为交流电输送给驱动电机，电机运转时产生的转矩传递给驱动轮使车辆行驶。

在能量回收阶段，通过车轮的旋转带动电机转动。此时电机转为发电机的功能，由电机控制器将电机产生的交流电转为直流电，然后向动力电池充电。

新能源汽车种类繁多，用途也各不相同，采用的驱动电机形式也是多种多样的，但是它们都有一个共性问题，那就是热管理问题。电机的散热方式主要为液体冷却。

新能源汽车电机冷却系统与传统燃油车的冷却系统很相似，只是冷却水泵为电子式，由12V电源驱动其运转，如图3-95所示。

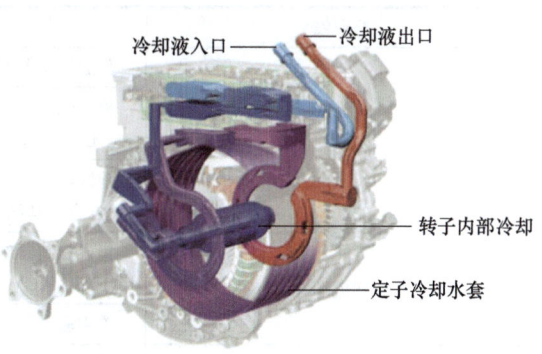

图3-95 电机冷却系统

驱动电机的性能判定是用温升而不是用温度来衡量的，当温升突然增大或超过最高工作温度时，说明电机已发生故障。驱动电机温度传感器通常采用内埋的方式布置在电机定子线圈内部，以此检测驱动电机的工作温度，并作为控制电子水泵是否运转的主要依据。驱动电机温度传感器如图3-96所示。

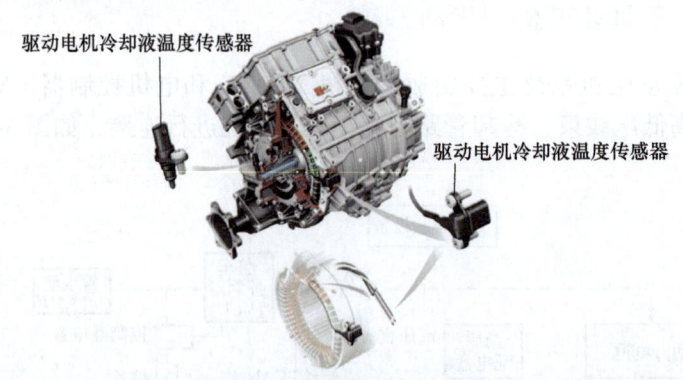

图3-96 驱动电机温度传感器

电机温度传感器为负温度系数传感器，电机温度过高可能导致电机严重损坏，当出现这种情况时应立即靠边停车。电机温度过高，车辆会进入跛行模式，限制转矩输出或强制停机。以某电动汽车为例，当电机控制器监测到驱动电机温度传感器120℃≤温度＜140℃时，降功率运行；温度≥140℃时，功率降至0W，即停机状态。

三、驱动电机控制器

1. 电机控制器功能

电机控制器是驱动电机系统的控制中心，又称智能功率模块，简称MCU。

MCU的主要功能是控制电机的旋转速度、旋转方向以及再生能量回收。此外，电机控制器还要对电流传感器、电压传感器、温度传感器等输入信号进行处理，并将驱动电机系统的运行状态通过CAN总线发送给整车控制器。

电机控制器日趋集成化，集成形式见表3-14，电机控制器的外观如图3-97所示。

表3-14 电机控制器集成形式

行业线	集成形式
客车	集成控制器五合一（MCU、DC/DC、EPS、ACM、PDU）
	单主驱 （无接触器）
	辅区四合一/辅驱五合一 （五合一基础上去除主驱）
物流车	集成控制器三/四/五合一 （EPS、ACM、PDU有变更）
	单主驱
乘用车	单主驱
	双电机、二合一、三合一

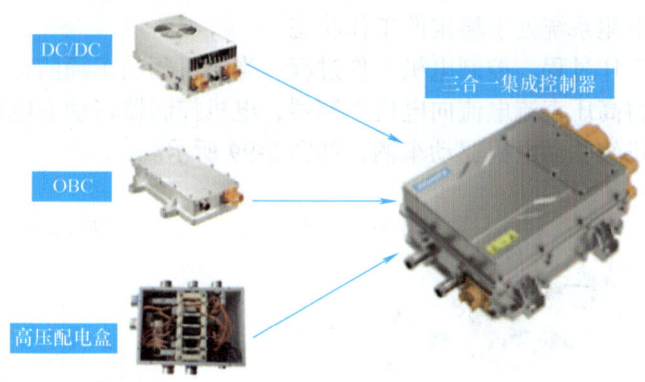

图 3-97　电机控制器的外观

2. 电机控制器结构

电机控制器以 IGBT（绝缘栅双极型晶体管）模块为核心，主要由印制电路板组件、三相高压插接件、直流高压插接件、IGBT 模块及驱动板组成，电机控制器结构如图 3-98 所示。

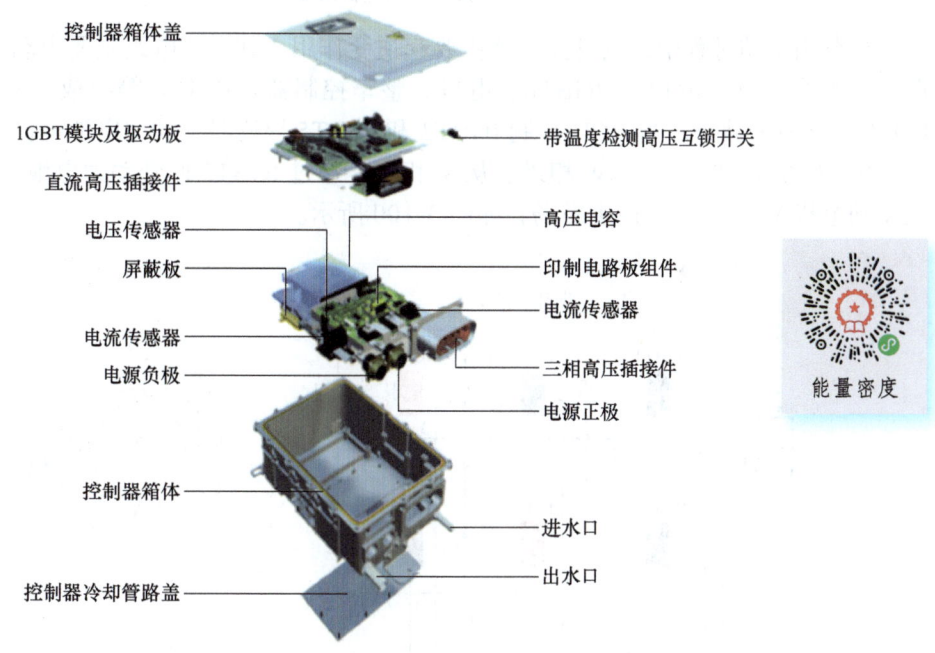

图 3-98　电机控制器结构

3. 电机控制器工作原理

电机控制器与驱动电机配套使用，当驱动电机驱动车辆行驶时，电机控制器需将动力电池的直流电转换为交流电（DC/AC 逆变器）供给驱动电机。而当驱动电机作为发电机回收能量时，电机控制器需将交流电转换为直流电（AC/DC 整流器），为动力电池充电。与此同时，电机控制器通过电流传感器、电压传感器及温度传感器实时监测自己与驱动电机的工作状态，确保电驱系统处于稳定的工作状态。

（1）控制电机工作过程　控制电机工作过程：当电机驱动车辆前行或倒退时，动力电池通过高压配电盒将高压直流电流向电机控制器，电机控制器将动力电池的高压直流电逆变为三相交流电，供给驱动电机驱动车辆，如图3-99所示。

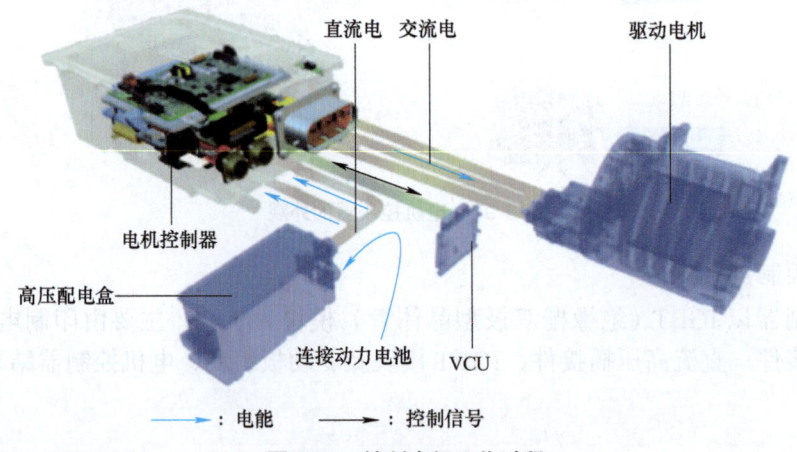

图3-99　控制电机工作过程

在车辆驱动过程中，电机控制器主要起逆变作用，其逆变电路主要由动力电池、绝缘栅双极型晶体管IGBT1～IGBT6、电机、整车控制器（VCU）等组成。其中VCU控制IGBT的导通和截止。当VCU控制IGBT3和IGBT5导通时，动力电池电流从电池正极流经IGBT3到驱动电机，从W相进、从V相出，通过IGBT5回到动力电池负极形成回路，在驱动电机W相、V相产生磁场，如图3-100所示。

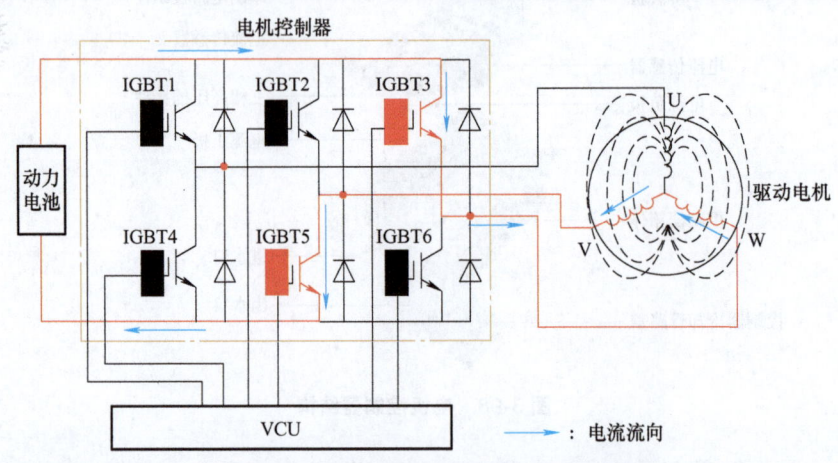

图3-100　VCU控制IGBT3和IGBT5导通

当VCU控制IGBT1和IGBT6导通时，动力电池电流从电池正极流经IGBT1到驱动电机，从U相进、从W相出，通过IGBT6回到动力电池负极形成回路，在驱动电机U相、W相产生磁场，如图3-101所示。

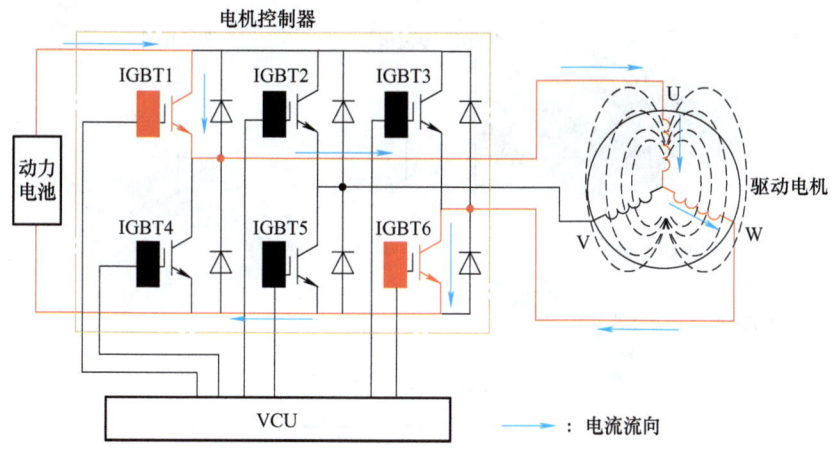

图 3-101 VCU 控制 IGBT1 和 IGBT6 导通

当 VCU 控制 IGBT2 和 IGBT4 导通时，动力电池电流从电池正极流经 IGBT2 到驱动电机，从 V 相进、从 U 相出，通过 IGBT4 回到动力电池负极形成回路，在驱动电机 V 相、U 相产生磁场，如图 3-102 所示。

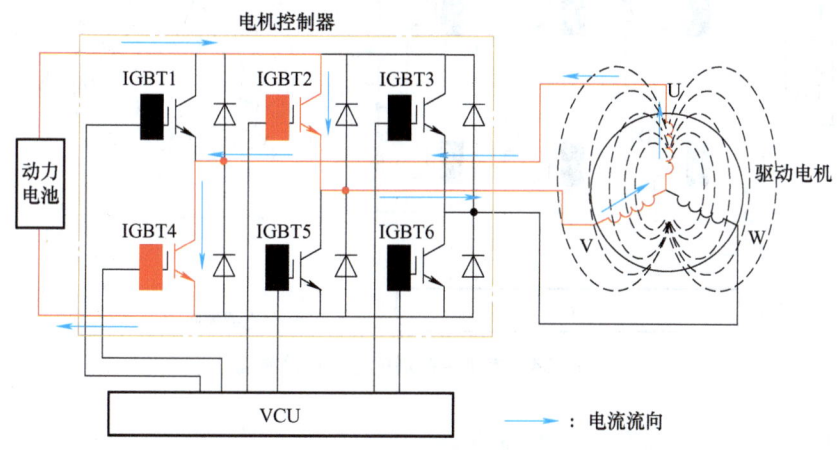

图 3-102 VCU 控制 IGBT2 和 IGBT4 导通

如此连续不断的导通变化，在驱动电机绕组中形成连续的旋转磁场，根据电机原理，转子在旋转磁场作用下形成旋转转矩。此外，改变 IGBT1 ~ IGBT6 的触发信号频率和时间，就能改变逆变器输入驱动电机定子绕组电流空间相量的相位和幅值，以适应驱动电机的驱动需要。

（2）能量回收过程 能量回收过程：当车辆减速或制动时，驱动电机转变为发电机，向电机控制器输送三相交流电，电机控制器将驱动电机输送过来的三相交流电整流成稳定的直流电，再通过高压配电盒输送到动力电池，为动力电池充电。电机控制器的整流过程如图 3-103 所示。

在车辆能量回收过程中，电机控制器主要起整流作用，其整流电路主要由动力电池、二极管 D1 ~ D6、电机、整车控制器（VCU）等组成。电机控制器主要是利用其二极管的单向导电性能，将电机的三相交流电整流为直流电。电机控制器的整流电路原理如图 3-104 所示。

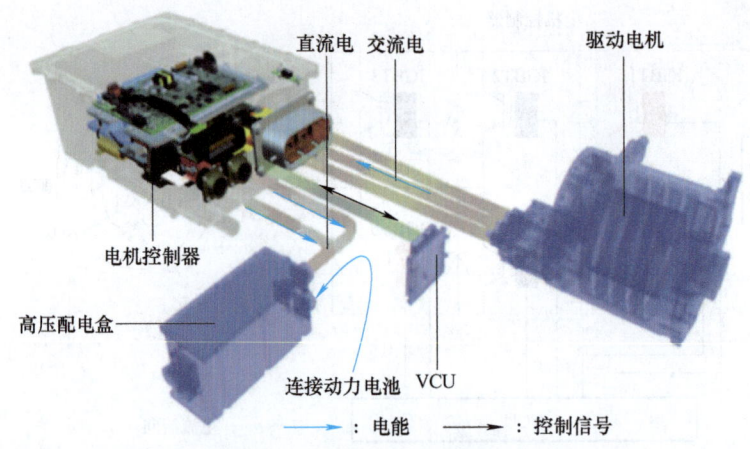

图 3-103　电机控制器的整流过程

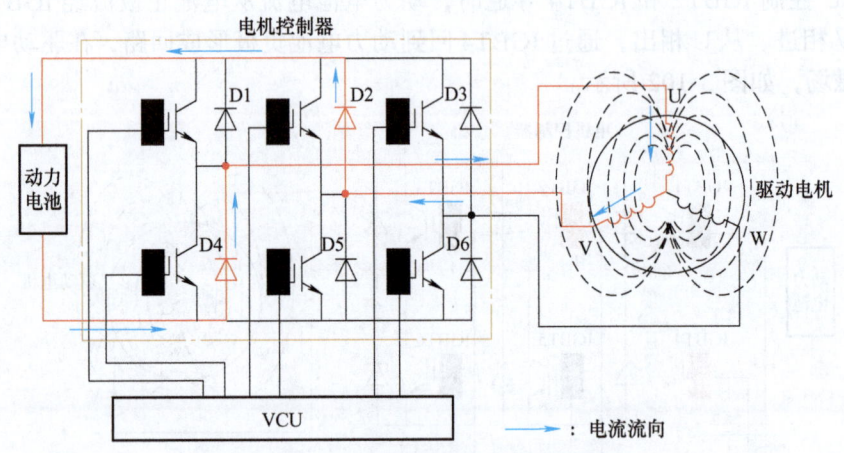

图 3-104　电机控制器的整流电路原理

四、驱动电机及控制系统故障维修

电机控制器主要有电动/发电模式控制、转矩控制、故障检测与保护、CAN 通信以及诊断功能。常见故障有内部传感器损坏、印制电路板失效、IGBT 模块失效等。故障现象均为车辆无法行驶，同时仪表上面的电机故障灯点亮。

1. 电机控制器总成拆装

电机控制器拆装步骤如下（先穿戴好高压安全防护用品）。

1）关闭点火开关，拆卸低压蓄电池负极，并用绝缘胶带包裹蓄电池负极连接线。

2）完成高压断电、验电与放电操作（有维护插接件的，一定要先拆卸维护插接件）。

3）放出冷却液，拆卸电机控制器冷却液管路，如图 3-105 所示。

4）拆卸电机控制器低压线束，如图 3-106 所示。

5）拆卸电机控制器高压线束，并用万用表测量有无剩余电压，利用放电工装释放剩余电压。

6）拆卸电机控制器的固定螺栓，然后取下电机控制器。

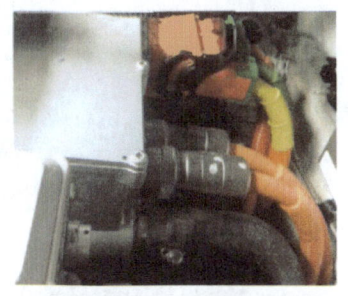 

图 3-105 拆卸电机控制器冷却液管路　　图 3-106 拆卸电机控制器低压线束

7）检查电机控制器线束插接件端子有无弯曲变形或导线环脱落现象，如图 3-107 所示。

8）按照与拆卸相反的顺序安装电机控制器，然后添加同型号的冷却液至规定的液面高度。

9）车辆复位后打开点火开关，检查上电是否正常，路试车辆运转是否正常。

2. 驱动电机检测

驱动电机检测主要有缺相检测和绝缘检测两种。当在整车上进行驱动电机的任何检测项目前，必须穿戴高压安全防护用品，断开低压蓄电池负极，拆下维护插接件，并释放高压部件的剩余电压，严禁带电操作。以某车型驱动电机为例，如图 3-108 所示。

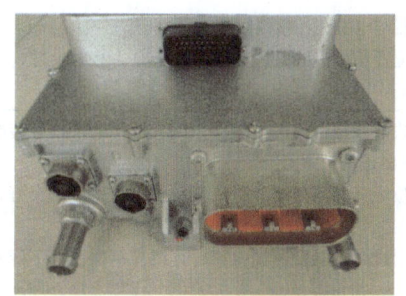 

图 3-107 检查电机控制器线束插接件端子　　图 3-108 某车型驱动电机

（1）电机缺相检测　电机缺相是指电机内部某相绕组线圈发生不通电、电阻过大或过小的故障，其主要原因为某相线圈烧蚀、断路或线束插接件端子烧蚀等。

1）拆卸驱动电机高压配电盒盖板。

2）检查电机动力电缆接头有无烧蚀现象，如图 3-109 所示。

3）拆卸 U、V、W 三相线，用万用表电阻档分别测量 UV、VW、UW 之间的电阻，相互之间的差值大于 0.5Ω 即判定为电机缺相，需要更换驱动电机。

（2）电机绝缘检测　电机发生绝缘故障通常是由于电机内部进水、绝缘层受热失效或绕组烧蚀对地短路等原因引起的。当电机发生绝缘故障时，往往会报出电机控制器故障或整车绝缘故障，进行电机绝缘检测时必须断开高压线路，用绝缘测试仪对其进行绝缘检测。

1）打开电机配电盒盖板，拆卸动力电缆，将动力电缆与安装底座完全分离，如图 3-110 所示。

2）绝缘表分别测量三相绕组的对地绝缘电阻，测试结果均应大于 $20\text{M}\Omega$。若低于此值，说明驱动电机损坏，需进行更换。

图 3-109　检查电机动力电缆接头

图 3-110　拆卸动力电缆

3. 电机控制器常见故障维修

电机控制器常见故障及维修方法见表 3-15。

表 3-15　电机控制器常见故障及维修方法

序号	故障现象	可能原因	维修方法
1	电机运行不平稳，发生抖动	a) 相序不对 b) 电机缺相 c) 位置传感器故障	a) 检查控制器与电机的三相出线连接是否正确，是否与出线上的标记对应 b) 检查控制器与电机三相接线可靠连接 c) 检查电机位置信号连线是否完好，插头是否接触良好，以及线束插接件端子是否完好
2	踩下加速踏板，电机不转	a) 控制信号未输入 b) 位置传感器故障 c) 控制器温度过高	a) 检查各开关信号是否到达控制器，以及加速踏板位置传感器供电是否正常，输出是否正常 b) 检查电机位置传感器连线是否完好，插头是否接触良好，以及线束插接件端子是否完好 c) 控制器温度过高将触发过温保护，等待控制器温度下降到正常值，并检查风扇
3	档位挂上后，在未踩加速踏板的情况下，电机开始旋转；或踩加速踏板时感觉空行程过大	a) 加速踏板位置传感器输出电压过高 b) 加速踏板位置传感器输出电压过低	更换符合控制器要求的加速踏板位置传感器
4	仪表无档位和转速信号，车辆可以正常运行	a) 电机控制器 CAN 总线通信故障 b) 仪表故障 c) 线束故障	a) 检查电机控制器插接件是否接触良好，线束插接件端子是否完好 b) 将变速杆换到前进档位或倒档，检查档位信号是否正常，否则为换档机构故障 c) 在不踩制动踏板的情况下，检查制动信号是否有 12V 信号，如果有则说明制动踏板有故障
5	没有故障码，车辆不能运行	a) 电机控制器故障 b) 换档机构故障 c) 制动踏板故障	a) 检查电机控制器插接件是否接触良好，线束插接件端子是否完好 b) 将变速杆换到前进档位或倒档，检查档位信号是否正常，否则为换档机构故障 c) 在不踩制动踏板的情况下，检查制动信号是否有 12V 信号，如果有则说明制动踏板有故障

（续）

序号	故障现象	可能原因	维修方法
6	电机控制器有异响	电机控制器风扇	检查电机控制器风扇的防护罩，是否有凹陷或松动
7	车辆正常运行过程中，突然出现动力中断；或者车辆时而能运行，时而不能运行	a）电机控制器 b）换档机构 c）制动踏板	a）在故障出现时查看故障码，确认故障 b）将档位分别置于空档、D档和R档，看仪表显示是否正确，若不正确，则检查档位控制器 c）检查制动踏板信号发生故障时电压是否为12V

注：如需拔插电机控制器上高压插接件时，必须在点火开关打到OFF位置，并拆卸低压蓄电池负极，断开动力电池高压25s后确定系统已断电，再进行相关操作。如遇到其他情况不能确认原因，请及时联系厂家相关技术人员。

4. 驱动电机常见故障维修

驱动电机常见故障及维修方法见表3-16。

5. 减速器常见故障维修

减速器常见故障及维修方法见表3-17。

作业安全防护

表3-16　驱动电机常见故障及维修方法

序号	故障现象	可能原因	维修方法
1	车辆无法运行，报故障码	a）相序不对或三相插接件未接好 b）电机旋转，变压器线或插接件损坏	a）检查电机控制器与电机的三相线连接是否正确，是否与出线上的标记对应 b）检查控制器与电机三相线连接是否牢固 c）检查电机位置信号连线是否完好，插头是否接触良好，线束插接件端子是否完好 d）若故障码一直存在，则有可能是控制器出现故障
2	起动车辆抖动，无法加速	a）相序不对或三相插接件未接好 b）电机传感器位置偏离	a）检查电机控制器与电机的三相线连接是否正确，是否与出线上的标记对应 b）检查控制器与电机三相线是否牢固 c）若确认电机插接件都没有问题，则说明电机位置传感器偏离，否则说明电机有故障
3	车辆加速时或速度在50～80km/h出现"嗡嗡"的剧烈异响	电机轴承损坏	若加速时发生异响，一般电机故障的可能性较大；若只在滑行时产生异响，加速时没有，则说明减速器出现故障的可能性较大
4	车辆无法运行，检测发现绝缘故障	a）电机三相线绝缘故障 b）电机内部绕组绝缘故障	确定为电机故障
5	电机漏油	a）电机油封损坏 b）减速器与电机装配螺栓松动	a）检查漏油点部位，如在电机与减速器连接端面处，则检查螺栓松动 b）如果漏油处在电机端盖与电机机壳缝隙处，则可能为电机油封损坏，需更换油封并清理电机内部（该故障一定要及时处理，以免减速器油进入电机内部损坏电机轴承和绕组）

表 3-17 减速器常见故障及维修方法

序号	故障现象	可能原因	维修方法
1	噪声过大或异响	a) 缺油，润滑不良 b) 齿轮油黏度低 c) 齿面损伤或磨损过大造成齿侧间隙过大 d) 轴承损坏 e) 减速器箱体受压或撞击变形 f) 若转弯时噪声增大或声音异常，为减速器内齿轮啮合不良、受阻、磨损、缺油等	更换减速器
2	电机转，但是车轮不转	a) 齿轮组合件配合过松打滑 b) 减速器内的行星齿轮啮合不良（磨损过大）而打滑 c) 行星齿轮轴断裂	更换减速器
3	减速器漏油	从电机端漏油： a) 油封紧箍弹簧掉出 b) 油封主唇破损或磨损	更换油封
		减速器箱体盖之间的端面漏油： a) 减速器箱体之间的衬垫损坏 b) 减速器箱体或箱盖端面不平整，有凸点 c) 减速器箱体或箱盖扭曲变形 d) 减速器箱体之间的固定螺栓松动	更换减速器壳体
		半轴接合处漏油： 跟半轴配合的骨架油封损坏	更换油封

任务三　检修整车控制系统

整车控制器（VCU）是新能源汽车三大核心部件之一，是整个车辆的控制中心。不同车型的整车控制器分别如图 3-111、图 3-112 所示，其主要功能是根据驾驶人的操作意愿和各系统实时状态，通过运算分析后做出决策，合理分配动能，控制车辆充电、加减速、能量回收以及故障检测等工作，使车辆运行在最佳状态。

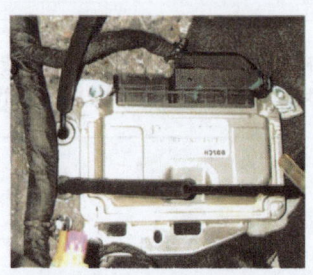

图 3-111　整车控制器 1

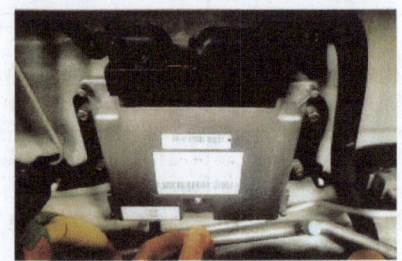

图 3-112　整车控制器 2

整车控制器的工作流程是：首先进行工况判断，然后计算出转矩需求并发出控制指令，各系统将实时运行信息反馈给 VCU，以此来修正控制指令，信息传送采用 CAN 总线模式。

整车控制系统的功能包括如下几个方面。

（1）汽车行驶控制功能　电动汽车的电机必须按照驾驶人意图输出驱动或制动力矩。当驾驶人踩下加速踏板或制动踏板，电机要输出一定的驱动功率或再生制动功率。踏板开度越大,动力电机的输出功率越大。因此,整车控制系统要合理理解驾驶人的操作;接收整车各子系统的反馈信息,为驾驶人提供决策反馈;对整车各子系统发送控制指令,以实现车辆的正常行驶。

(2) 整车的网络化管理　在当代汽车中,有众多电子控制单元和测量仪器,它们之间存在着数据交换,如何让这种数据交换快捷、有效、无故障的传输,为了解决这个问题,德国博世公司于20世纪80年代研制出了控制器局域网(CAN)。在电动汽车中,电子控制单元的功能比传统燃油车更多、更复杂,因此,CAN总线的应用势在必行。整车控制器是电动汽车众多控制器中的一个,是CAN总线中的一个节点。在整车网络管理中,整车控制器是信息控制的中心,负责信息的组织与传输、网络状态的监控、网络节点的管理以及网络故障的诊断与处理。

(3) 制动能量回馈控制　电动汽车以电机作为驱动力矩的输出机构。电机具有回馈制动的性能,此时电机作为发电机,利用电动汽车的制动能量发电,同时将此能量储存在储能装置中,当满足充电时将能量反充给动力电池的功能需求。在这一过程中,整车控制器根据加速踏板和制动踏板的开度以及动力电池的SOC值来判断某一时刻能否进行制动能量回馈,如果可以进行,整车控制器向电机控制器发出制动指令,回收部分能量。

(4) 整车能量管理和优化　在电动汽车中,电池除了给电机供电,还要给电动附件供电,因此,为了获得最大的续驶里程,整车控制器将负责整车的能量管理,以提高能量的利用率。在动力电池的SOC值比较低的时候,整车控制器将对某些电动附件发出指令,限制电动附件的输出功率,以此来增加续驶里程。

(5) 车辆状态的监测和显示　整车控制器对车辆的状态进行实时监测,并且将各个子系统的信息发送给车载信息显示系统,其过程是通过传感器和CAN总线,检测车辆状态及其各子系统状态信息,驱动显示仪表,将状态信息和故障诊断信息经过仪表显示出来。显示内容包括:电机的转速、车速、动力电池的电量、故障信息等。

(6) 故障诊断与处理　连续监视整车电控系统,进行故障诊断。故障指示灯指示出故障类别和部分故障码。根据故障内容,及时进行相应的安全保护处理。对于不太严重的故障,能低速行驶到附近的维修站进行检修。

(7) 外接充电管理　实现充电的连接,监控充电过程,报告充电状态,结束充电。

(8) 诊断设备的在线诊断和下线检测　负责与外部诊断设备的连接和诊断通信,实现UDS诊断服务,包括数据流读取,故障码的读取和清除,控制端口的调试。

一、整车控制策略

1. 整车控制器结构

整车控制器包括微控制器、模拟量调理、开关量调理、继电器驱动、高速CAN总线接口、电源模块等。整车控制器对新能源汽车动力链的各个环节进行管理、协调和监控,以提高整车能量利用效率,确保整车安全性和可靠性。该整车控制器采集驾驶人驾驶信号,通过CAN总线获得电机和动力电池系统的相关信息,进行分析和运算,通过CAN总线给出电机控制和电池管理指令,实现整车驱动控制、能量优化控制和制动回馈控制。该整车控制器还具有综合仪表接口功能,可显示整车状态信息;具备完善的故障诊断和处理功能;具有整车网关及网络管理功能。其工作原理如图3-113所示。

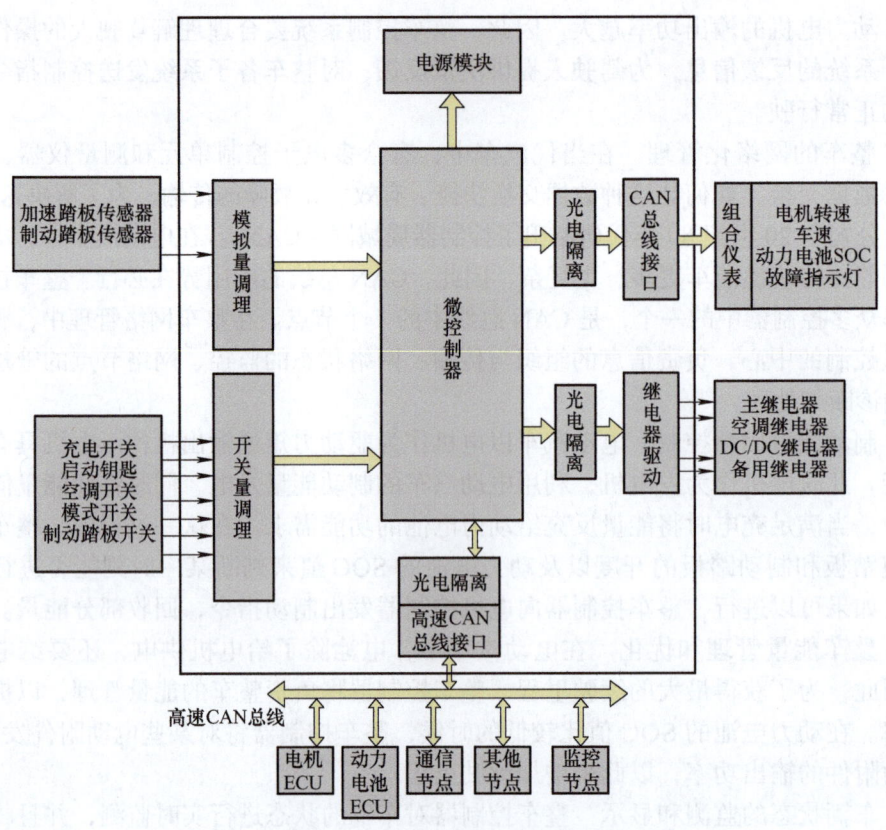

图 3-113 整车控制器工作原理

2. 整车控制器的整车控制策略

整车控制器（VCU）负责采集电机控制系统信号、电池管理系统信号、加速踏板信号和其他部件信号，可以综合分析驾驶人的驾驶意图并做出响应判断，还可以监控其他控制器的控制信号，对汽车正常行驶、电池能量管理、故障诊断与处理、车辆状态监控等功能起着关键作用，如图 3-114 所示。

图 3-114 整车控制器

车载整车控制器的布置如图 3-115 所示。

整车控制器通过各种传感器及控制器反馈的信息，判断当前车辆所处的运行状态，合理控制整车运行情况，整车控制系统结构如图 3-116 所示。

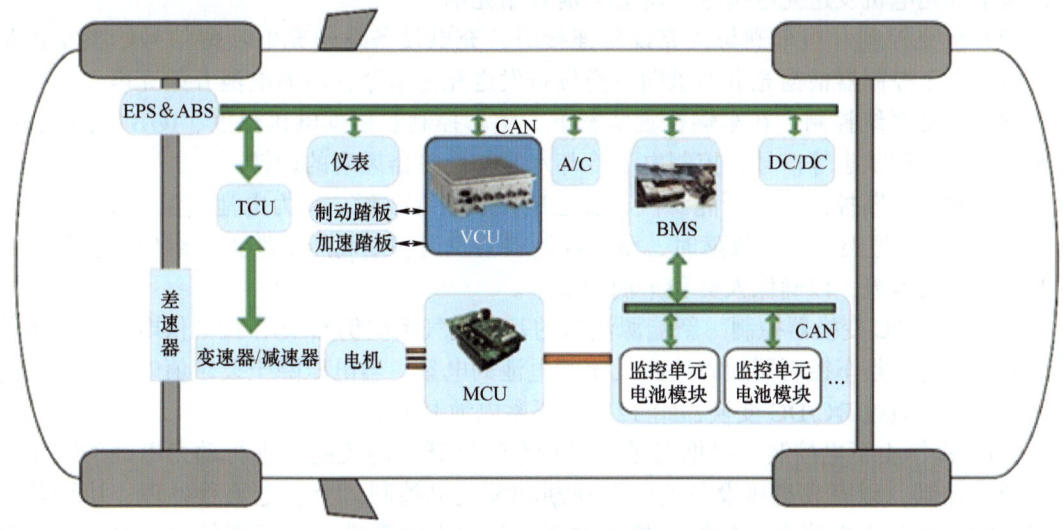

图 3-115　车载整车控制器的布置示意图

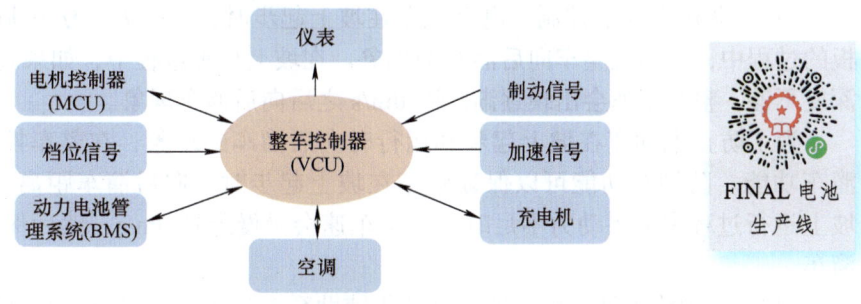

图 3-116　整车控制系统结构

（1）起停控制　点火开关置于 ON 档时，向 VCU 发送 12V 唤醒信号，VCU 控制主继电器给电机控制器和动力电池管理系统供电，通过 CAN 总线发送相关命令，完成整车系统的启动。

（2）高压供电控制　当整车控制器接收到上电开关、直流充电桩、车载充电机或远程智能终端的唤醒信号后，直接控制高压继电器与高压系统的吸合或断开，接通或断开。

（3）电机驱动控制　整车控制器根据加速踏板位置信号、档位信号和车速信号计算车辆的目标转矩，并通过 CAN 总线发送转矩需求指令给电机控制器。

（4）再生能量回收控制　再生能量回收控制是在车辆滑行或制动过程中，电机从驱动状态转变为发电状态，将车辆的动能转换为电能储存在动力电池中。当车辆在滑行或制动时，VCU 根据 ABS 状态、动力电池状态和制动踏板位置等信号，计算再生能量回收转矩并发送指令给电机控制器，启动再生能量回收控制功能。

（5）节能模式控制　整车控制器会根据电机状态、加速或制动踏板状态、空调状态、停车状态和节能（ECO）指令判断车辆是否能够进入节能模式。在 ECO 模式下，整车的加速性能会有所减弱，在滑行和制动过程中会加大再生能量回收效果。

（6）交流充电控制　当整车控制器判断车辆处于慢充模式时，根据动力电池的充电需求，向车载充电机发送充电指令，动力电池开始充电。

（7）快充控制　当车辆与快充设备连接时，充电设备发送充电唤醒信号给整车控制器，然后整车控制器根据充电需求向快充设备发送充电指令，动力电池开始充电。

（8）冷却系统控制　在车辆行驶状态下，整车控制器根据电机温度、IGBT 温度、冷却液温度和空调状态等信号，控制电子冷却水泵与散热器风扇的运转。

（9）动力切断控制　当新能源汽车发生碰撞、绝缘故障、动力电池过温/过电压、驱动电机过电流/过温等严重故障时，整车控制器会及时切断高压电路上的继电器，使动力电池停止输出电流，以确保人员和车辆的安全。

（10）DC/DC 变换器控制　新能源汽车的基础电气系统仍然采用 12V 供电，由低压蓄电池进行供电。整车控制器随时监测低压蓄电池的电量，当电压降至设定值时，会控制高压系统上电，通过 DC/DC 变换器给 12V 低压蓄电池充电。

（11）高压上下电控制　根据驾驶人对行车钥匙开关的控制，进行动力电池的高压接触器开关控制，以完成高压设备的电源通断和预充电控制。上下电流程处理：协调各相关部件的上电与下电流程，包括电机控制器、动力电池管理系统等部件的供电，预充电继电器、主继电器的吸合和断开时间等。

（12）防溜车功能控制　电动汽车在坡上起步时，驾驶人从松开制动踏板到踩加速踏板的过程中，会出现整车向后溜车的现象。在坡上行驶过程中，如果驾驶人踩加速踏板的深度不够，整车车速会出现逐渐降到 0m/s 之后向后溜车现象。

为了防止电动车在坡上起步和运行时向后溜车的现象，在整车控制策略中增加了防溜车功能。防溜车功能可以保证整车在坡上起步时，向后溜车距离小于 10cm；在整车坡上运行过程中如果动力不足时，整车车速会慢慢降到 0m/s，然后保持 0m/s，不再向后溜车。

（13）电动化辅助系统管理　电动化辅助系统包括电动空调、电制动、电动助力转向。整车控制器应该根据动力电池以及低压蓄电池状态，对 DC/DC 变换器、电动化辅助系统进行监控。

（14）车辆状态的实时监测和显示　整车控制器应该对车辆的状态进行实时检测，并且将各个子系统的信息发送给车载信息显示系统，其过程是通过传感器和 CAN 总线，检测车辆状态及其动力系统及相关电气附件，相关各子系统状态信息驱动显示仪表，将状态信息和故障诊断信息通过数字仪表显示出来。

二、高压附属系统

1. 高压系统结构

电动汽车的高压系统主要包括动力电池、高压配电盒、快充线束、电机控制器、慢充线束、充电机、DC/DC 变换器、PTC 加热器以及空调压缩机等部件，如图 3-117 所示。

电动汽车高压系统组成如图 3-118 所示。

项目三 纯电动汽车故障诊断

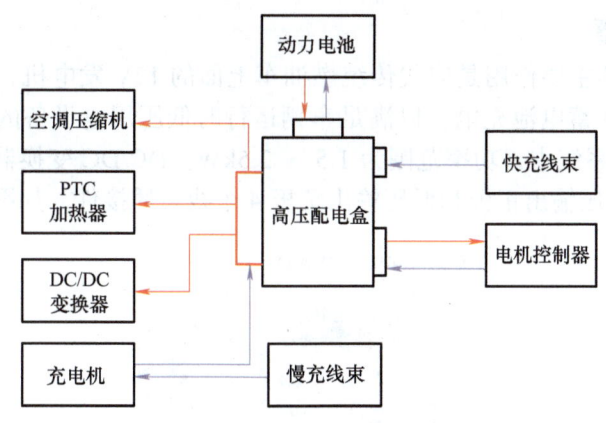

图 3-117 高压系统结构框图

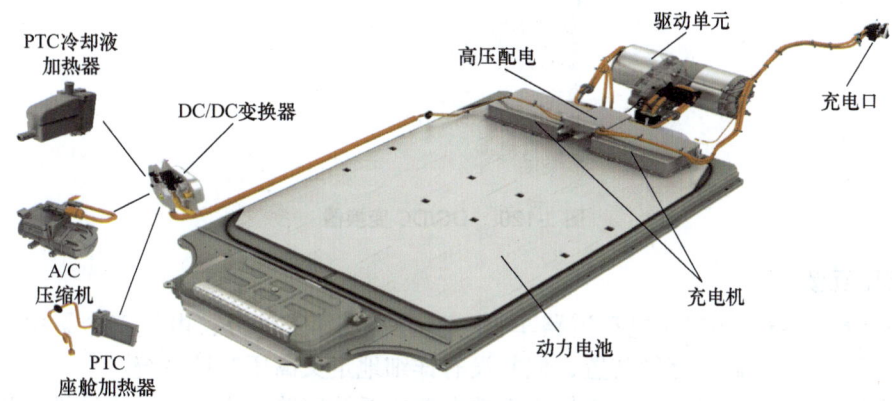

图 3-118 电动汽车高压系统组成

2. 高压配电盒

高压配电盒简称高压盒，是新能源汽车的整车配电装置。来自于动力电池的高压直流电通过高压盒实现电源分配、接通以及断开的功能控制。高压配电盒外部连接线路如图 3-119 所示。

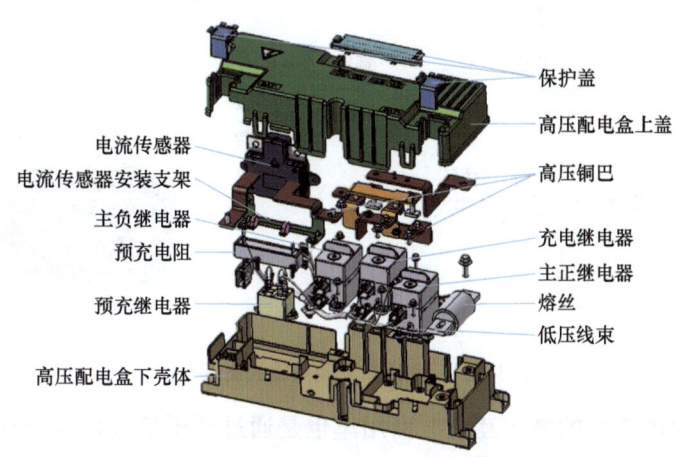

图 3-119 高压配电盒外部连接线路

107

3. DC/DC 变换器

DC/DC 变换器的主要作用是取代传统燃油车上面的 12V 发电机，在行车过程中控制动力电池向低压 12V 蓄电池充电，以满足车辆运行时低压用电设备的需要。广泛应用在 HEV、PHEV 和 EV 系统中，功率范围为 1.5～2.5kW。DC/DC 变换器主要包括高压输入端、低压控制端、低压输出正极和低压输出负极 4 个线束插接件，如图 3-120 所示。

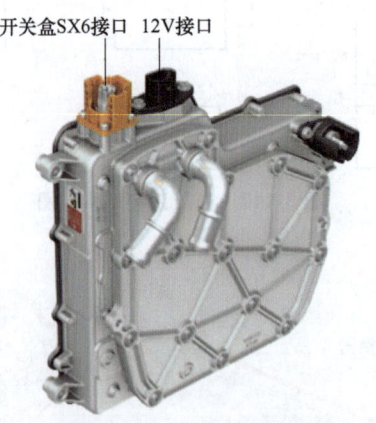

图 3-120　DC/DC 变换器

4. 高压互锁

在 ISO 6469-3：2021《电动道路车辆　安全规范　第 3 部分：电气安全》中，规定车上的高压部件应具有高压互锁装置，但并没有详细地定义高压互锁系统。

高压互锁的目的是通过低压信号检查整个高压系统回路的完整性及连续性，识别回路的异常通断，并及时断开高压输入端的控制电气件。

（1）乘用车电池系统的高压互锁　大部分乘用车电池系统的高压互锁通过低压信号检查整个高压系统回路的完整性及连续性，乘用车电池系统的高压互锁如图 3-121 所示。

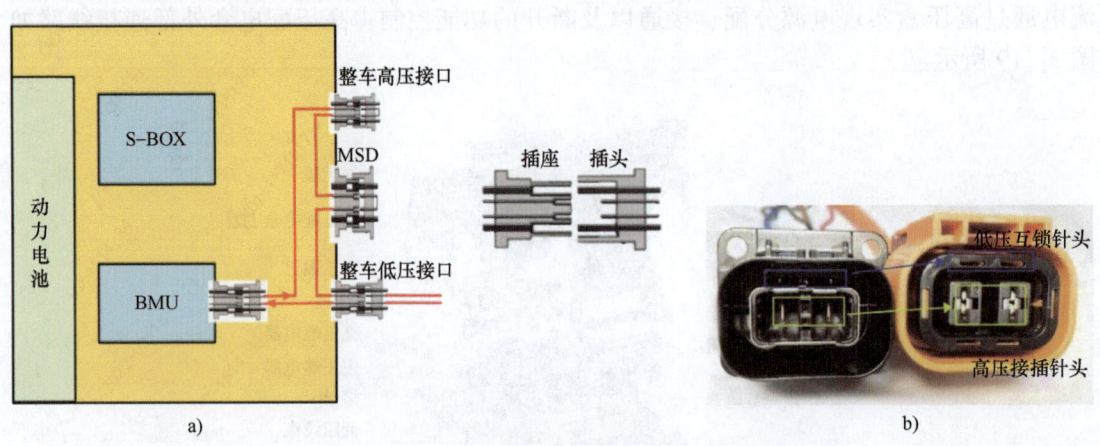

图 3-121　乘用车电池系统的高压互锁

（2）商用车电池系统的高压互锁　商用车也是通过低压信号来检查整个高压系统回路的完整性及连续性，商用车电池系统的高压互锁，如图 3-122 所示。

项目三 纯电动汽车故障诊断

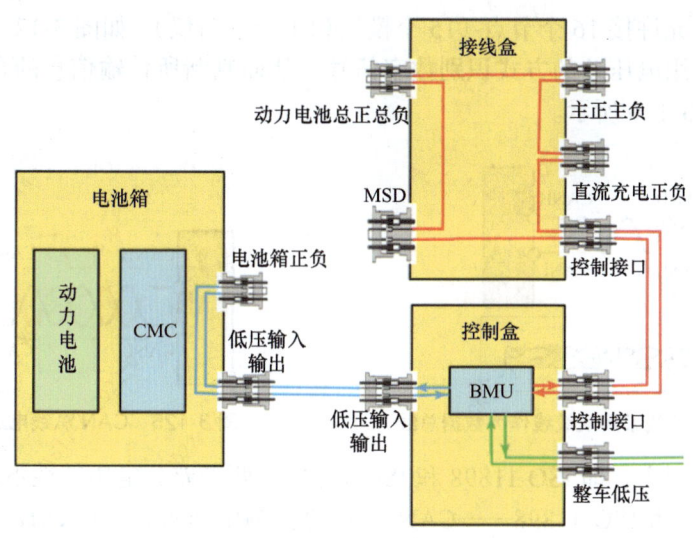

图 3-122 商用车电池系统的高压互锁

（3）高压互锁插接件结构 高压互锁分低压信号插接件、高压互锁插接件、手动维修开关（MSD）和 BMU 等，高压互锁插接件结构如图 3-123 所示。

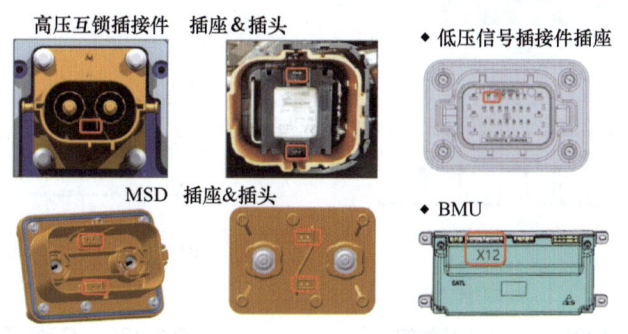

图 3-123 高压互锁插接件结构

三、CAN 总线

CAN 是 Controller Area Network（控制器局域网）的缩写，是 ISO 串行通信协议。在当前的汽车产业中，出于对安全性、舒适性、方便性、低公害、低成本的要求，各种各样的电子控制系统被开发了出来。

CAN 是一套应用在车辆上的计算机局域网络。图 3-124 所示为 CAN 总线的示意图，它由 3 组 CAN 总线组成，它们之间通过网关模块进行连通。

CAN 总线采用双绞线作为数据总线，以增加总线的抗干扰能力。两根双绞线分别命名为 CANH 和 CANL，它们每相隔 25mm 绞接一次；此双绞线允许的总长度为 30m（25m 接节点，5m

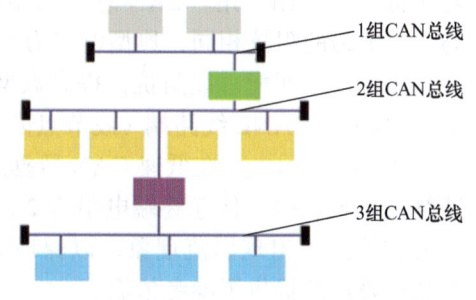

图 3-124 CAN 总线的示意图

109

接诊断仪），最多允许接 16 个节点（15 个模块和 1 个诊断仪），如图 3-125 所示。

CAN 总线采用电压差的方式识别数字信号，从而判断所传输信息的含义。CAN 总线电压差驱动如图 3-126 所示。

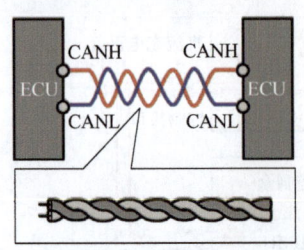

图 3-125　CAN 总线采用双绞线作为数据总线

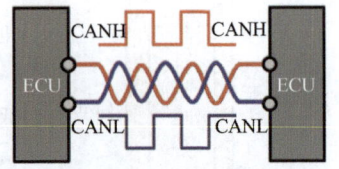

图 3-126　CAN 总线电压差驱动

CAN 标准有两个，即 ISO 11898 和 ISO 11519，两者差分电压特性不同。

图 3-127 所示为 ISO 11898——CAN 总线的实测电压波形，CANH 与 CANL 形成了对称的阵列布置方式。

CANH 的电压在高位时为 3.5V，在低位时为 2.5V；CANL 的电压在高位时为 2.5V，在低位时为 1.5V。CAN 总线信号特点如图 3-128 所示。

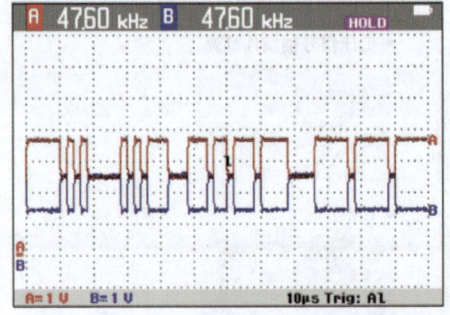

图 3-127　ISO 11898——CAN 总线的实测电压波形

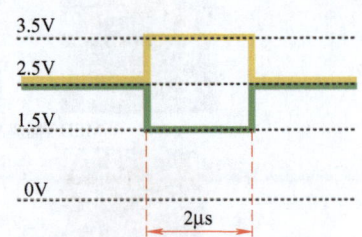

图 3-128　CAN 总线信号特点

图 3-129 所示为 ISO 11519——低速 CAN 总线的电压波形。

终端电阻的作用是吸收信号反射及回波，而产生信号反射的最大来源便是阻抗不连续以及不匹配。高频信号传输时，信号波长相对传输线较短，信号在传输线终端会形成反射波，干扰原信号，所以需要在传输线末端加终端电阻，使信号到达传输线末端后不反射。对于低频信号则不用。CAN 总线两端必须连接终端电阻才可以正常工作，终端电阻应该与通信电缆的阻抗相同，典型电阻为 120Ω，如图 3-130 所示。

其作用是匹配总线阻抗，提高数据通信的抗干扰性及可靠性。在高速 CAN 数据总线的 CANH 和 CANL 线路端（或节点内）均以高速终端电阻连接，高速终端电阻为 120Ω，如图 3-131 所示。而在低速 CAN 数据总线的 CANH 和 CANL 线路端（或节点内）均与低速终端电阻连接，低速终端电阻为 2.2kΩ，如图 3-132 所示。终端电阻的作用是消除电压信号在线路上出现回流现象，以保证 CAN 总线上的数据准确性。终端电阻也为 CAN 总线的故障诊断提供了参考依据。

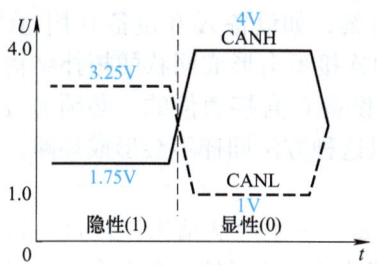

图 3-129 ISO 11519——低速 CAN 总线的电压波形

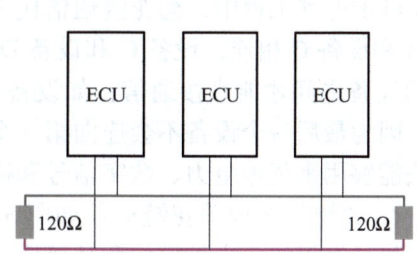

图 3-130 终端电阻

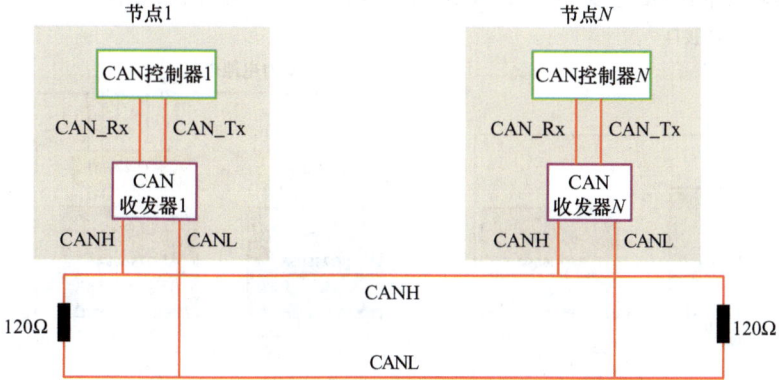

图 3-131 高速终端电阻

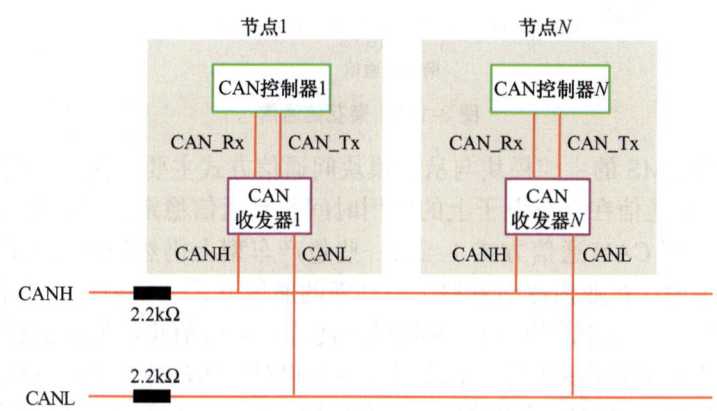

图 3-132 低速终端电阻

CAN 总线速率和最大通信距离，见表 3-18。

表 3-18 CAN 总线速率和最大通信距离

	高速 CAN 总线				低速 CAN 总线				
速率 /（kbit/s）	1000	500	250	125	100	50	20	10	5
最大通信距离 /m	40	130	270	530	620	1300	3000	6700	10000

最大通信距离指同一条总线上两个节点之间的距离。

在电子电气工程中，菊花链通信代表一种配线方案，如设备 A 和设备 B 用电缆相连，设备 B 和设备 C 相连，设备 C 和设备 D 相连，这种连接不会形成网状的拓扑结构，只有相邻的设备之间才能直接通信，如设备 A 是不能和设备 C 直接通信的，必须通过设备 B 中转，因为最后一个设备不会连向第一个设备，所以这种方法同样不会形成环路。这种连线方法能够用来传输电力、数字信号和模拟信号。

BMS 的硬件架构菊花链通信如图 3-133 所示，属于一主两从结构，包含一块主控模块和两块从控模块，主控模块和从控模块之间通过菊花链方式通信，包含多个不可或缺的功能模块，共同实现 BMS 的功能。BMS 的技术要点有很多，本文主要介绍某 BMS 主控模块与从控模块之间的信息交互部分（红色虚线框）——菊花链通信。

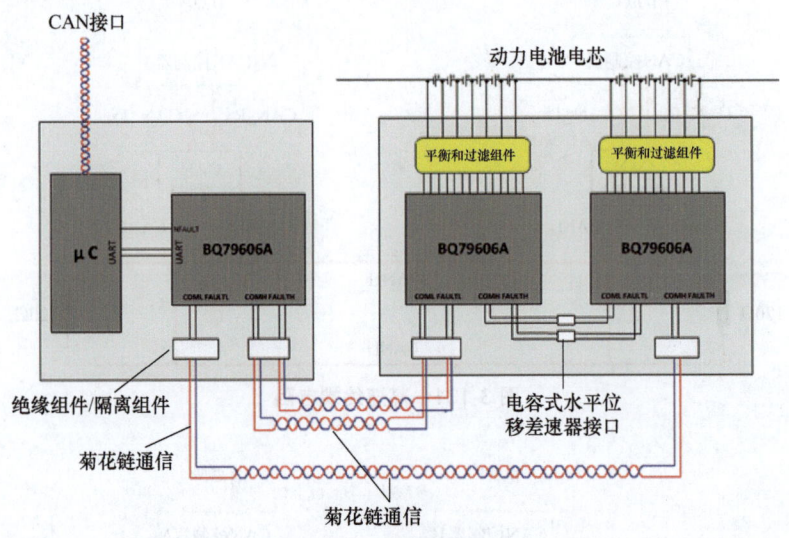

图 3-133　菊花链通信

一主两从架构 BMS 的主控模块与从控模块间通信方式主要有两种：CAN 通信和菊花链通信。因为 CAN 通信在汽车电子上的应用时间长且通信稳定性好，所以早期主控模块与从控模块之间采用 CAN 通信方式（当前一些量产车型上仍然使用 CAN 通信），出于对汽车电子成本的考虑，行业内逐渐发展了一种新的通信方式——菊花链通信，由于其使用的元器件更少（减少了芯片的使用），更具成本优势。虽然菊花链通信的稳定性没有 CAN 通信好，但是考虑到 BMS 多数场景下放置在一个相对封闭的应用场景（电池箱内部），并且主控模块与从控模块之间的线束较短，符合应用要求，所以目前市场上使用更多的是菊花链通信与 CAN 通信，如图 3-134 所示。

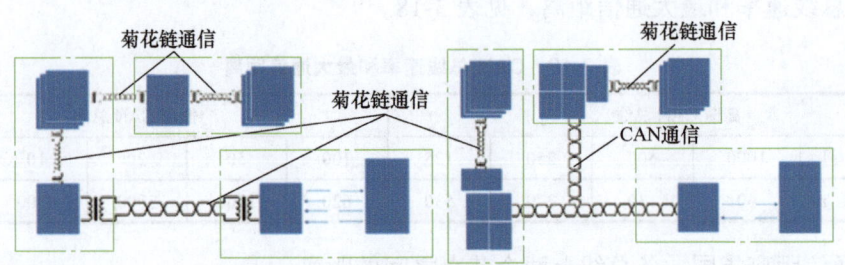

图 3-134　菊花链通信与 CAN 通信

（1）菊花链通信协议　目前，BMS菊花链通信技术还没有形成行业标准，主要是由各模拟前端（AFE）芯片厂家制定私有协议，各家的AFE只能与其自家的桥接芯片配套使用，各家对自己的菊花链通信技术命名也不同。

菊花链通信协议的物理层和数据链路层定义比CAN总线要简单得多，桥接芯片将信号转换为差分信号后，依次串接到各AFE芯片。MCU需要先为每一个AFE配置专属的ID，通信中MCU的每帧信息都有其目的AFE的ID信息，正确接收到信息的AFE会给MCU回应。

（2）菊花链通信差分信号　菊花链通信与CAN通信一样，也是使用两线差分信号传输，大多数芯片方案也需要终端端接电阻（内置或外接）去阻抗匹配和稳定网络。但是，其使用脉冲相位调制方式编码，与CAN通信不一样，菊花链通信差分信号传输如图3-135所示，正相脉冲表示逻辑"1"，负相脉冲表示逻辑"0"，通过芯片内的编码解码模块实现转换。

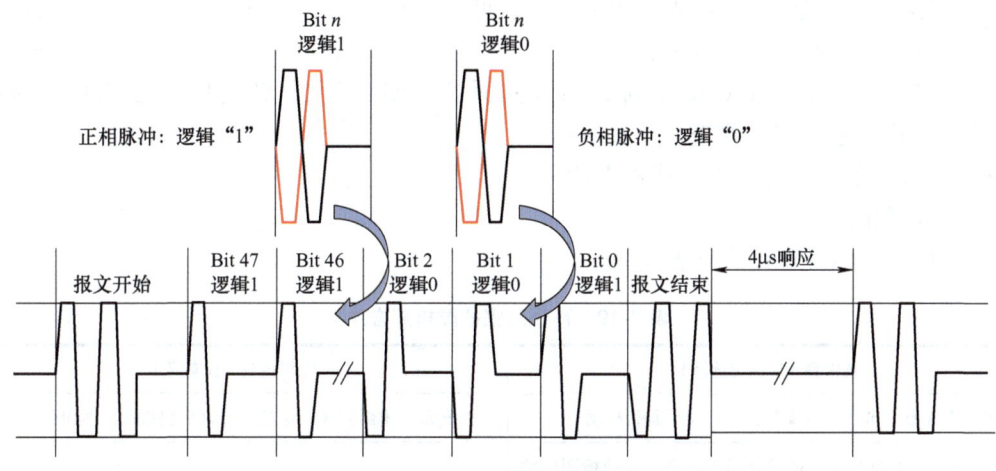

图3-135　菊花链通信差分信号传输

脉冲上下沿具有高频谐波分量（往往是对外辐射源）。菊花链通信的使用率没有CAN总线高，稳定性也没有CAN总线高，但是随着时间的推移会有越来越多车厂使用优化后的菊花链通信。优化的主要原理是在菊花链通信链路上采用多信道的通信方式，这种结构可以叠加两个不同频率的信号，在接收端通过分频和滤波后由两个独立信道进行接收。这两个信道是冗余的，当某一个信道发生故障时，另一个完全可以继续工作。这样的设计极大地提高了通信的可靠性和抗干扰性。

菊花链通信虽然还没有形成统一的行业标准，也需要有待更多的市场应用去验证其稳定性，但是由于其具有低成本优势和受更低成本市场需求的驱使，未来菊花链通信在稳定可靠、行业标准统一上会有很大的发展空间。

四、整车控制系统故障诊断

1. 高压互锁故障

（1）故障现象

1）仪表报警高压互锁故障。

2）行车时限功率，停车后可能无法上高压电。

3）车辆停止状态下无法上高压电。

4）高压互锁故障引发其他故障，导致仪表报其他故障类型。

（2）排查思路

1）车辆上低压电（钥匙打到 ON 档），查看故障码（DTC），DTC 报警高压互锁相关故障。

2）上位机如果能报出故障位置，如 MSD、CSC、PACK 等，则直接排查该模块。如果不能报出故障位置，依据电气原理图，乘用车则对整个电池系统带有高压互锁线的插接件和 MSD 逐一排查，商用车则分电池箱、接线盒、高压盒，先分别对其高压互锁线的输入、输出进行排查，定位是动力电池系统哪个模块故障，进而对该模块所有带高压互锁线的 MSD 和插接件逐一排查。

3）如是模块内部问题，则需将该模块从车上拆下，开箱排查。

4）如该模块含 BMU，可用万用表测量其两个高压互锁端子对地电压、对电线或电源线的导通情况。排查方法见表 3-19。

5）如判定为电池箱/CSC 故障，可通过采集 CAN 报文，解析后定位几号电池箱/CSC 故障，进行进一步的排查。

6）可请求企业工程师进行技术支持。

（3）故障排除

高压互锁故障排查方法见表 3-19。

表 3-19　高压互锁故障排查方法

排查内容（视情况选择）	维修内容（仅参考）
外观是否完整、卡扣是否安装到位、拉手是否松动	如异常，重新安装或更换，处理后仍报故障则继续排查
万用表测量 MSD 拉手、插接件插头的高压互锁检测回路是否导通	如异常，更换，处理后仍报故障则继续排查
万用表测量 MSD、插接件底座的高压互锁检测回路是否导通	如异常，可判定模块内部线束插接件退针松动、线束开路等故障
万用表测量 BMU 的高压互锁检测回路（两个端子）对地电压	如异常，可能是 BMU 高压互锁硬件电路损坏，更换 BMU 验证
万用表测量 BMU 的高压互锁检测回路（两个端子）对地或对低压电源线是否导通	如异常，可判定为短地或短电源故障，更换 BMU 验证或其他

2. DC/DC 变换器故障

（1）故障现象

1）故障指示灯正常，测量输出端无电压输出。

2）DC/DC 变换器输出电压正常，故障指示灯显示不正常。

3）DC/DC 变换器无电压输出。

（2）常见故障及维修方法

DC/DC 变换器常见故障及维修方法见表 3-20。

表 3-20　DC/DC 变换器常见故障及维修方法

故障现象	可能原因	维修方法
1. 故障指示灯正常，测量输出端无电压输出	DC/DC 变换器输出端熔丝熔断	a）点火开关 OFF 25s 后，断开 DC/DC 变换器输出端正负极与 12V 铅酸蓄电池的连接 b）打开点火开关到 ON 档，检测 DC/DC 变换器输出端电压。若输出电压≤13V，则判定 DC/DC 变换器故障
2. DC/DC 变换器输出电压正常，故障指示灯显示不正常	DC/DC 变换器内部故障指示灯的驱动电路故障	a）点火开关 OFF 25s 后，断开 DC/DC 变换器输出端正负极与 12V 铅酸蓄电池的连接 b）打开点火开关到 ON 档，检测 DC/DC 变换器输出端电压。若输出电压正常（>13V），故障指示灯仍显示不正常，则判定为 DC/DC 变换器故障
3. DC/DC 变换器无电压输出	a）DC/DC 变换器熔丝熔断或 DC/DC 变换器继电器未吸合 b）变换器继电器未吸合欠电压保护 c）DC/DC 变换器故障	a）点火开关 OFF 25s 后，首先断开 DC/DC 变换器输出端正负极与 12V 铅酸蓄电池的连接，再打开点火开关到 ON 档，检查 DC/DC 变换器是否正常工作 b）若 DC/DC 变换器仍不工作，再将点火开关 OFF 25s，断开 DC/DC 变换器高压输入端插接件，然后再打开点火开关，测量 DC/DC 变换器高压线束端电压 c）若高压输入端电压 <200V，则 DC/DC 变换器熔丝熔断或继电器未吸合 d）若高压输入端电压 <250V，则可能为 DC/DC 变换器欠电压保护，检查动力电池电压是否正常 e）若高压输入端电压 >250V，说明 DC/DC 变换器故障

3. CAN 通信故障

（1）故障分析

1）电池系统有多个 CAN 总线，分别承载不同的功能，最终都汇集到 BMU。

2）报警举例：① ACAN/SCAN/HVB 通信故障；② ACAN 通信丢失标志 0：正常（normal），1：丢失（lost）；③ SCAN 通信丢失标志 0：normal，1：lost。

3）CAN 通信故障可能原因：①传输线路问题；② CAN 总线节点问题。

（2）故障排除

1）连接上位机，低压上电，读取 DTC 故障码，确认报故障的 CAN 总线位置，继续排查。

2）检查上位机设置，调试线和 CAN 设备是否正确连接，正常则下一步，异常则修复。

3）查看 BMU 的常电供应和唤醒电源电压（点火开关/直流充电唤醒/交流充电唤醒/VCU 唤醒等）是否正常，正常则下一步，异常则修复。

4）用万用表测量高压盒低压线束输出插头上 CANH 和 CANL 之间的电阻，正常为 60Ω（或 120Ω），正常则下一步，异常则跳转第 6）步。

5）用万用表测量高压盒低压线束输出插头上 CANH 对地电压是否在 2.5～3.5V，CANL 对地电压是否在 1.5～2.5V，正常则跳转第 7）步，异常则下一步。

6）用万用表测量 CAN 总线是否断路、短电源、短地或者插接件虚接退针。若线束异常，更换线束；若线束正常，则继续排查。

7）用上位机采集报文，查看各路 CAN 通信是否有报文发出，若无 BMU 或电池的其他部件报文发出，则更换对应硬件总成，正常则下一步。

8）用 BUSMASTER 或 CANTEST 等软件查看 CAN 通信的负载率和错误帧，异常则采集原始报文，发给企业工程师分析。

4. 菊花链通信故障

（1）误码率

1）当误码率为 0 时：此时通信正常。

2）当误码率大于 3% 时：此时通信存在异常，应重点关注通信质量。

3）当误码率大于 7% 时：此时通信情况恶劣，上位机会弹窗报警，建议先排查线束。

4）当误码率为 100% 时：菊花链通信中断，上位机检测如图 3-136 所示。

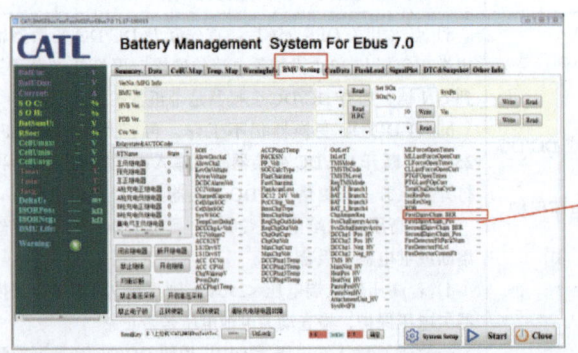

图 3-136 上位机检测

（2）故障排查

1）测线束通断。

① 测试电池箱外线束：端子 1 对端子 1，端子 2 对端子 2，端子 4 对端子 4，端子 5 对端子 5。

② 测试电池箱内线束：BMU 端高压盒低压输出插接件：端子 4 对端子 5，端子 1 对端子 2，阻抗小于 1Ω（图 3-137）。

③ 测试电池箱内线束：电池箱低压输入输出插接件：端子 1 和端子 2 悬空不测试，仅测试端子 4 对端子 5，阻抗小于 1Ω（图 3-138）。

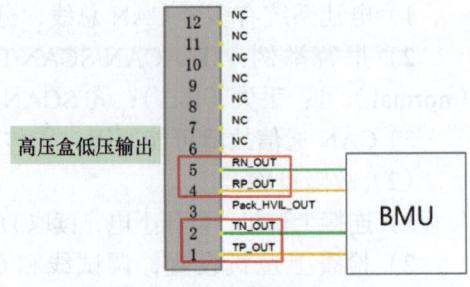

图 3-137 测试阻抗

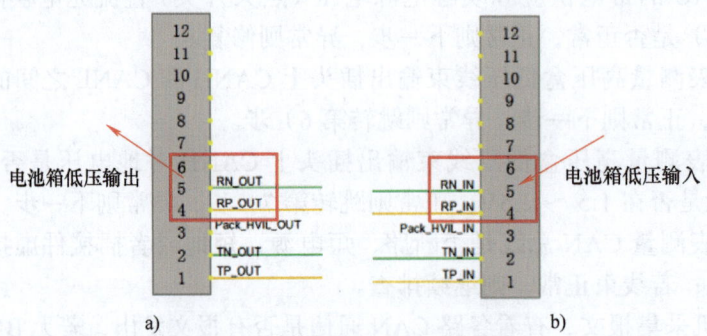

图 3-138 测试端子 4 对端子 5 阻抗

2）检查双绞线。
① 这一步应仔细检查、确认。
② 双绞线绞错，信号衰减约 400mV，会直接造成无法通信。

任务四　检修新能源汽车充电系统

新能源汽车充电主要分为交流充电（俗称慢充）和直流充电（俗称快充）两种方式。充电系统包括慢充电接口、快充电接口、车载充电机、高压配电盒以及相关的控制单元等部件，如图 3-139 所示。

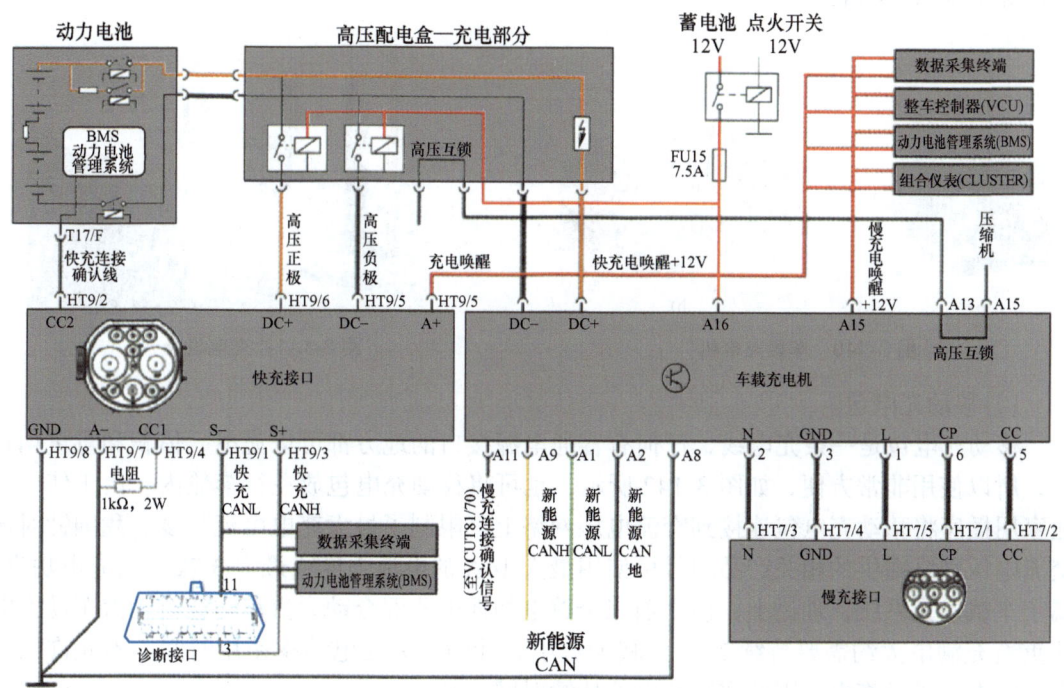

图 3-139　充电系统

一、认知新能源汽车交直流充电系统

目前，新能源汽车主要以插电式混合动力汽车和纯电动汽车为主，这两种新能源汽车都需要充电。

1. 充电系统作用

对于电动汽车和插电式混合动力汽车，高电压电池充电系统是不可缺少的子系统之一，其功能是将电网的电能转化为车载动力电池的电能，当动力电池充满电后将自动停止充电。动力电池充电系统主要由充电机、充电设备和车载充电接口三部分组成。

（1）充电机　充电机指将电网提供的交直流电能转化为车载动力电池所需的直流电能装置（即 AC/DC 转换器、DC/DC 变换器）。纯电动汽车和插电式混合动力汽车充电机分为车载充电机（安装在车内）和非车载充电机（安装在充电桩内）两种。

车载充电机是指将AC/DC转换器安装在插电式混合动力汽车或纯电动汽车上，采用地面交流电网或车载电源对动力电池进行充电的装置，如图3-140所示。车载充电机负责与交流电网建立连接并满足车辆充电的电气安全要求。此外还通过控制导线与车辆建立通信。这样可以安全启动充电过程并在车辆与车载充电机之间交换充电参数（例如最大电流强度）。

（2）充电设备 充电设备指为满足纯电动汽车或插电式混合动力汽车充电而配备的户外使用型供电设备，可固定在停车场、广场及其他便于新能源汽车停靠的地点，如图3-141所示。充电设备给纯电动汽车或插电式混合动力汽车提供单相或三相交流电源，使用标准非接触式智能卡控制充电开始和结束，并提供过电压、欠电压、过电流、过温、防雷等系统保护功能。

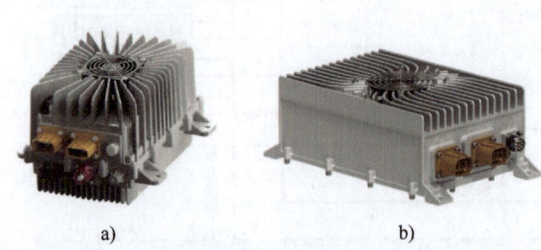

图3-140 车载充电机

图3-141 充电设备

1）移动充电包。

移动充电包是一条充电线，任何有普通电源接口的地方都可以充电，体积和重量均较小，所以使用非常方便，如图3-142所示，也可将移动充电包放在行李舱内。由于使用普通家用插座将移动充电包连接到交流电压网络上，限制了最大充电电流强度。我国针对该交流电压网络提供的相关产品型号可使用最大16A的电流强度或最大3.7kW的充电功率，属于车载慢充系统，理论上，使之前完全放电的插电式混合动力汽车与纯电动汽车动力电池重新充满电大约需要持续7h。为减少数小时计的最大充电功率使用时间，不允许以最大充电电流进行充电，因此实际充电的持续时间更长。

2）便携式电动汽车充电器。

便携式电动汽车充电器的外观就好像我们平常用到的旅行箱，还带着小轮子，以便于拖动！这款移动电源的重量约为23kg，内置一块容量为4kW·h的电池，充电30min可以为车辆增加19～32km的续驶里程，如图3-143所示。

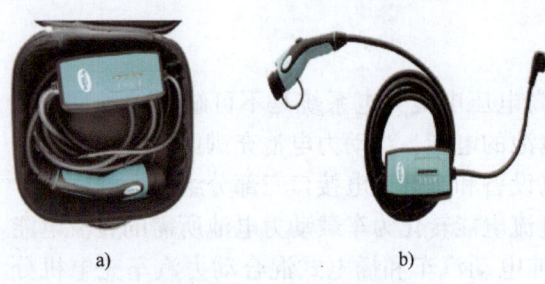

图3-142 移动充电包

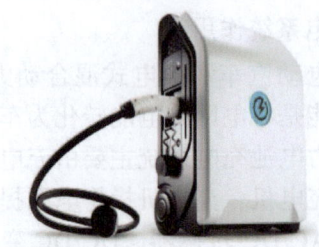

图3-143 便携式电动汽车充电器

3）充电桩。

插电式混合动力汽车与纯电动汽车供电设备型号，根据其尺寸和电气要求必须以固定方式安装，如安装于客户屋内或车库内；在公共场所如停车场也可以设立充电桩。固定安装式充电桩设备（又称为"充电桩"）分为交流充电桩和直流充电桩。

交流充电桩可通过二相或三相方式将交流充电桩连接至交流电压网络，但始终通过单相方式与新能源汽车充电接口进行连接。在我国，固定安装式交流充电桩包括落地式和挂壁式两种形式，如图3-144所示。交流充电桩的最大电流强度可为32A，最大充电功率可为7.4kW。这些最大值由电气安装所用导线横截面的大小决定。进行安装时，电气专业人员根据导线横截面进行充电桩配置，确保可通过控制信号将相应的最大电流强度传输至车辆。

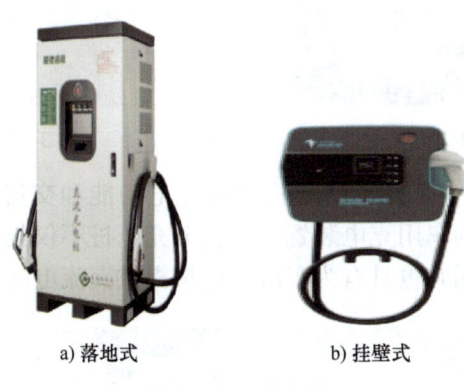

a) 落地式　　　　b) 挂壁式

图 3-144　充电桩

原则上，可通过交流电（交流电充电）或直流电（直流电充电）对动力电池进行充电。在新能源汽车上，动力电池的充电方式主要取决于车辆充电配置以及不同国家的充电基础设施，如图3-145所示。

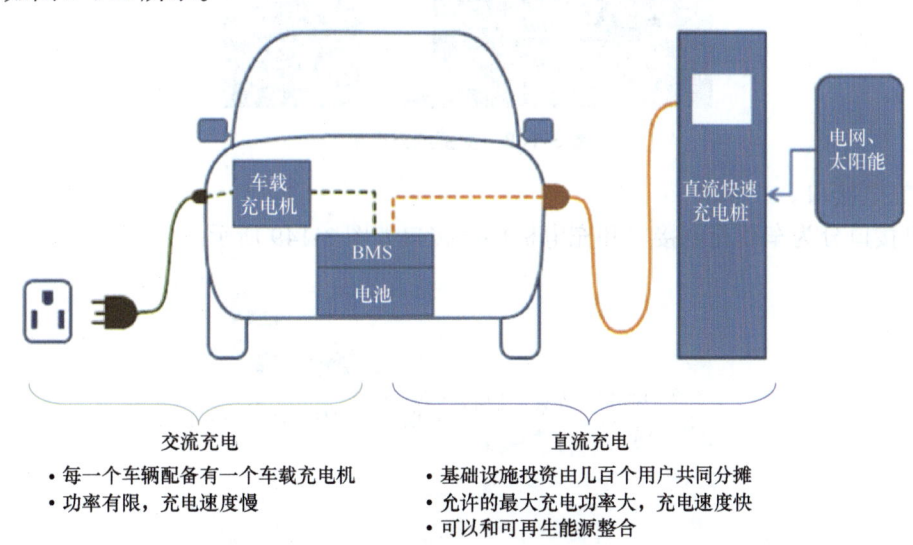

图 3-145　充电方式

车载充电机是一种专为车载动力电池充电的设备，是具有特定功能的电力转换装置。

常用的充电桩可分为直流充电桩、交流充电桩和交直流充电桩三种类型。

① 直流充电桩。直流充电桩指采用直流充电模式为电动汽车动力电池进行充电的装置，直流充电模式是以充电机输出的可控直流电源直接对动力电池进行充电，如图3-146所示。

② 交流充电桩。交流充电桩指采用交流充电模式为电动汽车动力电池进行充电的装置。交流充电模式是以三相或单相交流电源向电动汽车提供充电电源。交流充电模式的特征是充电机为车载系统，如图3-147所示。

图3-146　直流充电桩

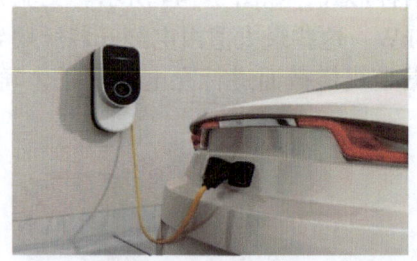

图3-147　交流充电桩

③ 交直流充电桩。交直流充电桩指将直流充电功能和交流充电功能集成在一体的，可移动、可固定、可挂壁的车用充电装置。交直流充电桩不仅具有为动力电池系统提供安全、自动充满电的能力，同时也具有为车载充电桩提供交流电的能力，如图3-148所示。

图3-148　交直流充电桩

4) 充电接口。

充电接口分为车载充电接口和充电桩供电接口如图3-149所示。

图3-149　车载充电接口和充电桩供电接口

所用充电插头也为标准化部件（IEC 62193-2）。根据不同的车辆配置和对应的国家规格，使用不同充电接口。表 3-21 所列概括了常见的插头形式。

表 3-21 常见的插头形式

类型	插头形式			
交流充电	美国(型号1) SAE J1772/ IEC 62196-2	欧洲(型号2) IEC 62196-2	日本 IEC 62196-2	中国 GB/T 18487.2—2017
Combo 充电插头 （直流充电）	SAE J1772/ IEC 62196-3Combo 1	IEC 62193-3Combo 2	CHAdeMO/ IEC 62196-3	GB/T 18487.3—2001/ IEC 62196-3

充电端口如图 3-150 所示。

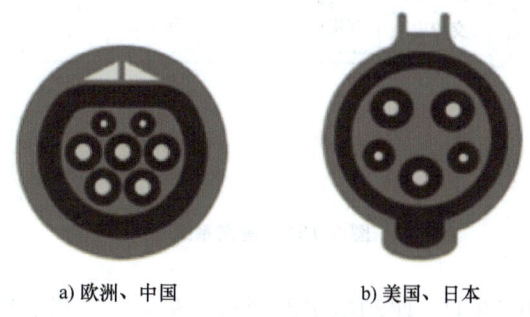

a) 欧洲、中国　　　　　　b) 美国、日本

图 3-150 充电端口

车辆充电端口充当车载充电机与插入的充电电缆之间的连接纽带。在充电之前，动力电池必须做好充电准备，由 BMS 判定动力电池是否已做好准备。

车载充电机的控制单元通过车辆充电端口、车辆电缆与通用充电机的控制单元进行通信，或通过标准化协议与所连接的公共充电桩进行通信。

2. 充电系统充电模式

GB/T 18487.1—2023《电动汽车传导充电系统 第 1 部分：通用要求》规定了电动汽车传导充电系统在设计、制造和使用过程中需要遵循的基本要求，包括电气安全性、机械安全性、环境适应性等方面。例如，在电气安全性方面，该标准规定了电动汽车传导充电系统必须具备绝缘保护、漏电保护、接地保护等电气基本安全功能；在机械安全性方面，该标准要求电动汽车传导充电系统应该具有防水、防尘、防撞击等基本的机械安全功能。

（1）充电模式　充电模式要按照国家标准执行，充电模式见表 3-22。

表 3-22 充电模式

充电模式	定义
模式 1	将电动汽车连接到交流电网（电源）时，在电源侧使用了符合 GB/T 2099.1—2021 和 GB/T 1002—2021 要求的插头插座，在电源侧使用了相线、中性线和接地保护的导体
模式 2	将电动汽车连接到交流电网（电源）时，在电源侧使用了符合 GB/T 2099.1—2021 和 GB/T 1002—2021 要求的插头插座。在电源侧使用了相线、中性线和接地保护的导体，并且在充电连接时使用了电缆控制与保护装置（IC-CPD）
模式 3	将电动汽车连接到交流电网（电源）时，使用了专用供电设备，将电动汽车与交流电网直接连接，并且在专用供电设备上安装了控制导引装置
模式 4	将电动汽车连接到交流电网或直流电网（电源）时，使用了专用供电设备，将电动汽车与交流电网直接连接，并且在专用供电设备上安装了控制导引装置（快充使用的唯一模式）

（2）慢充　在慢充系统中，慢充桩通过慢充枪与车辆的慢充口连接，慢充桩的交流电通过慢充线束及车载充电机，将交流电转变为高压直流电，经过高压配电盒、直流母线为动力电池充电。同时，高压直流电还通过 DC/DC 变换器给低压电池充电，如图 3-151 所示。

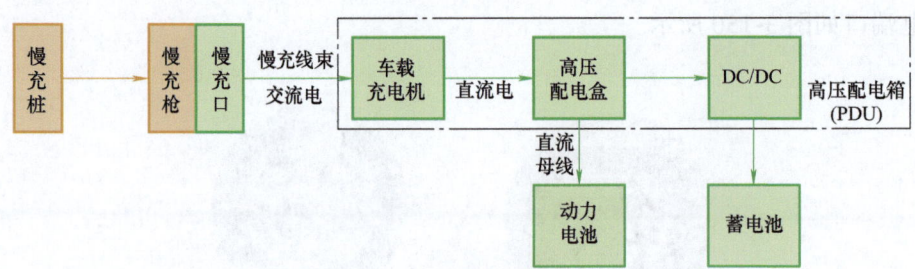

图 3-151　慢充系统

BMS 通过 CAN 连接 VCU、驱动电机控制器、车载充电机、DC/DC 变换器、PTC 加热器控制器、电动压缩机控制器、诊断接口。早期有些车型的 BMS 通过慢充总线连接车载充电机、数据采集终端。插上慢充枪后，VCU 唤醒 BMS，将其由睡眠状态转为工作状态，VCU 接通电池箱内的主负继电器，BMS 先接通预充继电器，再接通主正继电器，断开预充继电器。BMS 根据动力电池总电压、模块电压、模组温度，由充电机调节充电电流，慢充电过程需要 8~10h（常温 25℃，SOC 由 0%→100%）。

（3）快充　在快充系统中，快充桩通过快充枪与车辆的快充口连接，快充桩的高压直流电通过快充线束，经过高压配电盒中的快充正、负极继电器，最后通过直流母线为动力电池充电。同时，高压直流电还通过 DC/DC 变换器给低压电池充电，如图 3-152 所示。

BMS 通过快充 CAN 连接直流快充桩、数据采集终端、诊断接口。插上快充枪后，BMS 将充电需求传送至直流快充桩，由直流快充桩调节充电电流，快充电过程需要 30~45min（常温 25℃，SOC 由 20%→80%）。

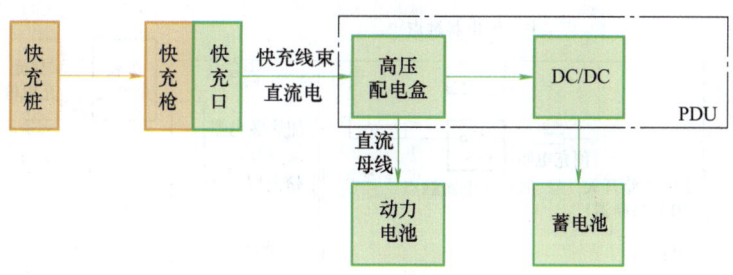

图 3-152　快充系统

（4）充电前加热　从控模块测量每个模块实时温度，反馈给主控模块。如低于设定值，主控模块控制加热继电器闭合，高压电流通过熔断器和加热膜。

1）慢充加热回路。慢充加热回路如图 3-153 所示：交流充电桩→车载充电机→高压＋→加热继电器触点→熔断器→加热膜→高压－→车载充电机→交流充电桩。

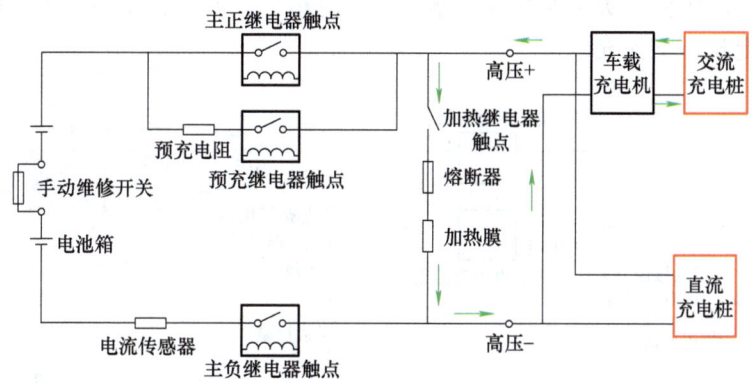

图 3-153　慢充加热回路

2）快充加热回路。快充加热回路如图 3-154 所示：直流充电桩→高压＋→加热继电器触点→熔断器→加热膜→高压－→直流充电桩。

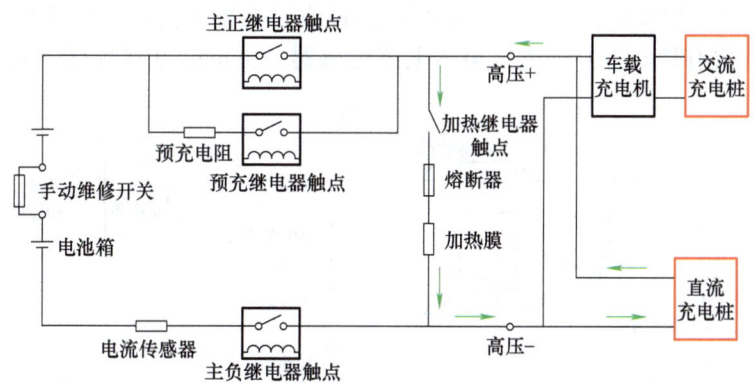

图 3-154　快充加热回路

3）慢充预充电回路。慢充预充电回路如图 3-155 所示：交流充电桩→车载充电机→高压＋→预充继电器触点→预充电阻→手动维修开关（内有熔断器）→电池箱→电流传感器→主负继电器触点→高压－→车载充电机→交流充电桩。

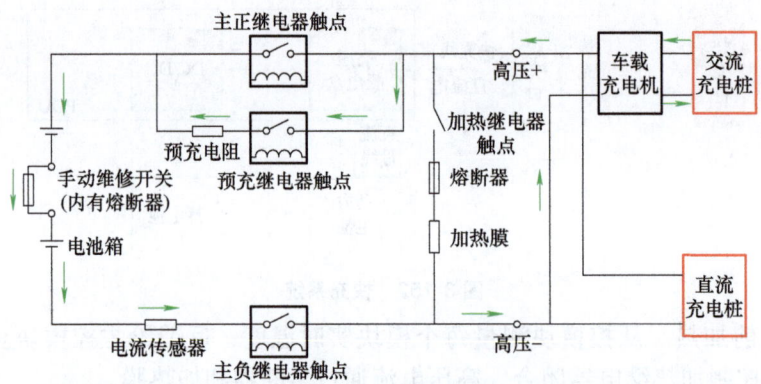

图 3-155 慢充预充电回路

4）慢充回路。慢充回路如图 3-156 所示：交流充电桩→车载充电机→高压＋→主正继电器触点→手动维修开关（内有熔断器）→电池箱→电流传感器→主负继电器触点→高压－→车载充电机→交流充电桩。

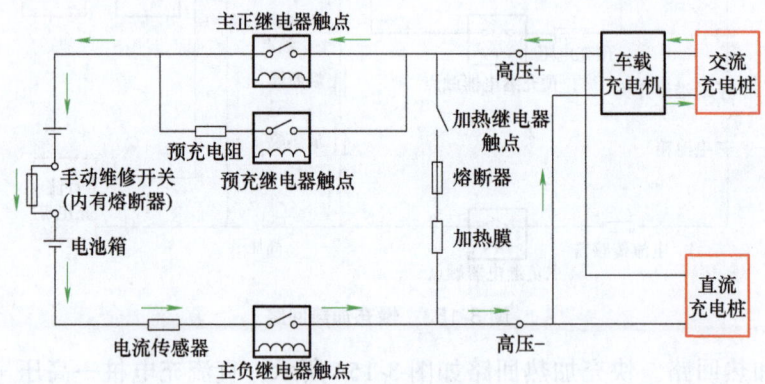

图 3-156 慢充回路

5）快充回路。快充回路如图 3-157 所示：直流充电桩→高压＋→主正继电器触点→手动维修开关（内有熔断器）→电池箱→电流传感器→主负继电器触点→高压－→直流充电桩。

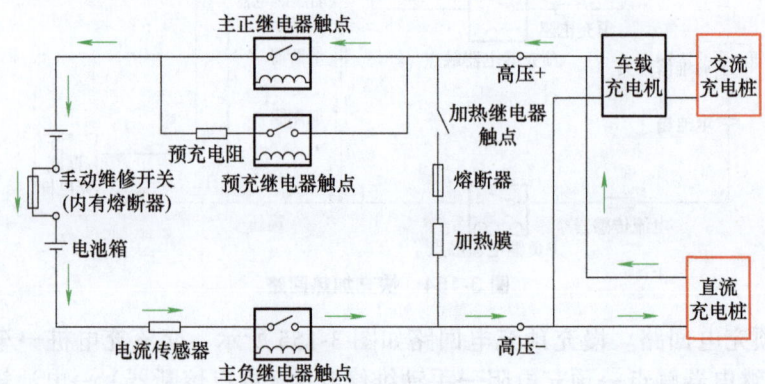

图 3-157 快充回路

二、车载充电系统工作原理及指示灯

1. 慢充系统

慢充系统是使用普通的交流 220V 单相民用电，通过车载充电机将交流电变换为高压直流电，从而给动力电池充电。车载充电机采用高频开关电源技术，由 BMS 控制智能充电，无须人工看守，保护功能齐全，具有过电压、欠电压、过电流、过热、输出短路、反接等多种保护功能，当充电系统出现异常会及时切断供电。新能源汽车慢充电插孔如图 3-158 所示。充电功率取决于车载充电机功率，目前主流有 2kW、3.3kW、6.6kW。

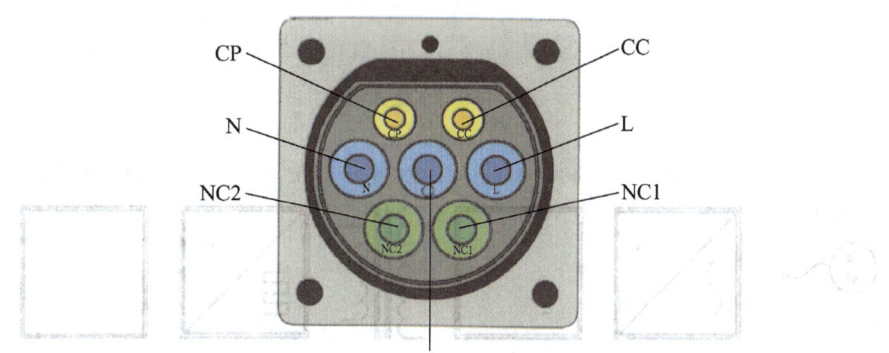

图 3-158　新能源汽车慢充电插孔

CP—充电控制　CC—充电连接确认　N—中性线　L—A 相　PE—地线（搭铁）　NC1—B 相　NC2—C 相

根据 GB/T 18487.1—2023 要求，CC 信号是充电插头和充电插座是否连接的判断信号，同时车辆根据 CC 的信号值，判断 RC 电阻，确定线束的容量。CP 信号是判断供电设备的供电能力，通过脉冲宽度调制（PWM）值确定。电气原理图中的各电阻和 PWM 值都必须满足标准要求，且控制器必须按照标准进行判断，以满足车辆在市场上的充电需求。

（1）车载充电机构造　车载充电机可分为主电路、控制电路、线束及标准件三部分。主电路前端将交流电转换为恒定电压的直流电，主电路后端为 DC/DC 变换器，将前端转出的直流高压电变换为合适的电压及电流供给动力电池。

车载充电机安装在发动机舱内，动力电池的充电机具有以下接口，如图 3-159 所示。

为了给动力电池充电，动力电池的充电机将交流电转换为直流电，并转换为约 400V 的充电电压，如图 3-160 所示。

整流器 1：输入的交流电在整流器中转换为直流电。

功率调节器：根据电池控制单元的规定，借助 100kHz 的脉冲频率将直流电调整为所需的电流强度。

变压器：根据电池控制单元规定的充电要求调整所需的电压。

整流器 2：现在将脉冲充电电流重新转换为直流电并提供给动力电池使用。

输出端：①通往电机的电子功率和控制装置的输出端；②通往高压 PTC 加热器的输出端；③通往电动空调压缩机的输出端。

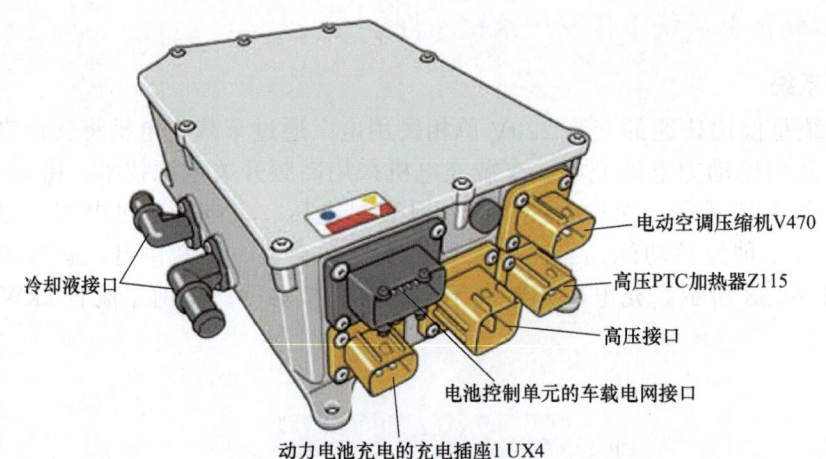

图 3-159 车载充电机

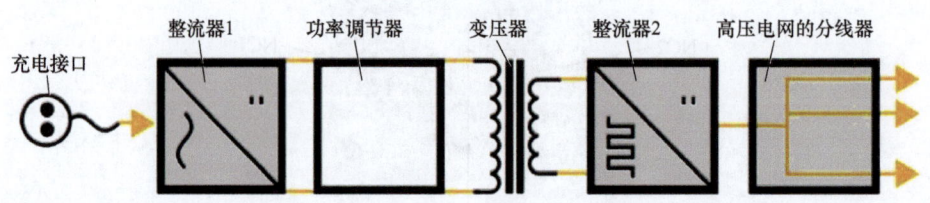

图 3-160 动力电池充电

（2）车载充电机工作原理　车载充电机控制电路具有控制场效应管开关，它与 BMS 之间进行通信，监测车载充电机的工作状态以及与充电桩握手等。线束及标准件用于主电路与控制电路的连接，固定元器件及印制电路板。车载充电机工作原理如图 3-161 所示。

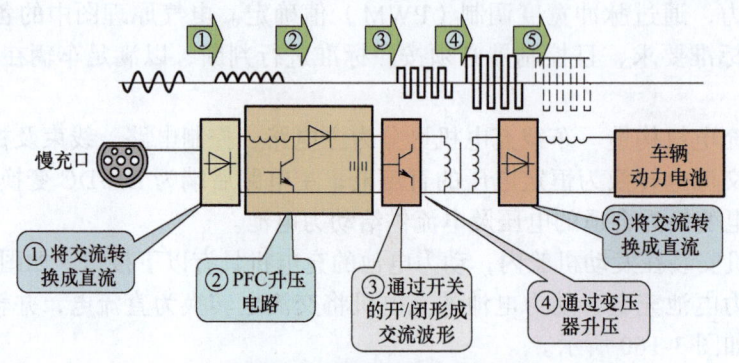

图 3-161 车载充电机工作原理

车载充电机的工作均由 BMS 发出指令进行控制，包括工作模式指令、动力电池允许最大电压、充电允许最大电流、加热状态的电流等。车载充电机通过 CAN 总线与车辆进行通信，通信内容包括单体电池、模块和总成的相关技术参数，充电过程中动力电池的状态参数、车载充电机工作状态参数以及车辆基本信息等。

充电前，BMS 会自动监测动力电池箱内部的动力电池温度，若监测温度高于 55℃ 或低于 0℃ 时，动力电池管理系统将自动切断充电回路，此时无法充电。若有低于 0℃ 的温度点，则启动加热模式，加热继电器闭合进行加热，待所有电芯温度点都高于5℃时停止加热，启动充电程序，充电过程中充电桩电流显示为12～13A。

加热状态时，车载充电机停止充电，此时BMS闭合负极继电器和加热继电器，通过电热元件给动力电池内的电芯进行加热，加热电流由车载充电机向加热元件直接供电。

慢充状态时，动力电池高压正负继电器闭合，车载充电机首先判断其输出端的电压，当监测到电压满足充电要求后，车载充电机将闭合其输出端继电器并开始工作。慢充工作流程见表3-23。

表3-23 慢充工作流程

序号	车载充电机	动力电池、BMS	VCU、仪表、数据终端
1	220V 上电	待机	待机
2	12V 低压供电并等待指令	唤醒	
3	接收指令并执行加热流程	BMS 监测动力电池状态并发送加热指令	
4	接收指令并停止工作	BMS 监测动力电池温度并发送停止指令	唤醒
5	接收指令并执行充电流程	BMS 待充电机反馈后发送充电指令	
6	接收指令并停止工作	BMS 监测动力电池状态并发送完成指令	
7	完成充电后 1min 内控制充电桩结算	待机	待机

2. 快充系统

快充系统使用工业用380V三相电通过功率变换后，将直流高压大电流通过高压动力电缆直接向动力电池进行充电，在快充过程中，电流显示值通常为13.2～46.2A。快充系统主要部件包括快充桩、快充电插孔、车内高压线束、高压配电盒以及动力电池等。新能源汽车快充插孔如图3-162所示。

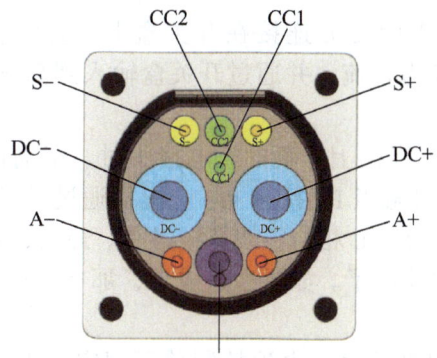

图3-162 新能源汽车快充插孔

DC-—高压直流充电电源负极 DC+—高压直流充电电源正极 PE—地线（搭铁） A-—低压辅助电源负极 A+—低压辅助电源正极 CC1—车身接地（1kΩ±30Ω） CC2—直流充电感应信号 S+—充电通信CANH S-—充电通信CANL

快充桩安装在固定的充电场所，与380V交流电源连接。电流经过功率因数校正

（PFC）模块、DC/AC 转换器、高频变压器、AC/DC 转换器后，与电动汽车快充插孔相连接。快充桩工作原理如图 3-163 所示。

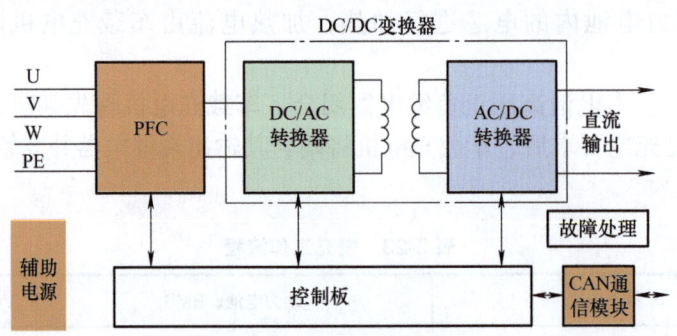

图 3-163　快充桩工作原理

新能源汽车快充时的电流大小受动力电池内部温度的影响，当动力电池温度低于 5℃ 时停止充电，5～15℃ 时充电电流为 20A 左右，15～45℃ 时充电电流为 50A 左右，高于 45℃ 时停止充电。

当车辆充电时，起动车钥匙位于 OFF 档位，充电枪连接正常后，首先充电桩发出 12V 低压电信号唤醒整车控制器（VCU），此时仪表充电插头指示灯点亮，表示充电枪连接正常。VCU 输出 12V 低压电信号，唤醒动力电池管理系统和 DC/DC 变换器，动力电池内部自检合格后通过 CAN 总线向充电桩发出充电请求信号并开始充电。

充电过程中，主控模块与从控模块采集的动力电池电压和温度等信息通过 CAN 总线与 VCU 和车载充电机通信，车载充电机可随时调节充电电流和电压，保证充电数据的安全合理。当充电结束拔出充电枪后，VCU 控制车辆高压系统下电。

3. 高压电池充电

可用交流（AC）或者直流（DC）来给动力电池充电，充电插座上的交流接口（AC）连接在动力电池充电机上。

充电插座上的直流接口（DC）连接在开关盒上，直流电就直接输入动力电池内部。在充电机内，交流转换为直流，并通过开关盒输入到高压电池内。动力电池充电如图 3-164 所示。

（1）交流（AC）充电　当插上车辆的充电接头时，车辆首先通过触点 PE 与电源的地线（保护线）相连。随后是触点 PP 接触上，充电机通过触点 PE 和 PP 之间的电阻识别出插头并拉紧驻车制动器。随后 L 相与零线就接触了。最后，触点 CP 接触，电源与车辆之间开始通信，充电插头被锁定了。如果通信成功，那么高压系统就被激活，充电开始，模块上的 LED 呈绿色在跳动。

电源会提供最大电流强度信息。电池控制单元规定充电机的充电电压和充电电流、监控充电过程并更新这些规定值。当充电过程结束时，动力电池内的接触器就脱开了。如果 LED 呈黄色亮起，说明没有识别出有电的电源。如果 LED 没亮，说明没有识别出插头。

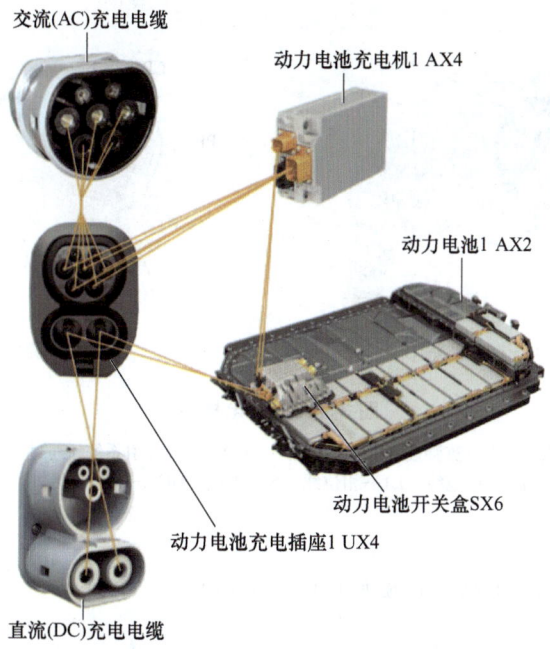

图 3-164 动力电池充电

（2）直流（DC）充电 直流（DC）充电时，动力电池直接与电源相连。为此需要按照电池控制单元的规定值来适配充电电压和充电电流。车辆方面的充电功率受动力电池限制，最大可达 150kW。这时的充电机仅与电源进行通信。

在插上车辆的充电插头时，车辆首先通过触点 PE 与电源的地线（保护线）相连。随后是触点 PP 接触上，充电机通过触点 PE 和 PP 之间的电阻识别出插头并拉紧驻车制动器。随后 DC+ 和 DC- 就接触上了。最后，触点 CP 接触上，电源与车辆之间开始通信了，充电插头也被锁定了。如果通信成功，那么动力系统就会被激活，直流接触器接合后，充电就开始了，模块上的 LED 呈绿色在跳动。

电源将最大电压和电流信息发给充电机，电池控制单元 J840 规定充电机的充电电压和充电电流、监控充电过程并更新这些规定值。

当充电过程结束时，直流充电接触器和动力电池内的接触器就脱开了。如果 LED 呈黄色亮起，说明没有识别出有电的电源，如果 LED 没亮起，说明没有识别出插头。

4. 充电插头和接口

充电插头是充电桩与车辆连接接口，如图 3-165 所示。

在车辆护盖下面有充电插座、LED- 模块和 LED- 显示的说明。为了方便在黑暗中定位，还配备了照明系统。通过这个充电插座，可用交流（AC）或直流（DC）来给车辆充电。车上安装是 AC 和 DC 组合插座、AC 插座或 DC 插座，如图 3-166 所示。

5. 充电插座的 LED- 模块

充电插座的 LED- 模块通过各种颜色和灯模式来展现充电过程的状态，如图 3-167 所示。

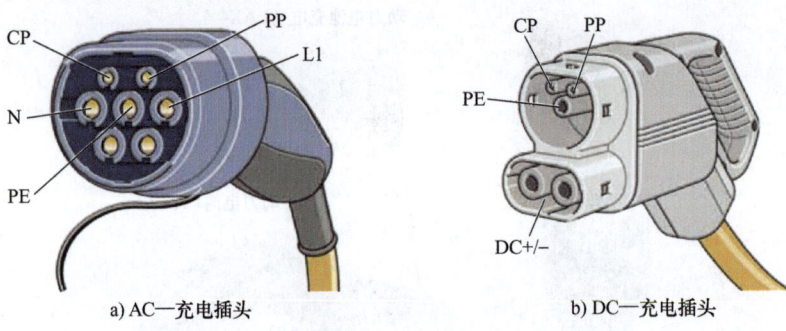

a) AC—充电插头　　　　　　　　　b) DC—充电插头

图 3-165　充电插头

PP—接近触点（最大电流强度 / 导线横截面）　CP—控制导引系统（通过车辆开始 / 中断充电）
PE—接地线　L1—相位线　N—零线　DC+/-—直流接口

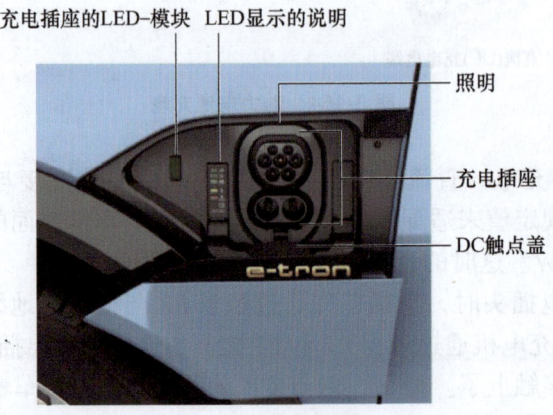

图 3-166　充电插头和接口

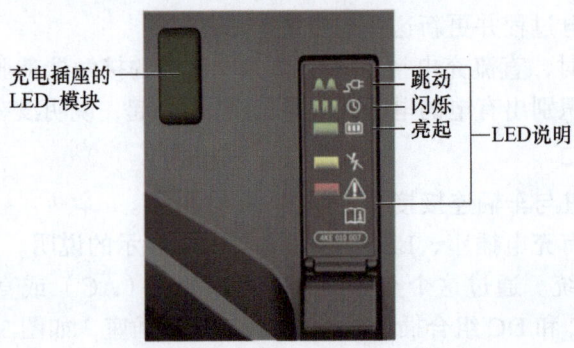

图 3-167　充电插座的 LED- 模块

充电插座 LED- 模块显示含义见表 3-24。

表 3-24 充电插座 LED- 模块显示含义

充电单元上的 LED		含义
关闭		车上的充电系统处于休眠状态。计时器可能处于激活状态，但充电尚未开始
		充电过程暂停
绿色	跳动	动力电池正在充电
	闪烁	计时器已激活，但充电过程尚未开始
	亮起	动力电池的充电过程已经结束
黄色	亮起	尽管插上了充电电缆，但是并未识别出充电电压。应检查充电电源的供电情况。在使用充电系统时，应检查操纵单元上的状态显示
	闪烁	车辆要溜车时，应检查是否挂入驻车档 P 位及驻车制动器是否拉紧
红色	亮起	充电插头在车上的充电接口上没能正确锁定。应检查充电插头是否插好 拔下充电插头并将其再次插上，或者使用另一个充电桩。如果该 LED 仍亮起，说明车辆充电系统或者电源有故障
		充电单元的两个护盖都打开了。应把不使用的充电单元护盖关上。如果该 LED 仍亮起，那就无法给动力电池充电
		外部温度过低或者过高

三、新能源汽车充电故障的诊断流程

1. 故障类型

1）快充唤醒 A+ 故障。
2）连接确认 CC2 故障。
3）充电插座温度故障。
4）充电插座温度断路故障。
5）充电插座温度短路故障。
6）充电插座温度检测上拉电源故障。
7）整车不允许充电。
8）充电口充电前存在电压。
9）充电桩与 BMS 发送的充电参数不匹配。

2. 控制导引电路

控制导引电路如图 3-168 所示。

3. 电路参数状态

电路参数状态见表 3-25。

4. 快充唤醒 A+ 故障

（1）故障分析

1）充电时 BMU 必须被唤醒后，才能充电，唤醒信号一般为 A+ 信号，其典例值为 12V 或 24V，正常范围为 4～36V。
2）快充唤醒 A+ 故障的可能原因：①整车或车载充电机供电问题；②供电线路问题；③ DC/DC 问题；④ BMU 问题。

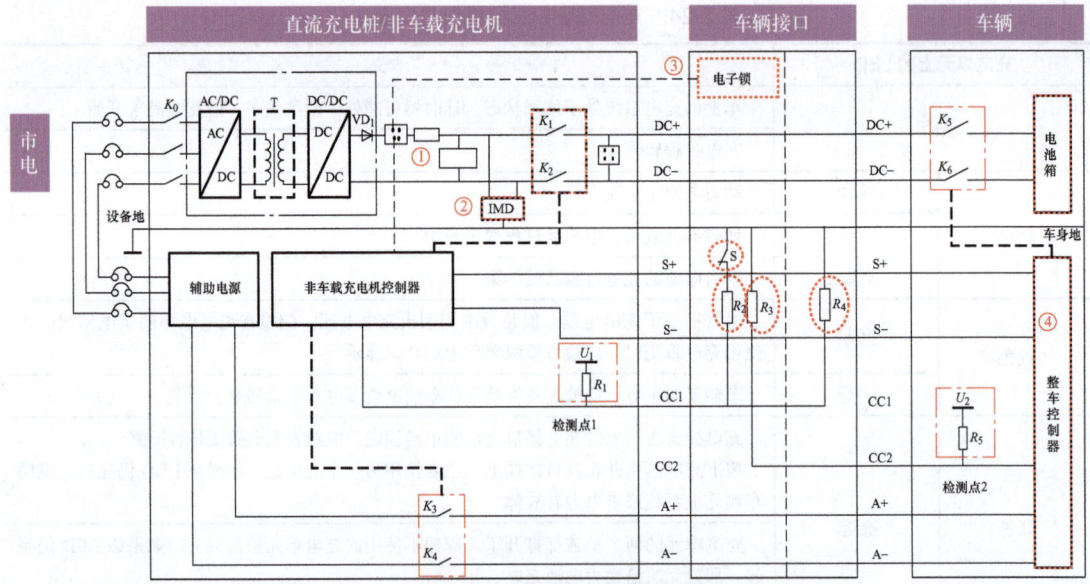

图 3-168 控制导引电路

表 3-25 电路参数状态

对象	典例值	备注
K_1、K_2	—	闭合后，充电桩的直流电才能输出
K_3、K_4	—	闭合后，充电桩的辅助电源 A+ 才能输出
K_5、K_6	—	闭合后，充电桩的直流电才能输出到电池箱，相当于高压盒内的直流充电继电器
R_1	1kΩ	—
R_2	1kΩ	在车辆插头内
R_4	1kΩ	在车辆插座内
U_1	12V	—
检测点 1	12V/6V/4V	共 3 种状态
S	常闭	与车辆插头上机械锁联动：按下机械锁，S 断开
R_3	1kΩ	在车辆插头内
R_5	1kΩ	在 BMS 内
U_2	12V	在 BMS 内。可自定义，如 CATL 为 5V
检测点 2	12V/6V	共 2 种状态。按自定义，如 CATL 为 5V/2.5V
① 泄放电路	—	
② IMD	—	
③ 电子锁	—	在车辆插头内
④ 车辆控制器	—	

（2）排查步骤

1）如有条件更换充电桩，排除由充电桩导致的 BMU 唤醒失败的问题。

2）插充电枪，万用表测高压盒处 A+ 对地电压，若正常（4～36V），继续排查；若异常，协调整车和充电桩厂家排查。

3）查看电气原理图，有 DC/DC 项目进入第 4）步，无 DC/DC 项目进入第 5）步。

4）万用表测 DC/DC 接口处 A+ 对地电压，若正常（4～36V），参考"BMS 供电唤醒与电池系统 DC/DC"继续排查；若异常，排查高压盒到 DC/DC 的线束。

5）BMU 插接件处测量 A+，若正常（4～36V），继续排查；若异常，更换 BMU 到高压盒底座线束。

6）BMU 插接件处整车铅酸蓄电池供电电源若正常（18～32V），进入下一步；若异常，协调整车排查。

7）排查整车插接件铅酸蓄电池电压是否正常，若正常继续排查，否则更换 BMU 到高压盒底座线束。

8）更换 BMU 进行验证。

5. 连接确认 CC2 故障

（1）故障分析

1）CC2 为整车端对物理连接的检测信号，如果检测到信号正常，才能进行下一步充电流程。

2）CC2 的 CATL 典例值为 5V 或 2.5V，正常范围是 4.6～5.2V 或 1.9～3.3V（检测回路有两个 1kΩ 串联电阻，引起 CC2 检测点电压状态变化）。

警告举例：①CC2 检测信号上拉电源电压故障；②CC2 连接丢失；③CC2 信号检测上拉电源故障。

连接确认 CC2 故障的可能原因：①供电线路问题；②BMU 问题。

（2）排查步骤

1）上低压电，连接上位机，查看 CC2 电压是否为 4.6～5.2V，如果是则继续排查，否则转至第 7）步。

2）上低压电，测量高压盒 CC2 线束对地电压是否约为 4.8V，如果是则转至第 4）步（至此，基本电池端线路没问题，要考虑充电机问题），否则继续排查。

3）下低压电，排查高压盒 CC2 线束是否存在虚接、短电源、短地情况，如果是则更换线束，否则继续排查。

4）测量充电枪 CC2 对地电阻是否为 1000Ω±30Ω，如果是则继续排查，否则协调充电桩排查充电桩问题。

5）测量 PE 与 GND 之间的电阻是否小于 1Ω，如果是则继续排查，否则排查 PE 线束接地是否良好。

6）插充电枪进行充电，查看上位机 CC2 电压是否为 2.2～2.6V，如果是，则继续排查，否则转至第 8）步。

7）更换 BMU 进行验证，如果问题解决，则说明为 BMU 问题，否则继续排查。

8）请求企业工程师技术支持。

6. 充电插座温度故障

（1）故障分析

1）国家标准规定，额定充电电流大于 16A 的应用场合，供电插座、车辆插座均应设置温度监控装置。

2）警告举例：①直流充电 A 插座过温 1 级；②直流充电枪 1 插座温度过高报警。

3）触发机制：充电插座温度高于警告阈值。平台阈值为大于 100℃限制充电功率到 50%，大于 120℃停止充电。

4）充电插座温度故障可能原因：①温度检测点问题；② BMU 问题。

（2）排查步骤

1）连接上位机及调试线束，报充电插座过温故障。

2）上位机观察充电过程中，充电插座温度是否存在过温情况，如果是，则继续排查，否则跳转到第 4）步。

3）停止充电，根据电气原理图，从高压盒低压插接件处测量各 NTC100℃电阻是否小于 120℃对应电阻，如果是，则告知整车 BMU 处理，否则继续排查。

4）更换 BMU 进行验证，如果问题解决，则定位为 BMU 问题，否则继续排查。

5）请求企业工程师技术支持。

7. 充电插座温度检测 NTC 断路故障

（1）故障分析

1）国家标准规定，额定充电电流大于 16A 的应用场合，供电插座、车辆插座均应设置温度监控装置。

2）警告举例：直流充电枪 1 充电插座 NTC 断路故障。

3）触发机制：充电插座 NTC 检测回路断路。

4）充电插座温度检测 NTC 断路故障可能原因：①温度检测点问题；② BMU 问题。

（2）排查步骤

应用于小米 SU7

麒麟电池

1）连接上位机及调试线束，上位机报充电插座 NTC 断路故障。

2）参考原理图，用万用表测量整车低压连接器 NTC 正负端子线束是否导通。如线束断路则要求整车排查，否则继续排查。

3）参考原理图，排查高压盒内 NTC 正负端子线束是否导通，如线束断路则更换线束，重新上电确认故障是否修复，否则继续排查。

4）更换 BMU 进行验证。

5）请求企业工程师技术支持。

拓展学习

"充电 5 分钟，续航超 200 公里。" 2024 年 10 月，上汽通用汽车宣布携手宁德时代推出行业首个 6C 超快充磷酸铁锂电池，计划 2025 年起在新升级的奥特能准 900V 高压电池架构上投入使用，将超快充技术"卷"向新高度。

动力电池充电倍率对应充电速度，用 C 表示。一般来说，C 数值越大，充电效率越高，充满用时越少。理论上来说，1C 表示 1h 可将电池充满，2C 表示 0.5h 将电池充满，以此类推。近年来，头部电池厂密集推出 4C、5C，甚至 6C 电池，将充电时长压缩至十几分钟甚至更短，超充时代加速开启。

2022 年，宁德时代发布 4C 麒麟电池；2023 年，峰值 5C 快充的麒麟电池与理想汽车合作实现量产，同年公司发布神行电池，将 4C 超充技术带入磷酸铁锂电池领域；2024 年 4 月，神行 PLUS 电池面世，进入"1 秒 1 公里"的超级补能时代。这次宁德时代与上汽通用官宣推出的 6C 超快充磷酸铁锂电池，代表我国超快充技术再上新台阶。

项目四　混合动力汽车故障诊断

项目描述

Hybrid 来源于拉丁语 Hybrida，是"混合"的意思。在技术层面，Hybrid 是指一种系统，该系统将两种不同的技术组合在一起来使用，如图 4-1 所示。

混合动力驱动技术是指将两种不同的动力装置组合在一起来使用，且这两种动力装置的工作原理是不同的。

就目前来讲，混合动力驱动技术是指将发动机与电机组合在一起这种形式。

混合动力驱动技术可用作发电机从动能中回收电能（能量回收）、用作发动机来驱动车辆以及用作发动机的起动机，如图 4-2 所示。

图 4-1　将两种不同的技术组合在一起来使用

图 4-2　混合动力驱动技术

（1）微混合动力驱动　微混合动力驱动结构，电动部件（起动机/发电机）只是用来执行启动-停止功能。一部分动能在制动时又可作为电能使用（能量回收）。不能以纯电动方式驱动车辆来行驶，微混合动力驱动如图 4-3 所示。

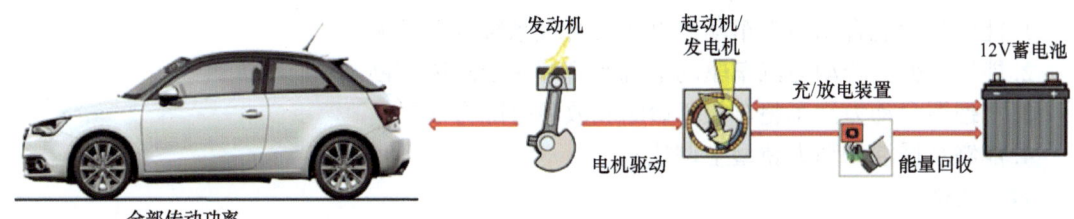

图 4-3　微混合动力驱动

135

（2）中混合动力驱动　中混合动力驱动在技术上和部件方面都与完全混合动力驱动是一样的，只是它不能以纯电动方式驱动车辆来行驶，如图4-4所示。一部分动能在制动时又可作为电能使用（能量回收）。

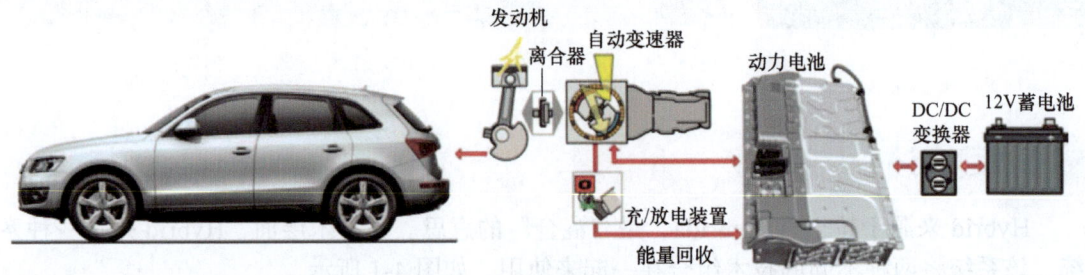

图4-4　中混合动力驱动

（3）完全混合动力驱动　将一台大功率电机与发动机组合在了一起，可以以纯电方式来驱动车辆行驶。一旦条件许可，该电机会辅助发动机工作。

发动机和电机之间有一个离合器，通过它可以断开这两个系统。发动机只在需要时才接通工作，完全混合动力驱动如图4-5所示。一部分动能在制动时又可作为电能使用（能量回收）。

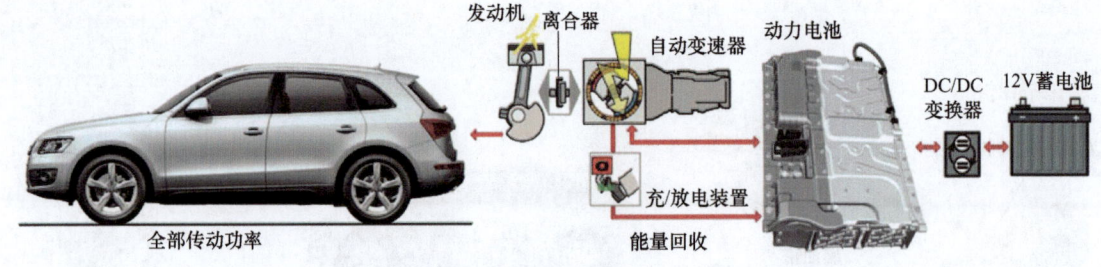

图4-5　完全混合动力驱动

学习目标

知识目标
1. 能够掌握混合动力汽车工作原理。
2. 能够了解混合动力汽车驱动电机工作原理。

技能目标
1. 能够掌握混合动力汽车动力电池及管理系统故障诊断。
2. 能够掌握混合动力汽车驱动电机及管理系统故障诊断。
3. 掌握混合动力汽车整车故障诊断和故障排除方法。
4. 能够掌握混合动力新型空调技术。

素养目标
1. 养成总结学习知识和技能的方法，为完成任务积累经验。
2. 严格执行混合动力汽车诊断规范，养成严谨科学的工作态度。

3. 具备能够"最大化"利用有限时间的能力。
4. 养成阅读资料划出关键技术点，归纳整流做出故障诊断方法的习惯。
5. 具备能够找出"简单"的技术系统诊断方法的能力。

任务一　混合动力汽车工作原理

一、混合动力汽车工作原理

混合动力汽车指携带有不同的动力源，可根据汽车的行驶需要，同时或分别使用不同的动力源行驶，如图 4-6 所示。与传统汽车的最大区别是动力传动系统的不同，混合动力汽车一般至少拥有两个动力源（能量变化器）和两个能量储存系统（车载状态）。

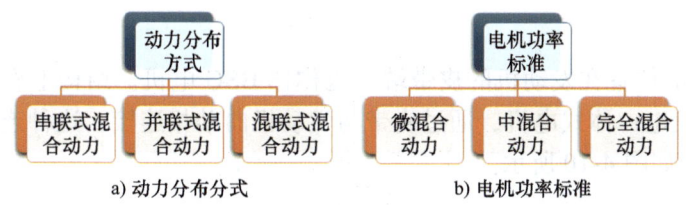

图 4-6　混合动力汽车

混合动力汽车的优势是能量转换效率高、良好的环境保护效果、噪声小，可回收利用部分能量，改善能源结构，解决汽车的替代能源问题。

1. 串联式混合动力汽车

串联式混合动力汽车利用发动机的动力发电，从而带动电机驱动车轮，其基本结构由电机、发动机、发电机、动力电池等组成，如图 4-7 所示。

优点：发动机可以不受行驶状态的影响，能够长时间保持在最佳工作状态，从而达到减排的效果；缺点：能量转换效率低；电池容量、发电机、电机的功率都不能太小，因此重量及尺寸较大。

2. 并联式混合动力汽车

并联式混合动力汽车，如图 4-8 所示。

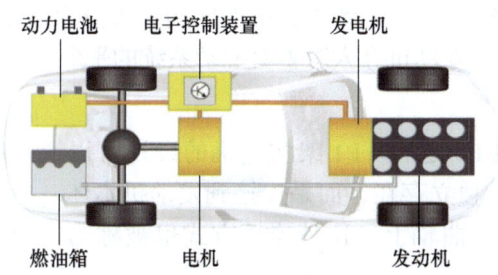

图 4-7　串联式混合动力汽车

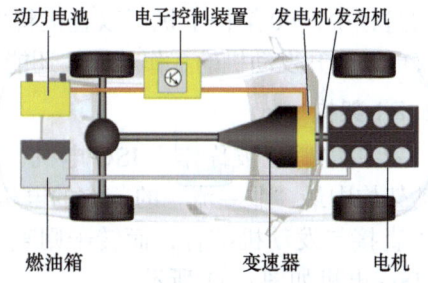

图 4-8　并联式混合动力汽车

优点：发动机、电机、发电机或驱动电机采用"并联"的方式组成驱动系统。可以单独使用发动机或电机作为动力源，也可以同时使用发动机和电机作为动力源。

缺点：发动机和驱动轮之间还是机械连接，因此发动机的工作点不可能总处于最佳区域。需要搭载变速器，且适合搭载自动变速器。混合度较低，以发动机为主。

3. 混联式混合动力汽车

混联式混合动力汽车，如图4-9所示。

混联式混合动力汽车的特点是兼备串、并联混合动力汽车的功能。混联式混合动力设计更优，控制更方便，可以根据不同工况更加灵活地来调节发动机的功率输出和电机的运转，缺点是结构比较复杂。

二、混动动力汽车的架构

"P0～P4"是混动车型上电机相对于发动机和变速器不同布局位置的简称。其中"P"代表电机，"0～4"则代表电机所处的位置。

1. P0架构

P0架构电机的位置在发动机的皮带端，也称作BSG电机。结构上看，它是位于发动机皮带端的启动发电一体式电机，通过皮带与发动机曲轴相连接。这种连接也被称为"软连接"，BSG电机如图4-10所示。

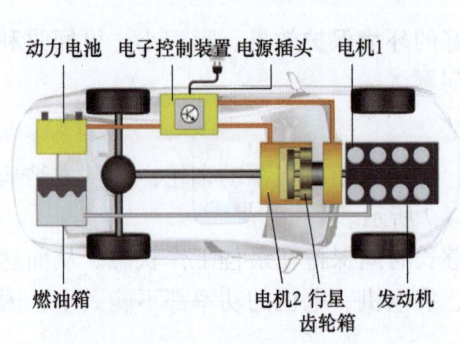

图4-9 混联式混合动力汽车

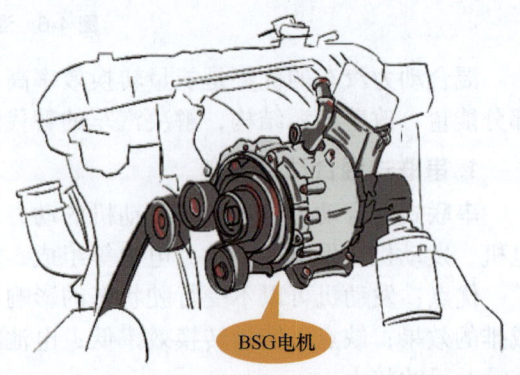

图4-10 BSG电机

P0架构电机的启动发电一体式电机拥有更大的功率。例如，目前有一些车型上搭载的P0电机功率是15kW或25kW。其最大的作用是可以直接控制发动机的启动转速。在车辆行驶过程中，P0架构电机可以直接将发动机转速"推"到更经济的区间，再点火启动。这不仅可以提升发动机的工作效率，还能有效增加发动机介入时整套混动系统的平顺性。

2. P1架构

P1架构电机也被称作为ISG电机，位置在P0之后。P1架构电机的设计可以说是所有混动架构中最"非主流"的。它的电机并不是独立存在，而是连接到发动机本体。电机的定子直接与发动机结合，而转子则直接设计在曲轴上，这种连接方式也被称为"硬连接"。ISG电机如图4-11所示。

P1架构的优势在于，电机可以直接提供动力，结构更为紧凑，动力传递效率强于P0

架构。但它的缺陷也十分明显：为满足其布置需求，整个发动机需要重新设计。这种流程的工作量基本等同于重新研发一套动力系统。不仅设计复杂、成本高昂，后期维修保养成本也很高。

3. P2 架构

P2 架构的电机位于发动机和变速器之间，动力直接通过变速器输出到车轮上。这种架构的最大结构特点在于电机前后均有离合器。通过两个离合器的协作，车辆可实现纯电、纯油和混动三种工作模式，P2 架构的电机如图 4-12 所示。

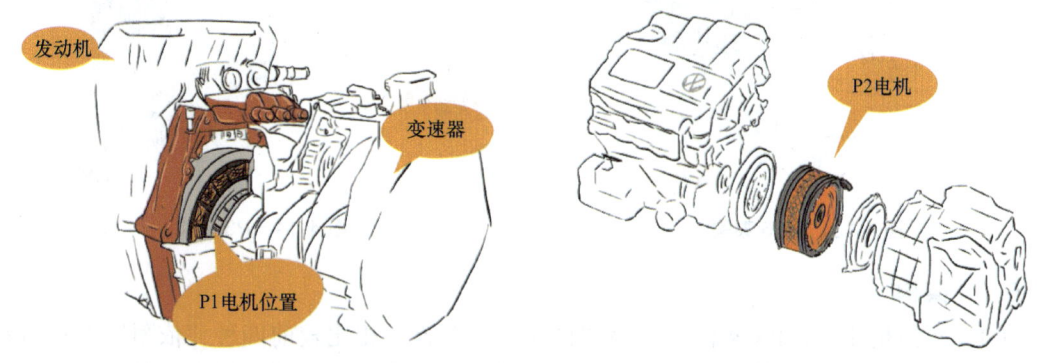

图 4-11　ISG 电机　　　　　　　图 4-12　P2 架构的电机

相比较前两种架构，P2 架构的电机可以拥有更高的传递效率。同时，由于电机位于变速器输入端，动力可以充分利用变速器中的各档位齿轮比，从而实现更高的纯电车速。此外，P2 架构电机成熟度更高，且不用对发动机和变速器本体进行重新设计，能够有效降低设计和维修保养成本。

4. P2.5 架构

P2.5 架构更多出现在我国自主品牌车型上。原因很简单，大多数车型以紧凑级车为主，发动机舱及整车轴向空间无法容纳 P2 架构。因此大家另辟蹊径，直接将电机设计到变速器上。P2.5 架构的集大成者便是电动汽车，如图 4-13 所示。

电动汽车的 P2.5 架构是将电机设计在双离合变速器上，将电机的输出端直接接入变速器偶数轴。电动汽车混动车的电机动力也是经由变速器传递到车轮。电机可以充分利用变速器偶数轴传力，这就是为什么电动汽车 60kW 电机可以实现 120km/h 的速度巡航。而发动机的动力则更多经由奇数轴传递。

5. P3 架构

P3 架构的电机位置位于变速器的输出轴，更接近车轮。因此某种意义上讲，P3 架构电机的位置并不直接接入发动机动力系统，更像是位于变速器后面的一套独立电驱动系统。从整体来看，P3 架构采用并联式混动架构，如图 4-14 所示。

由于 P3 架构独立于燃油动力系统且更靠近车轮，所以电机需要搭配固定齿比减速器。这意味着搭载 P3 架构的混动系统在动力表现上更接近于电动汽车，动力响应更为及时。同时，更接近电动汽车的配置形式也意味着 P3 架构拥有更高的动能回收效率。

但是，由于 P3 架构需要独立搭配减速器，这意味着该系统将占据更多的布置空间。

同时，P3 架构的电机可以直接将动力传递到车轮，所以无法直接起动发动机，且驱动过程中无法兼顾动力输出和反向充电。因此，P3 架构需要组合 P0 架构来提升整套系统的工作效率。

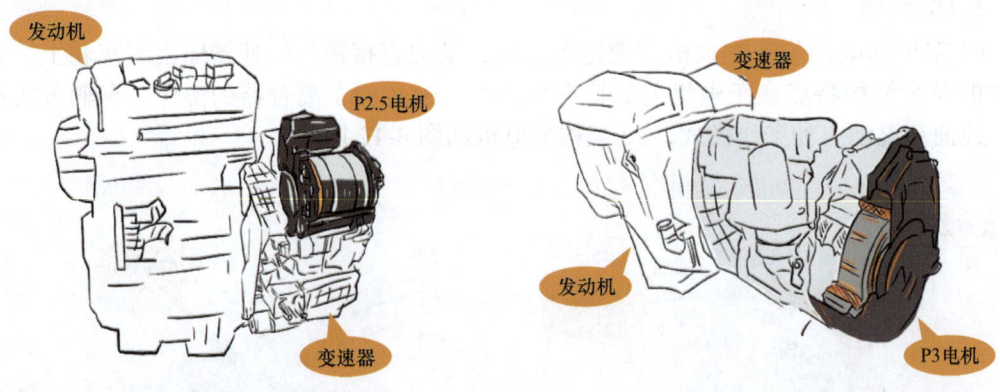

图 4-13　P2.5 架构　　　　　　图 4-14　P3 架构

6. P4 架构

和 P3 架构相比较，P4 架构应该用"自立"来形容。相比较前四种"依附"发动机和变速器的布置方案，P4 架构电机的位置完全"另起炉灶"，布置到后轴上。其电机仅用于后轴的动力输出。我们常看到的"电四驱"就是由位于后轴的电机实现的驱动，P4 架构如图 4-15 所示。

P4 架构的最大特点是在整体架构与动力总成无硬性连接的同时，还能实现四驱功能且避免了传动轴和差速器带来的效率损失和额外增重。但是，P4 架构电机使得整个车辆的后悬架结构需要重新设计。设计师一方面要考虑到电机及减速器的布置，另一方面也需要考虑到电机动力输出时后悬架结构的抗扭性、开发的难度以及实现的成本。

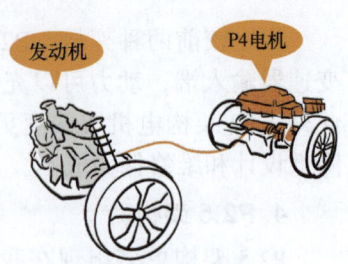

图 4-15　P4 架构

P4 架构基本上是没有单独存在的，现阶段更多是以 P0+P4 或者 P2+P4 组合的形式出现。例如，宝马 X1 PHEV 就是由 P0+P4 组合的结构实现混动，代表这款车在纯电模式下将会拥有后驱动的动态表现。

P0～P4 架构，更多在 PHEV 车型上出现。当然，这并不意味只能在 PHEV 车型上搭载，早期的 HEV 车型也有类似的混动架构。只不过从整体效率优化的角度来看，PHEV 车型更适合 P0～P4 的混动形式。

同样考虑到综合效率最大化，未来 PHEV 车型会越来越多地采用 P0+Px 的组合形式，在提升效率的同时也能进一步满足消费者对混动车型的性能需求。

三、混动动力汽车的动力系统

1. 普通混合动力汽车

混合动力汽车是指采用两种动力系统的汽车，现在一般是指油电混合动力汽车，即采用燃油发动机和电机两种动力系统的汽车，如图 4-16 所示。

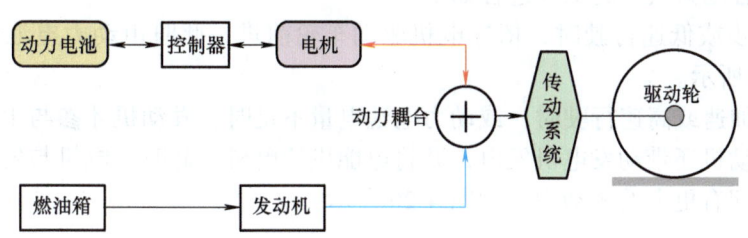

图 4-16 混合动力汽车

乘用车动力形式主要有燃油发动机、燃气发动机和电机等。但通常我们所说的混合动力汽车，是指采用燃油发动机与电机两种动力组合的汽车，简称油电混合汽车，如图 4-17 所示。

只采用燃油一种供给方式的混合动力汽车，我们通常称其为普通混合动力汽车。

2. 插电式混合动力汽车

可以使用外接电源为车载动力电池充电的混合动力汽车，称作插电式混合动力汽车。插电式混合动力汽车有两套动力系统：发动机和电机。这两套动力系统不仅相互独立（都可以独立获得能量补充和独立驱动汽车行驶），而且相互协作，共同驱动汽车前进，如图 4-18 所示。

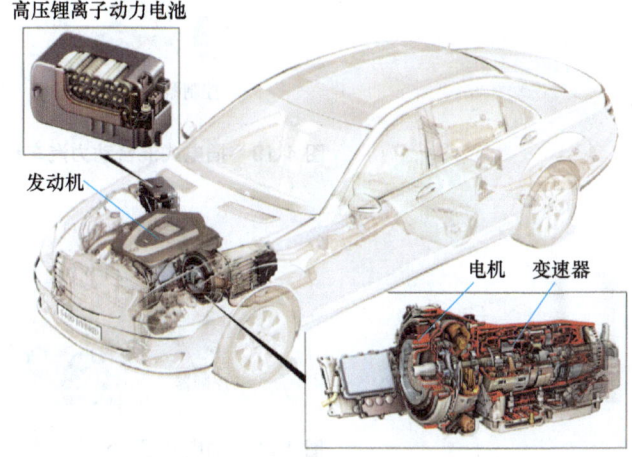

图 4-17 油电混合汽车

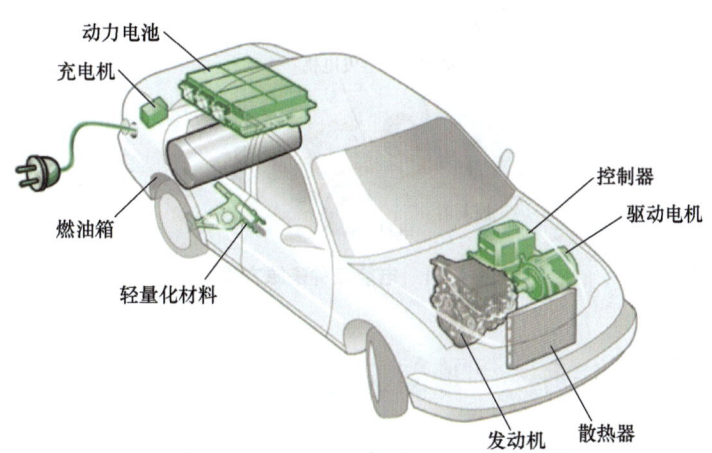

图 4-18 插电式混合动力汽车

在日常使用过程中，它可以作为一辆纯电动汽车来使用，但插电式混合动力汽车的纯电续驶里程一般都较短，往往不会超过 60km。当然它也可作为一辆纯燃油汽车来使用，只是它的重量要比普通燃油汽车更重。

插电式混合动力汽车的工作过程如下：

当汽车起步或低速行驶时，依靠电机驱动车轮前进，此时由动力电池向电机提供电能，如图 4-19 所示。

当汽车急加速或高速行驶时，或动力电池电量不足时，发动机才参与工作并直接驱动车轮，同时发动机还带动发电机发电，并将电能供给电机。此时，电机与发动机共同驱动车轮，使汽车拥有更大的驱动力，如图 4-20 所示。

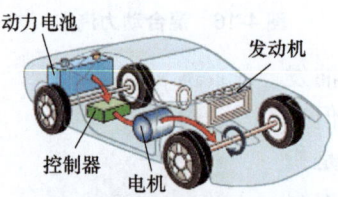

图 4-19　插电式混合动力汽车起步时的能量图

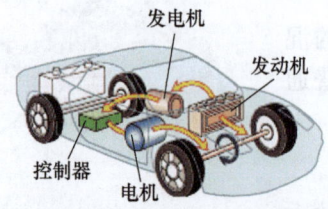

图 4-20　插电式混合动力汽车加速时的能量图

动力电池的电能有三种来源方式：一是当车辆减速或制动时，车轮带动电机旋转，此时电机作为发电机发电；二是发动机直接带动发电机发电；三是外接电源为汽车充电，如图 4-21 所示。

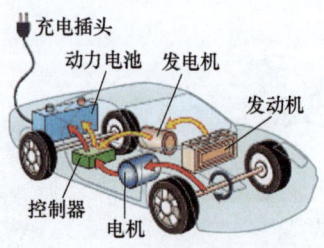

图 4-21　电能三种来源方式

任务二　诊断混合动力汽车故障

混合动力汽车是一个复杂的机电耦合系统，在燃油汽车上增加了驱动电机及控制系统、动力电池及控制系统、动力电池冷却系统等部件。

1. 诊断前注意事项

必须查询并依照混合动力汽车维修手册进行依规依序操作：

1）高压电气系统，包含动力电池、逆变电路、驱动电机系统、电子控制系统和线束等，为了保证安全，所有的高压电线均已采取密封或隔离措施。

2）维护时，注意"READY"指示灯，"READY"指示灯点亮说明发动机可能在运转中，以此判断车辆此时是处于工作还是停机状态。在对车辆维修工作之前，须要确保"READY"指示灯是熄灭的，因此应关闭点火开关，并把车钥匙取下来。

3）在维护检修时按规定着装，禁止佩戴首饰、手表、戒指、项链、钥匙等。维护检修准备吸水毛巾或布、灭火器、绝缘胶布、万用表，必须选用适用于电工作业的绝缘的、耐碱性的橡胶手套及防碱类型的安全鞋和护目镜，防止电解液溢出等造成的意外伤害。

2. 诊断前操作准备

在进行混合动力汽车的检修之前，需要对整车进行一次全面的检查，包括外观、底盘、车身等，以确保车辆没有明显的损坏或故障。

3. 诊断与维修基本步骤

（1）系统诊断　混合动力汽车由发动机和电机组成，需要对这些系统进行诊断，以确保其正常运行。

（2）发动机诊断　发动机诊断是运用诊断工具对内燃发动机进行诊断，检查是否有故障码。检查发动机的工作状态，包括起动、怠速和加速等。

（3）电机诊断　电机诊断是检查电机及其控制系统是否正常，包括电池状态、电机运行状态等。

（4）混合系统检查　混合动力汽车的核心是混合系统，需要对混合系统进行仔细检查。

（5）电池系统检查　检查动力电池是否损坏或漏电。检查动力电池的充电状态和电压。

（6）能量管理系统检查　检查能量管理系统的工作状态，包括能量回收和能量分配等。

4. 诊断与修理后检验

（1）车辆试验　在完成上述检查后，需要进行一系列车辆试验，以验证车辆的动力性和安全性。

（2）路试　进行路试，检查车辆的驾驶性能和舒适性。注意观察车辆在加速、制动和转向等方面的表现。

（3）动力系统试验　对动力系统进行试验，检查发动机和电机的工作状态。观察动力系统在不同工况下的表现，如纯电动模式、混合动力模式等。

5. 汽车故障诊断的注意事项

在进行混合动力汽车的检修时，需要注意以下事项，以确保检修的安全性和有效性。

（1）安全第一　混合动力汽车涉及动力电池和电机等高压部件，操作人员必须严格遵守安全操作规程，确保自身安全。

（2）专业技术　混合动力汽车的检修涉及复杂的电子和机械系统，操作人员必须具备专业的技术和经验，以确保检修的准确性和有效性。

（3）使用合适的工具和设备　在进行混合动力汽车的检修时，需要使用专用的诊断工具和设备，确保能够准确诊断和修复故障。

（4）定期维护　混合动力汽车的定期维护至关重要，可以有效延长车辆的使用寿命并确保其性能稳定。

（5）按照制造商指南操作　在进行混合动力汽车的检修时，应该严格按照制造商提供的检修手册和指南进行操作，以确保检修的准确性和有效性。

混合动力汽车的检修是一项复杂而重要的工作，需要操作人员具备专业的技术和经验。通过严格遵循检修流程和注意事项，以确保混合动力汽车的动力性和安全性，并延长其使用寿命。

🛠 拓展学习

随着汽车电动化、智能化发展，汽车底盘也迎来了从传统底盘、电动底盘、再到智能底盘的技术变革。在此行业背景下，宁德时代推行的滑板底盘走到了台前。

在2024年第二十四届中国国际工业博览会（下称"中国工博会"）上，宁德时代（上海）智能科技有限公司（下称"时代智能"）CIIC一体化智能底盘亮相，这一代表着新颖汽车设计理念的产品引起了现场参观者关注。

CIIC一体化智能底盘的核心特点为"上下解耦、高度集成、对外开放"，作为可独立行驶的移动能量载体，该底盘承担着运动中心、能量中心、数据中心的三大功能。

时代智能相关人员表示，通过创新的结构设计，CIIC一体化智能底盘能够吸收85%以上的整车碰撞能量（传统底盘仅能吸收55%左右），提升车辆安全、降低设计限制，使得合作伙伴更易聚焦整车产品定义、以及与用户体验强相关的智能驾驶、智能座舱、整车造型等开发。

据介绍，CIIC一体化智能底盘是平台化产品，分为CIIC-S/CIIC-M/CIIC-L，可满足A级车到D级车的不同尺寸需求。此次现场展示的则为CIIC-S模型，采用纯平底盘设计，可兼容换电等不同解决方案。

就外界首要关注的安全问题，时代智能方面介绍，CIIC一体化智能底盘以电池为中心展开设计，采用电池到底盘一体化技术，将电芯直接集成到底盘中，实现和底盘的结构共用，刚性更好，同时采用电芯倒置设计，电芯防爆阀朝下，极端工况下高压高温气流可以沿专门的泄压路径向下释放，以更安全的方式完成"解压泄气"，大大降低对乘员舱的热害风险；结合宁德时代NP2.0（无热扩散）技术，可以做到极端工况下电芯热失控时电池包外无明火，提升整车安全性。

职业教育新能源汽车专业产教融合创新教材

新能源汽车维护与故障诊断实训工单

组　编　宁德时代新能源科技股份有限公司
主　编　吴　凯　李　伟
副主编　张　彪　薛　姣　武卫忠
　　　　李　果　孔纯放　刘　超
参　编　呼海峰　陈　宁　张　璐　马荣荣　毛昌敏
　　　　张现驰　左晨旭　于洪兵　杨　韬　张家祥

机械工业出版社

目　录

项目一	新能源汽车高压安全防护 / 001
项目二	新能源汽车维护 / 007
项目三	纯电动汽车故障诊断 / 014
项目四	混合动力汽车故障诊断 / 034

项目一 新能源汽车高压安全防护

📋 项目任务单

项目描述	个人独立完成新能源汽车各种高压安全防护项目	
项目要求	1. 掌握纯电动汽车安全防护要求 2. 掌握混合动力汽车安全防护要求 3. 具备触电防护与救护能力 4. 能够正确使用高压安全防护用品	
学习目标	1. 了解触电危害和新能源汽车安全要求 2. 掌握不同新能源汽车维修安全操作 3. 掌握动力电池、电机、高压控制系统等安全防护措施及人身安全要点	
项目载体	动力电池高压系统防护试验台	
计划学时	18~24学时	
工作页	上课地点： ／ 学生姓名：	完成／未完成
	任课教师： ／ 上课时间：	优／良／中／及格

📖 导入

小蔡是学习新能源汽车检测与维修技术专业的学生，刚刚接触新能源汽车的他十分好奇新能源汽车的高压电是否有危险？怎样进行防护？小蔡带着这个问题找到彭老师进行咨询：它们的动力来自哪里？由哪些部件组成？和传统燃油发动机汽车相比，电动汽车有哪些不同？怎样进行安全防护？接下来，让彭老师带着小蔡的疑问和同学们一起认知新能源汽车高压系统的安全防护。

想一想

请同学们尝试着在实训车辆或动力电池高压系统防护试验台上找到新能源汽车的部件组成？并将自己的总结分析用铅笔记录到下图中。

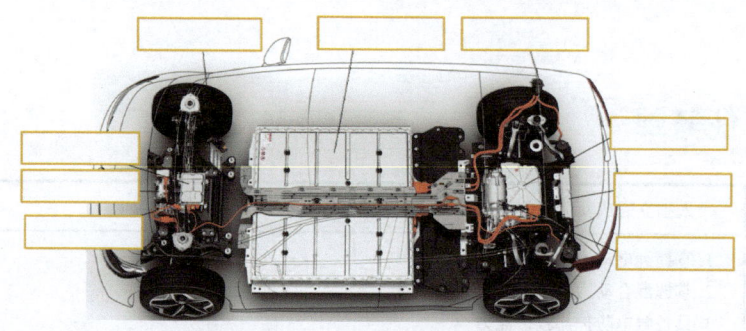

安全教育与防护要求

请同学们声音洪亮地说出老师要求的安全与防护，做好防护准备，同时进行自检和互检。若已完成，请在方框里画"√"。

☐ 工作服穿戴符合"安全防护要求"，穿绝缘鞋、戴绝缘帽、戴防护眼镜。
☐ 不佩戴手表等金属首饰。
☐ 严禁操作与本次任务无关的设备和工具。
☐ 遵守场地安全规定，注意高压电、设备用电安全。
☐ 严禁嬉戏打闹。

老师检查纠错，学生改正错误。

实施

任务一　新能源汽车高压安全防护措施

想一想

大家思考：想一想电动汽车的安全电压等级内容是什么？把想到的原因用铅笔认真地写在下面方格内。

✏️ 写一写

一、安全防护作业准备

请查阅相关资料，不同种类、用途的新能源汽车动力电池电压分别是多少？填到下表中，并思考其动力电池电压不同的原因。

商用车	动力电池电压 /V：
搅拌输送车	动力电池电压 /V：
乘用车	动力电池电压 /V：

❖ **步骤一：作业准备**

请认真列出作业准备项目和内容，对照下表核准检查项目内容。若已准备，请在方框里画"√"；若有遗漏，请补充后画"√"。

项目	新能源汽车高压触电防护作业准备内容
作业场地	□配有练习假人或角色扮演者同学
设备设施	□专用场地、假人、模拟器材
工量辅具	
耗材	

老师检查纠错，学生改正错误。

❖ **步骤二：人工呼吸救护演练、胸外心脏按压演练**

请观察老师的示范动作，并进行模仿重复操作，结合老师的讲解、查阅教材，进行练习，并认真记录在下表中。

步骤	方法一	方法二
1		
2		
3		
4		
5		
6		
7		
8		
9		
10		
11		
12		
13		
14		
15		
……		

二、安全防护用品规范使用

新能源汽车的非高压部件（如制动系统、悬架系统和车身系统）进行维修时，不需要专业的安全防护措施。对高压系统中的高压组件进行维修时，必须采用特殊的防护措施。在劳动保护方面，要注意以下要点：

1）必须遵守有关安装和健康防护的说明和规定。

2）必须按规定使用符合要求的防护装备。

3）必须按规定使用装备（工具、车辆）。

4）如果发现装备损坏，必须按专业要求进行问题排除。如果不能排除，则必须向上级汇报问题。

请观察老师的示范动作，并模仿重复操作，结合老师的讲解，查阅教材、进行练习，并认真记录在下表中。

序号	防护用品	要求	
1			
2			
3			
4			
5			
6			
7			
8			
9			
10			
11			
12			
13			
14			
……			

请根据老师的讲解和演示，详细总结你在操作过程中出现的问题，试着分析其产生的原因，并归纳出关键词，用铅笔认真地填写在下图中。

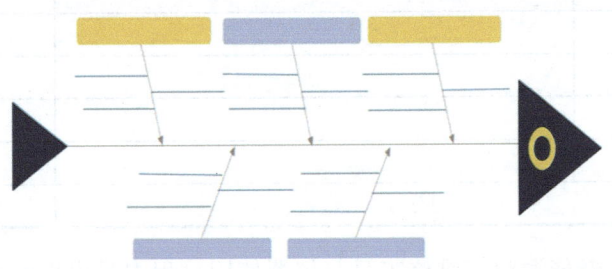

实施

任务二　新能源汽车维修工具与仪器使用

❖ **步骤一：作业准备**

请认真列出作业准备项目和内容，对照下表核准检查项目内容。若已准备，请在方框里画"√"；若有遗漏，请补充后画"√"。

项目	新能源汽车维修工具与仪器使用内容
作业场地	□配有安全作业区域和消防设施的新能源汽车维修作业场地
设备设施	□新能源汽车或新能源汽车维修工具与仪器　□举升工位　□汽车维修三件套　□垃圾桶
工量辅具	□常用工具　□数字万用表　□检测仪　□故障诊断仪　□接线盒
耗材	□线束　□干净抹布

老师检查纠错，学生改正错误。

❖ **步骤二：新能源汽车维修工具与仪器使用**

结合老师讲解新能源汽车维修工具与仪器的使用内容，将设备使用方法填入下表并进行体验。

序号	设备使用方法
1	
2	
3	

拓展训练

1. 确定任务的关键词，按重要性进行排序和举例解读，根据关键词的重要程度（按百分制划分），判断自己的掌握程度并自评打分，见下表。（满分 100 分）

序号	关键词	举例解读	自定权重	自评打分
1				
2				
3				
4				
5				
		总分		

2. 请列举出新能源汽车维修工具与仪器使用过程中易出现的问题，并在附页上用如思维导图等图示工具分析其产生的原因并制定解决措施。（满分 100 分）

项目二　新能源汽车维护

项目任务单

项目描述	个人独立完成新能源汽车维护				
项目要求	1. 掌握维护的目的 2. 掌握维护工具的使用及作业安全要求 3. 了解售后备件仓储规范 4. 能严格执行仓库 5S 管理 5. 掌握带电类备件存放要求				
学习目标	1. 掌握维护保养的项目 2. 能够进行独立售后备件的维护保养 3. 掌握故障件返厂的规范				
项目载体	新能源汽车维护保养				
计划学时	18～24 学时				
工作页	上课地点		学生姓名		完成/未完成
	任课教师		上课时间		优/良/中/及格

实施

新能源汽车整车维护

❖ **步骤一：作业准备**

请认真列出作业准备项目和内容，对照下表核准检查项目内容。若已准备，

请在方框里画"√";若有遗漏,请补充后画"√"。

项目	新能源汽车维修工具与仪器使用作业准备内容
作业场地	□配有安全作业区域和消防设施的新能源汽车维修作业场地
设备设施	□新能源汽车或保养试验台 □举升工位 □汽车维修三件套 □垃圾桶
工量辅具	□常用工具 □数字万用表 □检测仪 □故障诊断仪 □接线盒
耗材	□线束 □干净抹布

老师检查纠错,学生改正错误。

❖ **步骤二:纯电动汽车维护保养项目和周期**

通常纯电动汽车维护保养项目分别为动力电池系统、电机系统、电气电控系统、制动系统、转向系统、车身系统、传动及悬架系统、冷却系统共八大部分,检查并将维护保养项目填写到下表中。

系统类别	检查内容	处理方法	A级维护保养			B级维护保养		
			项目	配件及材料	备注	项目	配件及材料	备注
1.动力电池系统	安全防护	检查并视情况处理						
	绝缘检查	检查并视情况处理						
	插接件状态	检查并视情况处理						
	标准件	检查并视情况处理						
	螺栓紧固力矩	检查并视情况处理						
	动力电池加热功能检查	检查并视情况处理						
	外部检查	清洁处理						
	数据采集	分析并视情况处理						
2.电机系统	安全防护	检查并视情况处理						
	绝缘检查	检查并视情况处理						
	电机和控制器的冷却检查	检查并视情况处理						
	外部检查	清洁处理						

（续）

系统类别	检查内容	处理方法	A级维护保养			B级维护保养		
			项目	配件及材料	备注	项目	配件及材料	备注
3.电气电控系统	发动机舱及各部位低压线束防护及固定	检查并视情况处理						
	发动机舱及各部位插接件状态	检查并视情况处理						
	发动机舱及底盘高压线束防护及固定	检查并视情况处理						
	发动机舱及底盘各高低压电器固定及插接件状态	检查并视情况处理并清洁						
	低压电池状态检查	检查电量状态，并视情况处理						
	灯光检查、信号检查	检查并视情况处理						
	充电口及高压线检查	检查并视情况处理						
	高压绝缘监测系统检查	检查并视情况处理						
	故障诊断系统报警监测	检测、检查并视情况处理						
4.制动系统	驻车制动器	检查效能并视情况处理						
	制动装置	泄漏检查						
	制动液	液位检查	更换制动液			视情况添加制动液		
	制动真空泵、制动器	检查（漏气）并视情况处理						
	前后制动盘/片	检查并视情况处理						
5.转向系统	转向盘及转向管柱连接紧固状态	检查并视情况处理						
	转向机本体连接紧固状态	检查并视情况处理						
	转向拉杆间隙及防尘罩	检查并视情况处理						
	检查转向助力功能	检查并视情况处理						

(续)

系统类别	检查内容	处理方法	A级维护保养			B级维护保养		
			项目	配件及材料	备注	项目	配件及材料	备注
6.车身系统	风窗玻璃及刮水器	检查并视情况更换处理		添加风窗洗涤液			添加风窗洗涤液	
	天窗	检查并视情况处理						
	座椅及滑道	检查并视情况处理						
	门锁及铰链	检查并视情况处理		加注润滑脂			加注润滑脂	
	发动机舱铰链及锁扣	检查并视情况处理						
	行李舱铰链及锁扣	检查并视情况处理						
7.传动及悬架系统	变速器（减速器）	检查减速器、紧固及渗漏		更换减速器齿轮油				
	传动轴	检查球笼间隙及防尘罩，并视情况处理						
	轮毂	检查及紧固、视情况处理						
	轮胎	检查胎压，并视情况处理						
	副车架及各悬架连接状态	检查紧固						
	前后减振器	检查渗漏情况及紧固，并视情况更换						
	发动机舱铰链及锁扣	检查并视情况处理						
8.冷却系统	冷却液位置及冰点	液位及冰点测试，视情况添加		更换冷却液	冷却液6L		冬季时检测冰点，视情况添加	
	冷却管路	检查渗漏情况并处理						
	水泵	检查渗漏情况并处理						
	散热器	检查并处理						

（1）动力电池系统维护保养项目。

维护保养项目	目的	方法	工具
外观检查			
绝缘检查（内部）			

(续)

维护保养项目	目的	方法	工具
底盘连接检查			
插接件检查			
高低压接插件可靠性检查			
动力电池内部温度采集点检查			
动力电池加热系统测试			
标识检查			
动力电池密封检查			

（2）电机及电机控制器维护保养项目。

维护保养项目	目的	方法	工具
安全防护			
绝缘检查			
电机和电机控制器冷却检查			
外部检查			

（3）混合动力汽车的维护保养计划（表中填写：I—检查，R—更换）。

维护保养项目	维护保养时间间隔（HEV[①]里程数或月数，以先到者为准）										
	×1000km	3.5	11	18.5	26	33.5	41	48.5	56	63.5	71	78.5	86
	月数	首保		30		54		78		102		126	
发动机及变速器													
1.检查多楔传动带有无裂纹、碎屑、磨损状况，并调整其张紧度													
2.检查整车点火回路及供电回路													
3.检查更换火花塞 一般使用条件													
3.检查更换火花塞 严酷使用条件													
4.检查曲轴箱通风系统（PCV[②]阀和通风软管）													
5.检查冷却水管有无损伤，并确认连接管是否锁紧													

(续)

维护保养项目	维护保养时间间隔（HEV[①]里程数或月数，以先到者为准）										
	×1000km	3.5	11	18.5	26	33.5	41	48.5	56	63.5	71	78.5	86
	月数	首保			30		54		78		102		126
6. 检查液罐内发动机冷却液液面高度													
7. 加注汽油清净剂													
8. 更换发动机冷却液及驱动电机冷却液													
9. 更换空气滤清器滤芯	一般使用条件												
	严酷使用条件												
10. 更换机油	一般使用条件												
	严酷使用条件												
11. 更换机油滤清器													
12. 检查发动机怠速													
13. 检查排气管接头是否漏气													
14. 检查氧传感器													
15. 检查三元催化转化器													
16. 更换燃油滤清器													
17. 检查燃油箱盖、燃油管和接头													
18. 检查活性炭罐													
19. 检查更换自动变速器内的齿轮油、前变速器齿轮油、滤清器及后传动总成齿轮油													
20. 检查发动机舱盖锁及其紧固件													
21. 检查、紧固底盘固定螺栓													
22. 检查制动踏板和电子驻车制动开关													
23. 检查制动摩擦块和制动盘													
24 更换制动液													
25. 检查制动系统管路和软管													
26. 检查转向盘、拉杆													
27. 检查传动轴防尘罩													
28. 检查球销和防尘罩													
29. 检查前后悬架装置													
30. 检查轮胎和充气压力（含TPMS[③]）													

（续）

维护保养项目	维护保养时间间隔（HEV[①]里程数或月数，以先到者为准）											
	×1000km	3.5	11	18.5	26	33.5	41	48.5	56	63.5	71	78.5	86
	月数	首保		30		54		78		102		126	
31. 检查前轮定位、后轮定位													
32. 检查车轮轴承有无间隙													
33. 检查冷气或暖气系统													
34. 检查空调空气滤清器													
35. 检查空调装置的制冷剂													
36. 检查安全气囊系统													
37. 检查车身损坏情况													

① HEV 表示混合动力汽车。
② PCV 表示曲轴箱强制通风。
③ TPMS 表示胎压监测系统。

项目三 纯电动汽车故障诊断

📋 项目任务单

项目描述	个人独立完成纯电动汽车故障诊断项目	
项目要求	1. 能够掌握动力电池管理系统故障诊断的方法 2. 能够掌握驱动电机及管理系统故障诊断的方法 3. 掌握整车故障诊断和故障排除方法	
学习目标	1. 能够掌握动力电池故障 2. 能够了解驱动电机故障 3. 了解整车故障	
项目载体	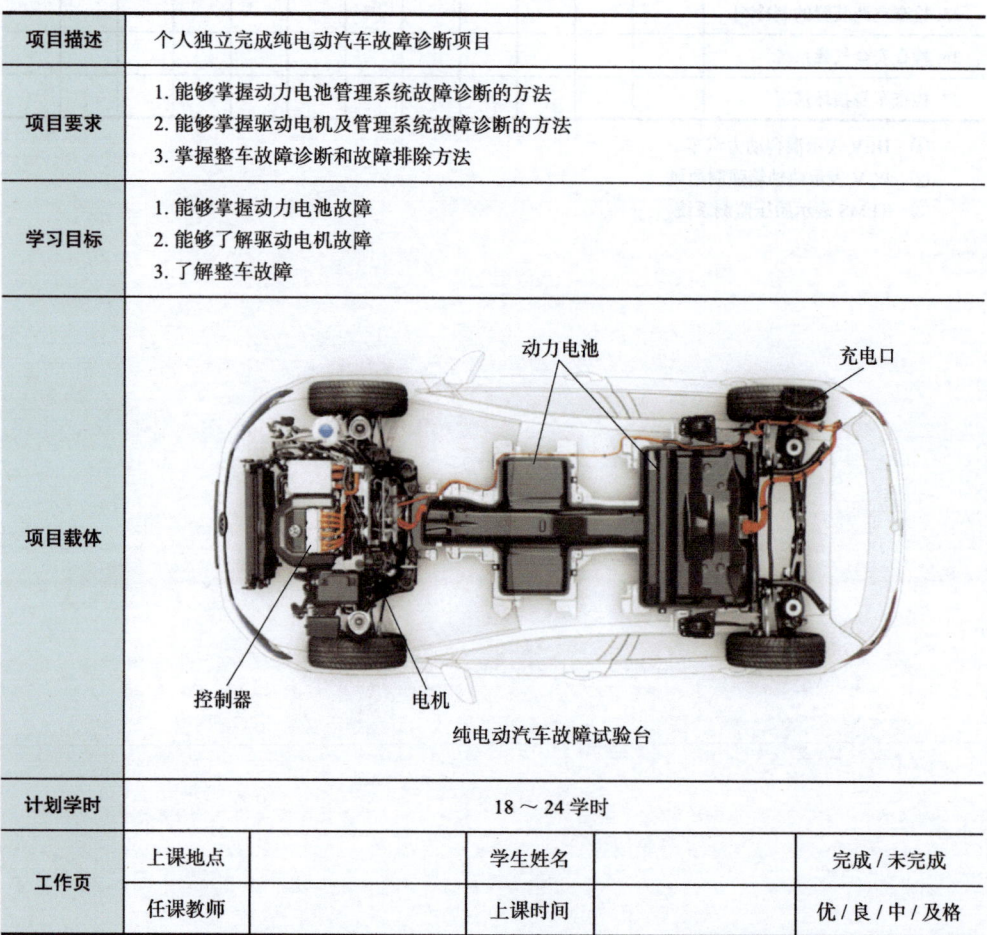 纯电动汽车故障试验台	
计划学时	18～24学时	
工作页	上课地点： 学生姓名： 完成/未完成 任课教师： 上课时间： 优/良/中/及格	

📖 导入

小李是学习新能源汽车检测与维修技术专业的学生，刚刚接触新能源汽车的他十分好奇纯电动汽车是如何行使的？它们的动力来自哪里？由哪些部件组成？和传统内燃机汽车相比，纯电动汽车有哪些不同？接下来，让我们带着这些疑问和小李一起认知纯电动汽车，见下图。

项目三　纯电动汽车故障诊断

此案例中，如果想要解决小李同学的疑问，需要我们先认识新能源汽车的结构，再了解不同类型的新能源汽车与纯电动汽车的主要区别。

想一想

请同学们尝试着在实训车辆上确认新能源汽车是由哪些部件组成的？并将自己的总结分析用铅笔记录到下图中。

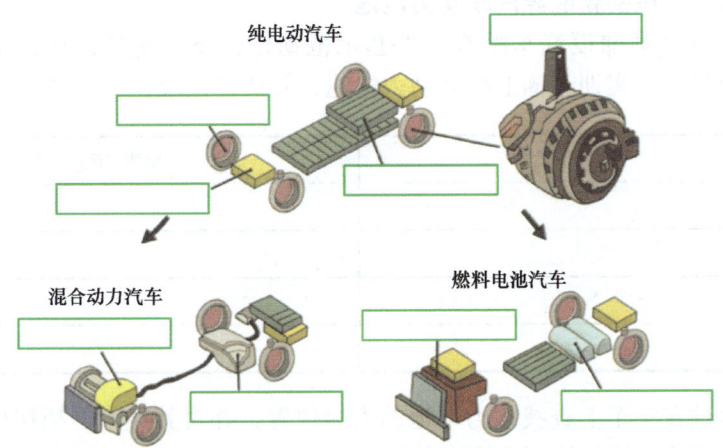

安全教育与防护要求

请同学们声音洪亮地说出安全与防护要求，做好防护准备，同时进行自检和互检。若已完成，请在方框里画"√"。

□ 工作服穿戴符合"安全防护要求"，穿绝缘鞋，戴绝缘帽，戴防护眼镜。
□ 不佩戴手表等金属首饰。
□ 严禁操作与本次任务无关的设备和工具。
□ 遵守场地安全规定，注意高压电，设备用电安全。
□ 严禁嬉戏打闹。

老师检查纠错，学生改正错误。

实施

任务一　检修动力电池

❖ **步骤一：作业准备**

请认真列出作业准备项目和内容，对照下表核准检查项目内容。若已准备，

请在方框里画"√";若有遗漏,请补充后画"√"。

项目	新能源汽车动力电池作业准备内容
作业场地	□配有举升机和消防设施的新能源汽车维修作业场地
设备设施	□极氪001新能源汽车　□动力电池试验台　□举升工位　□汽车维修三件套　□垃圾桶
工量辅具	□常用工具　□数字万用表　□数字示波器　□故障诊断仪　□工具车　□接线盒　□动力电池试验台
耗材	□线束　□干净抹布

老师检查纠错,学生改正错误。

❖ **步骤二:识别新能源汽车动力电池**

1. 请观察老师铺设汽车维修三件套示范动作,模仿重复操作,结合老师讲解、查阅教材,在实训车辆上找到动力电池,并认真记录在下表中。

步骤	车型	电池制造厂
1		
2		
3		
4		

2. 请尝试在实车上查找动力电池的安装位置,并对其线束、插接件进行常规外观检查,将检查结果填写在下面的思维导图中。

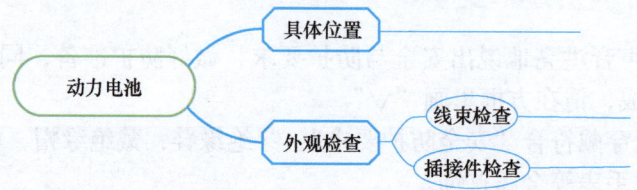

3. 请查找动力电池维修电路图,并将电路图绘制到下面方框内。

4. 请使用电路图完成对动力电池端子的查找，教师负责测量动力电池电压，学生整理检测结果将其记录到下表中。

端子	端子含义	检测结果
端子 1		
端子 2		
端子 3		
端子 4		

5. 对不同的动力电池参数进行比较，并将结果记录到下表中。

电池型号	规格	单体电池容量	单体电池质量	电池系统能量密度	电池系统成本

6. 查找实训车辆动力电池的编码，并将结果记录到下表中。

序号	动力电池的编码	编码的位置
1		
2		

❖ **步骤三：试车，交付车辆**

1. 对车辆进行着车试车，检验车辆动力是否恢复正常？
2. 请尝试利用鱼骨图总结动力电池的查找和测量流程。

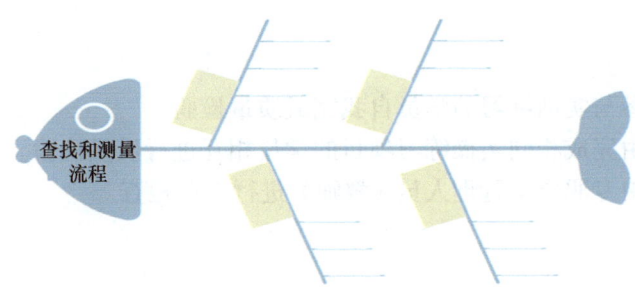

拓展训练

1. 按下表所列确定本任务新能源汽车动力电池关键词，按重要程度进行排序和举例解读，根据关键词的重要程度（按百分制划分），判断自己的掌握程度并自评打分。（满分 100 分）

序号	关键词	举例解读	自定权重	自评打分
1				
2				
3				
4				
5				
		总分		

2. 请大家思考一下，动力电池如果出现问题，除了导致车辆动力不足，还会产生什么故障现象？（满分 100 分）

3. 现有一辆新能源汽车在行驶过程中出现动力明显不足的现象，维修人员初步判断是动力电池故障，试制定测量流程并进行检修。（满分 100 分）。

4. 小李是学习汽车检测与维修专业的学生，大学一毕业就来到了一家汽车 4S 店，成为一名新能源汽车维修学徒工。学徒期间小李积极向师傅请教，进步很快，尤其是在新能源汽车故障判断思维方面得到了师傅的高度认可。

请和小李一起按下列思维导图的格式，对检修动力电池的经验进行总结，同时搜集至少 2 个动力电池故障判断案例，谈一谈你对"新能源汽车动力电池故障判断思维"的理解。（满分 100 分）

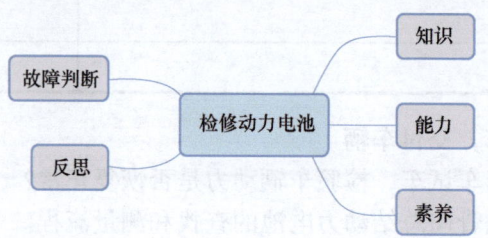

📢 任务检验

1. 自检：参与实训练习的学员自我完成质量检验。
2. 互检：由完成相同实操练习项目的学员相互进行质量检验。
3. 终检：由专职质量管理人员（教师）进行专业检查。

实施

任务二　检修动力电池管理系统

❖ **步骤一：作业准备**

请认真列出作业准备项目和内容，对照下表核准检查项目内容。若已准备，请在方框里画"√"；若有遗漏，请补充后画"√"。

项目	新能源汽车动力电池管理系统作业准备内容
作业场地	□配有实训电动汽车、动力电池管理系统试验台和消防设施的汽车维修作业场地
设备设施	□极氪001实训车辆　□安全专用工位　□汽车维修三件套　□垃圾桶
工量辅具	□常用工具　□数字万用表　□数字示波器　□故障诊断仪　□工具车　□接线盒
耗材	□线束　□干净抹布　□动力电池管理系统　□熔丝

老师检查纠错，学生改正错误。

❖ **步骤二：动力电池管理系统认知**

1. 请观察老师铺设汽车维修三件套示范动作，模仿重复操作，结合老师的讲解、查阅教材，在动力电池试验台上找到动力电池管理系统并认真记录在下表中。

序号	安装位置及作用
1	
2	
3	
4	

对实训车辆进行动力电池拆卸，找出动力电池管理系统并认真记录在下表中。

序号	拆卸流程	安装位置及作用
1		
2		
3		
4		
5		
6		
7		
8		
9		

2. 请尝试在实车上或动力电池试验台上查找动力电池管理系统的具体位置，并对其线束、插接件进行常规的外观检查，将检查结果填写在下面的思维导图中。

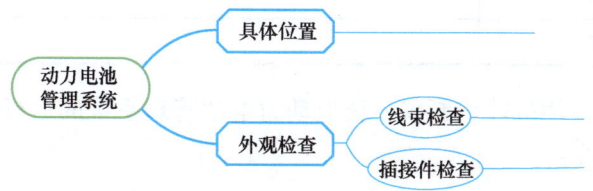

3. 请查找动力电池维修电路图,并将动力电池管理系统电路连接简图绘制到下面方框内。

```
┌─────────────────────────────────────────────┐
│                                             │
│                                             │
│                                             │
│                                             │
│                                             │
│                                             │
│                                             │
└─────────────────────────────────────────────┘
```

4. 请将你画的动力电池管理系统电路简图的端子信息,整理后记录到下表中。

端子	端子含义	连接电气元件,安装位置
端子1		
端子2		
端子3		
端子4		

5. 认真观察动力电池内的各个元器件,并填写下表任务实施记录单。

序号	辅助元器件名称	作用
1	主控模块	
2	从控模块	
3	高压盒	
4	高压继电器	
5	维护插接件	
6	手动维修开关	
7	电加热膜	
8	加热断路器	
9	温度传感器	
10	预充电阻	
11	分流器	

6. 连接车辆专用故障诊断仪,读取动力电池管理系统的运行数据,并填写下表任务实施记录单。

序号	动力电池数据流名称	当前值
1	动力电池内部总电压	
2	动力电池充放电电流	
3	动力电池负极继电器当前状态	
4	动力电池正极继电器当前状态	
5	动力电池预充继电器当前状态	
6	正极对地绝缘电阻	
7	负极对地绝缘电阻	
8	动力电池 SOC	
9	动力电池可用容量	
10	电芯单体最高电压	
11	最高电压单体序号	
12	电芯单体最低电压	
13	最低电压单体序号	
14	电芯单体最高温度	
15	最高温度单体序号	
16	电芯单体最低温度	
17	最低温度单体序号	

7. 请根据测量动力电池管理系统数据流和端子的检测结果，分析推断其故障原因，并将推断过程用铅笔整理到下面思维导图中。

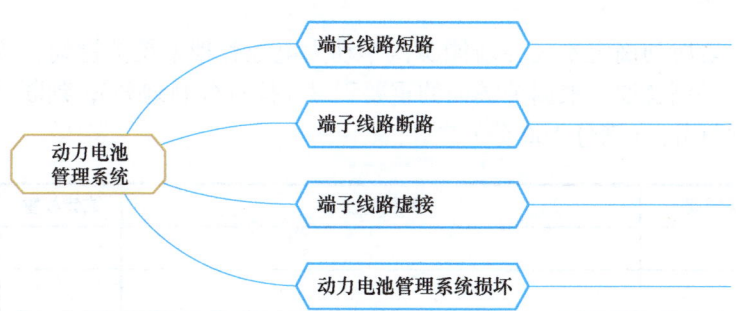

8. 请再次确定故障点，将具体故障内容整理好，及时排除故障，整理好排故步骤，完成下面思维导图。

9. 观察并模仿老师讲解动力电池检测仪的示范操作，运用数字示波器读取数据流，分析检测结果是否正常，将正确的数据流记录到下面方框内。

老师检查纠错，学生改正错误。

❖ 步骤三：试车，交付车辆
1. 对实训车辆进行恢复并试车，检验车辆动力性是否正常？
2. 请尝试利用鱼骨图总结动力电池管理系统的检修流程。

拓展训练

1. 按下表所列确定本任务新能源汽车动力电池管理系统关键词，按重要程度进行排序和举例解读，根据关键词的重要程度（按百分制划分），判断自己的掌握程度并自评打分。（满分 100 分）

序号	关键词	举例解读	自定权重	自评打分
1				
2				
3				
4				
5				
		总分		

2. 请大家思考一下，动力电池管理系统如果出现问题，除了导致车辆动力电池工作不正常故障，还会产生什么故障现象？（满分 100 分）

3. 现有一辆新能源汽车在行驶过程中出现动力明显不足的现象，维修人员初

步判断是动力电池管理系统故障，试制定测量流程并进行检修。（满分 100 分）

4. 小李是学习汽车检测与维修专业的学生，大学一毕业就来到了一家汽车 4S 店，成为一名新能源汽车维修学徒工。学徒期间小李积极向师傅请教，进步很快，尤其是在新能源汽车故障判断思维方面得到了师傅的高度认可。

请和小李一起按下列思维导图的格式，对检修动力电池管理系统的经验进行总结，同时搜集至少 2 个动力电池管理系统故障判断案例，谈一谈你对"新能源汽车动力电池管理系统故障判断思维"的理解。（满分 100 分）

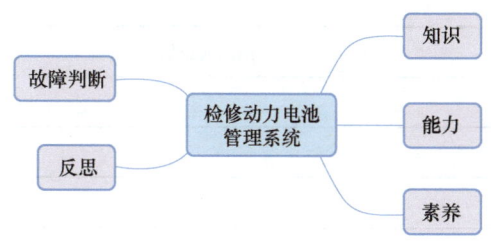

任务检验

1. 自检：参与实训练习的学员自我完成质量检验。
2. 互检：由完成相同实操练习项目的学员相互进行质量检验。
3. 终检：由专职质量管理人员（教师）进行专业检查。

实施

任务三　检修电芯单体电压类故障

❖ **步骤一：作业准备**

请认真列出作业准备项目和内容，对照下表核准检查项目内容。若已准备，请在方框里画"√"；若有遗漏，请补充后画"√"。

项目	检修电芯单体电压类故障作业准备内容
作业场地	□配有安全作业区域和消防设施的新能源汽车维修作业场地
设备设施	□几何 A 汽车或动力电池试验台　□举升工位　□汽车维修三件套　□垃圾桶
工量辅具	□常用工具　□数字万用表　□检测仪　□故障诊断仪　□接线盒
耗材	□线束　□干净抹布

老师检查纠错，学生改正错误。

❖ **步骤二：检修电芯单体**

1. 请观察老师铺设汽车维修三件套示范动作，模仿重复操作，结合老师讲解、查阅教材，使用故障诊断仪读取故障码，并将故障码认真记录在下表中。

序号	故障内容
1	
2	
3	
4	

2. 使用故障诊断仪读取数据流，并将数据流认真记录在下表中。

序号	数据流数值
1	
2	
3	
4	

3. 使用万用表读取电芯单体电压，并将测量电压认真记录在下表中。

序号	电压数值
1	
2	
3	
4	

4. 请尝试在实车或试验台上查找电芯单体的具体位置，并对其线束、插接件、管路等进行常规外观检查，将检查结果填写在下面的思维导图中。

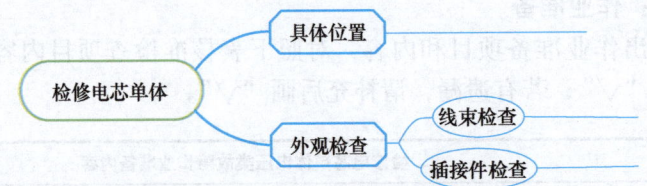

5. 请准备检测仪，铺好维修三件套，对车辆进行电芯单体检测，电芯单体检测步骤见下表。

步骤	电芯单体检测
1	
2	
3	
4	

（续）

步骤	电芯单体检测
5	
6	
7	
……	

6. 请准备好数字万用表，铺好维修三件套，检测电芯单体电压，具体检测步骤见下表。

步骤	电芯单体电压检测
1	
2	
3	
4	
5	
……	

7. 请按照正确的工艺流程对电芯单体进行检查分析，并将推断过程用铅笔整理到下面思维导图中。

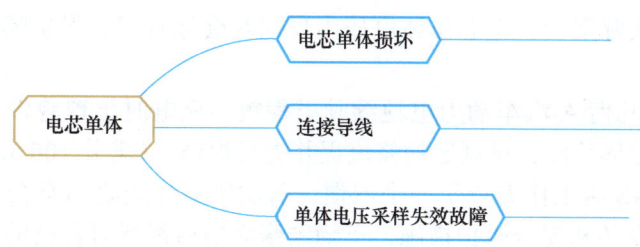

8. 请确定故障点，将具体的故障内容整理好，及时排除故障，整理好排故步骤，完成下面思维导图。

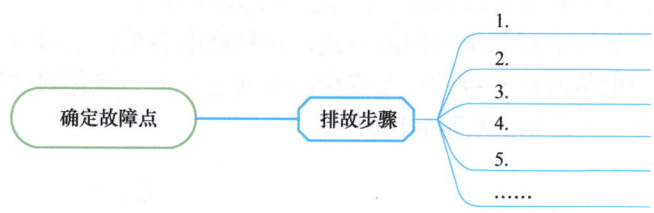

❖ **步骤三：试车，交付车辆**

1. 对几何 A 汽车或动力电池试验台进行电芯单体更换，并试车，检验车辆电量是否恢复正常。

2. 请尝试利用鱼骨图总结电芯单体故障检修流程。

拓展训练

1. 按下表所列确定本任务检修电芯单体电压类故障关键词，按重要程度进行排序和举例解读，根据关键词的重要程度（按百分制划分），判断自己的掌握程度并自评打分。（满分 100 分）

序号	关键词	举例解读	自定权重	自评打分
1				
2				
3				
4				
5				
		总分		

2. 请结合实际案例，电芯单体电压出现问题会导致车辆发生哪些故障？（满分 100 分）

3. 2019 款几何 A 汽车动力电池续驶里程短，充电时出现警告，维修人员初步判断是电芯单体故障，试制定检修流程并进行检修。（满分 100 分）

4. 小李在 4S 店工作养成了一个习惯，每次维修作业之前都会认真点检自己准备的工具、设备和安全防护措施，车辆维修完毕后都要对自己的检修项目进行再三的检查确认，确保自己检修的零部件、螺栓等都安装正确、可靠、牢固。同时将自己工位的工具设备进行现场 5S，确保工具设备完好无损，不能出现落在客户车辆上的现象。他的师傅非常认可他这种做法，并告诉他："这是机修学徒必须经历的过程，更是确保自己和客户行车安全的基本前提"。

请和小李一起按下列思维导图的格式，对检修电芯单体故障的学习收获进行总结，列举 5 个电信故障导致的行车安全隐患问题，谈一谈你对"维修人员对客户行车安全负责"的理解。（满分 100 分）

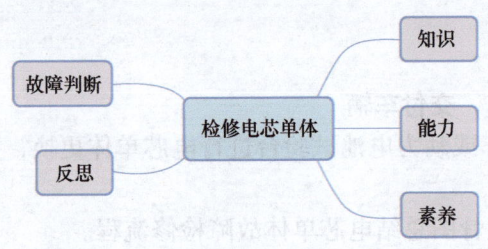

实施

任务四　检修电芯温度类故障

❖ **步骤一：作业准备**

请认真列出作业准备项目和内容，对照下表核准检查项目内容。若已准备，请在方框里画"√"；若有遗漏，请补充后画"√"。

项目	检修电芯温度类故障作业准备内容
作业场地	□配有安全作业区域和消防设施的新能源汽车维修作业场地
设备设施	□阿维塔车辆或动力电池试验台　□举升工位　□汽车维修三件套　□垃圾桶
工量辅具	□常用工具　□数字万用表　□检测仪　□故障诊断仪　□接线盒
耗材	□线束　□干净抹布

老师检查纠错，学生改正错误。

❖ **步骤二：检修电芯温度类故障**

1.请观察老师铺设汽车维修三件套示范动作，模仿重复操作，结合老师的讲解、查阅教材，使用故障诊断仪读取故障码，并将故障码认真记录在下表中。

序号	故障码内容
1	
2	
3	
4	

2.使用故障诊断仪读取数据流，将数据流认真记录在下表中。

序号	数据流数值
1	
2	
3	
4	

3.观察老师讲解数字示波器的示范操作，运用数字示波器读取BMS温度采样工作波形，检测波形是否正确，将正确波形绘制到下面方框内。

4. 请查找动力电池温度采样电路图,将温度采样电路图绘制到下面方框内。

| |
| |

5. 请尝试在实车上查找动力电池温度采样电路的具体位置,对其线束、插接件等进行常规外观检查,将检查结果填写在下面思维导图中。

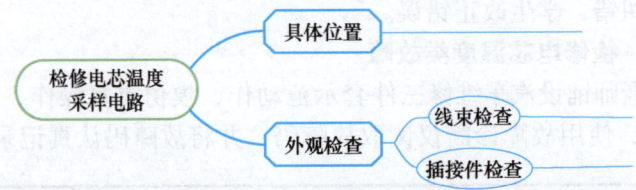

6. 请使用万用表完成对温度采样电路端子的检测,整理端子检测结果并将其记录到下表中。

端子	端子含义	温度采样检测结果
端子1		
端子2		
端子3		
端子4		
端子5		
端子6		
端子7		
端子8		
端子9		
端子10		
端子11		
端子12		
端子13		
端子14		
端子15		
端子16		

7. 对温度采样电路端子检测结果的故障原因进行分析推断,并将推断过程用铅笔整理到下面思维导图中。

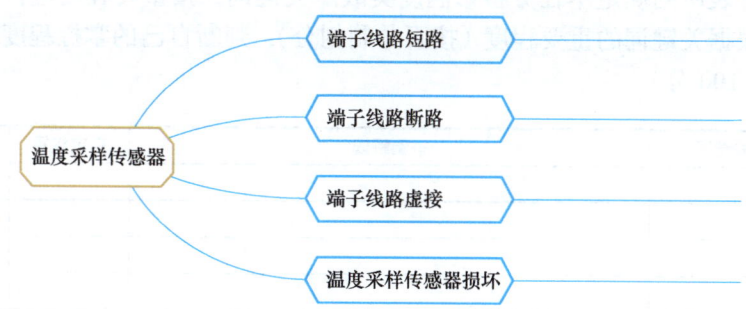

8. 请再次确定故障点,将具体故障内容整理好,及时排除故障,整理好排故步骤,完成下面思维导图。

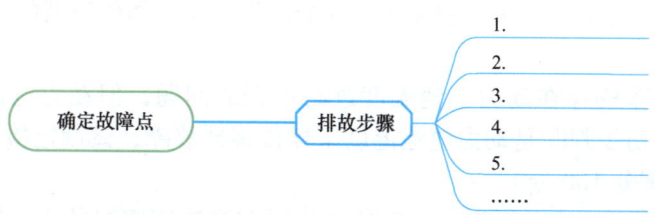

9. 通过观察老师讲解数字示波器的示范操作,运用数字示波器重新读取温度采样传感器波形,检测波形是否正确,将正确波形绘制到下面方框内。

❖ 步骤三:试车,交付车辆
1. 对阿维塔车辆进行着车试车,检测车辆温度采样是否恢复正常。
2. 请尝试利用鱼骨图,总结温度采样传感器的故障检修流程。

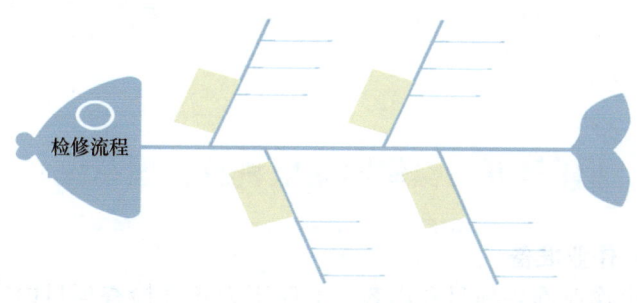

拓展训练

1. 按下表所列确定本任务检修温度类故障关键词，按重要程度进行排序和举例解读，根据关键词的重要程度（按百分制划分），判断自己的掌握程度并自评打分。（满分 100 分）

序号	关键词	举例解读	自定权重	自评打分
1				
2				
3				
4				
5				
总分				

2. 请结合实际案例，大家查阅一下新能源汽车温度类传感器的发展历史。（满分 100 分）

3. 阿维塔车辆存在动力电池温度过高报警的问题，但动力电池实际温度正常，维修人员初步判断是动力电池温度采样传感器故障，试制定检修流程并进行检修工作。（满分 100 分）

4. 小李在汽车 4S 店下班后，准备去找同在汽修店实习的小王同学一起吃晚饭。刚到小王实习的汽修店门口，小李看见小王正在使用检测仪检测动力电池温度采样传感器，但小王身边的工作环境很糟糕，一地油渍，工具随地可见。小李上前对小王说："你在这样的场地对动力电池进行检测，容易发生安全事故，应该用电动汽车安全场地进行检测和维修，你这是对客户和自己的安全不负责任。"小王听后，苦笑道："我们是维修小店，没有你说的那种场地和设备"。

请和小李一起按下列思维导图的格式，对检修动力电池温度采样电路的经验进行总结，同时将小王的态度总结成一个合适的词语填到空格里并说明依据。（满分 100 分）

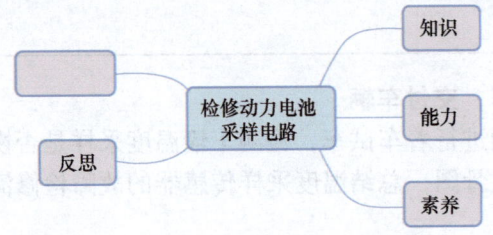

实施

任务五　检修驱动电机及管理系统

❖ **步骤一：作业准备**

请认真列出作业准备项目和内容，对照下表核准检查项目内容。若已准备，

请在方框里画"√";若有遗漏,请补充后画"√"。

项目	检修驱动电机及管理系统作业准备内容
作业场地	□配有安全作业区域和消防设施的新能源汽车维修作业场地
设备设施	□阿维塔车辆或驱动电机及管理系统试验台　□举升工位　□汽车维修三件套　□垃圾桶
工量辅具	□常用工具　□数字万用表　□检测仪　□故障诊断仪　□接线盒
耗材	□线束　□干净抹布

老师检查纠错,学生改正错误。

❖ **步骤二:检修高压采样和继电器故障**

1. 请聆听老师讲解驱动电机及管理系统,观察老师检测的示范动作,模仿重复操作,结合老师的讲解、查阅教材,使用故障诊断仪读取故障码,并将故障码认真记录在下表中。

序号	故障码内容
1	
2	
3	
4	

2. 使用故障诊断仪读取数据流,将数据流认真记录在下表中。

序号	数据流数值	数据流分析
1		
2		
3		
4		

3. 请准备检测仪,铺好维修三件套,对车辆进行驱动电机检测,检测步骤见下表。

步骤	驱动电机检测
1	
2	
3	
4	
5	

4. 检测驱动电机管理系统,具体检测步骤见下表。

步骤	驱动电机管理系统检测
1	
2	
3	
4	
5	
6	

5. 请确定驱动电机及管理系统故障,将具体故障内容整理好,及时排除故障,整理好排故步骤,完成下面思维导图。

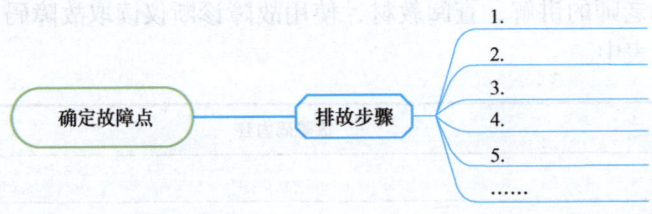

❖ 步骤三:试车,交付车辆

1. 对阿维塔车辆进行着车试车,检测车辆高压采样和继电器维修后是否恢复正常。

2. 请尝试利用鱼骨图,总结高压采样和继电器的故障检修流程。

任务检验

1. 自检:参与实训练习的学员自我完成质量检验。
2. 互检:由完成相同实操练习项目的学员相互进行质量检验。
3. 终检:由专职质量管理人员(教师)进行专业检查。

课后思考题

1. 简述新能源汽车的定义?
2. 简述新能源汽车可以分为哪些类别?
3. 新能源汽车与传统汽车的区别?
4. 新能源汽车的核心结构有哪些?

5. 动力电池管理系统是由哪些部件组成的？
6. 简述锂离子电池的工作原理？
7. 说出电芯单体的组成？
8. 动力电池管理系统（BMS）的功能是什么？

考核与评价

一、考评项目

请根据本项目所学对阿维塔车辆动力电池和动力电池管理系统的认知，完成考评报告。

二、考核内容及评价标准

序号	评分项	得分条件	评分标准	配分	扣分
1	安全/5S/态度	□1. 能进行工位5S操作 □2. 能进行设备和工具安全检查 □3. 能进行车辆安全防护操作 □4. 能进行工具清洁校准存放操作 □5. 能进行三不落地操作	未完成1项扣3分，扣分不得超15分	15	
2	专业技能能力	□1. 能正确读取数据流 □2. 能根据正确诊断方法进行动力电池电压检测 □3. 能按照正确的故障维修思路和步骤进行故障检修 □4. 能正确检测相关数据，并做好记录 □5. 能够熟练操作工量具及检测仪器	未完成1项扣10分，扣分不得超50分	50	
3	工具及设备的使用能力	□1. 能正确选用维修工具 □2. 能正确使用动力电池诊断仪 □3. 能正确使用测量工具 □4. 能正确使用专用工具	未完成1项扣5分，扣分不得超10分	10	
4	资料、信息查询能力	□1. 能正确使用维修手册查询资料 □2. 能正确使用用户手册查询资料 □3. 能在规定时间内查询所需资料 □4. 能正确记录查询资料章节页码 □5. 能正确记录所需维修信息	未完成1项扣2分，扣分不得超10分	10	
5	数据、判读和分析能力	□能根据故障诊断仪数据分析判断动力电池和动力电池管理系统部件是否需要维修或更换	未完成1项扣10分，扣分不得超10分	10	
6	表单填写与报告的撰写能力	□1. 字迹清晰 □2. 语句通顺 □3. 无错别字 □4. 无涂改 □5. 无抄袭	未完成1项扣1分，扣分不得超5分	5	
		合计		100	

项目四　混合动力汽车故障诊断

📋 项目任务单

项目描述	个人独立完成混合动力汽车故障诊断项目		
项目要求	1. 能够掌握混合动力汽车动力电池及管理系统故障诊断 2. 能够掌握混合动力汽车驱动电机及管理系统故障诊断 3. 掌握混合动力汽车整车故障诊断和故障排除方法		
学习目标	1. 能够掌握混合动力汽车工作原理 2. 能够了解混合动力汽车驱动电机工作原理		
项目载体	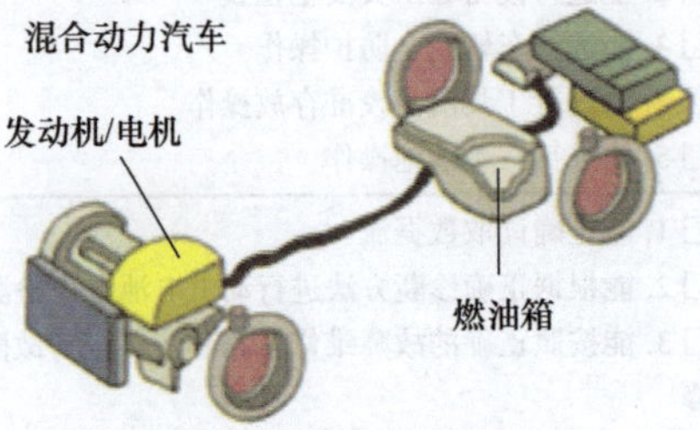 混合动力汽车故障试验台（混合动力汽车发动机/电机、燃油箱）		
计划学时	18～24 学时		
工作页	上课地点	学生姓名	完成/未完成
	任课教师	上课时间	优/良/中/及格

📖 导入

近期二手车行收购了一辆混合动力汽车，这辆车暂时无法启动。经过二手车行专业维修人员对这辆车进行整车检查后，发现该车动力电池严重亏电、高压系统和充电系统工作异常。为了整备这辆车，维修人员准备从检修动力电池、高压系统、充电系统入手，逐一进行故障排查修理该车。

📖 想一想

请同学们尝试着说出导致动力电池严重亏电、高压系统和充电系统工作异常的原因都有哪些？并将自己的分析总结用铅笔记录到下图中。

项目四　混合动力汽车故障诊断

🛡 安全教育与防护要求

请同学们声音洪亮地说出安全与防护要求，做好防护准备，同时进行自检和互检。若已完成，请在方框里画"√"。

□ 工作服穿戴符合"安全防护要求"，穿绝缘鞋，戴绝缘帽，戴防护眼镜。
□ 不佩戴手表等金属首饰。
□ 严禁操作与本次任务无关的设备和工具。
□ 遵守场地安全规定，注意高压电，设备用电安全。
□ 严禁嬉戏打闹。

老师检查纠错，学生改正错误。

🛠 实施

检修混合动力汽车

❖ **步骤一：作业准备**

请认真列出作业准备项目和内容，对照下表核准检查项目内容。若已准备，请在方框里画"√"；若有遗漏，请补充后画"√"。

项目	检修混合动力作业准备内容
作业场地	□配有安全作业区域和消防设施的新能源汽车维修作业场地
设备设施	□混合动力车辆或混合动力试验台　□举升工位　□汽车维修三件套　□垃圾桶
工量辅具	□常用工具　□数字万用表　□检测仪　□故障诊断仪　□接线盒
耗材	□线束　□干净抹布

老师检查纠错，学生改正错误。

❖ **步骤二：检修混合动力故障**

1. 请尝试在实车上查找混合动力部件的具体位置，对其线束、发动机、动力电池、控制器等进行常规外观检查，将检查结果填写在下面思维导图中。

035

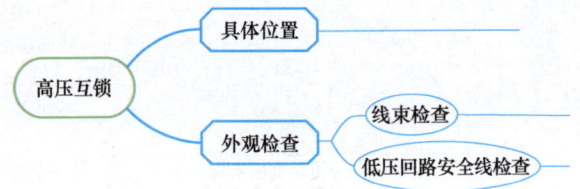

2. 请观察老师铺设汽车维修三件套的示范动作,模仿重复操作,结合老师的讲解,检测高压互锁和填写下表。

序号	高压互锁检测流程
1	
2	
3	
4	
5	

3. 请铺好维修三件套,动力电池检测的步骤见下表。

步骤	动力电池检测步骤
1	
2	
3	
4	
5	
6	
7	
……	

4. 检测驱动电机及控制器,具体检测步骤见下表。

步骤	驱动电机及控制器检测步骤
1	
2	
3	
4	
5	
……	

5. 请再次确定故障点,将具体故障内容整理好,及时排除故障,整理好排故步骤,完成下面思维导图。

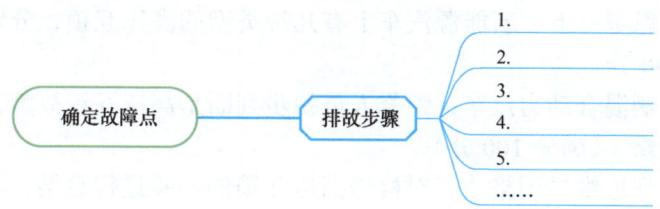

6. 请对动力电池检测和充电，更换高压互锁，具体更换步骤见下表。

步骤	高压互锁更换步骤
1	
2	
3	
4	
5	
……	

❖ 步骤三：试车，交付车辆

1. 对混合动力车辆进行着车试车，检验车辆是否能够正常启动。
2. 请尝试利用鱼骨图，总结高压互锁故障的检修流程。

拓展训练

1. 按下表所列确定本任务检修高压互锁亏电关键词，按重要程度进行排序和举例解读，根据关键词的重要程度（按百分制划分），判断自己的掌握程度并自评打分。（满分 100 分）

序号	关键词	举例解读	自定权重	自评打分
1				
2				
3				
4				
5				
		总分		

2. 请大家思考一下，新能源汽车上有几种类型的高压互锁，分别都有什么功用？（满分100分）

3. 现有一辆混合动力汽车，维修人员初步判断是高压互锁故障，试制定检修流程并进行检修。（满分100分）

4. 请按下列思维导图格式，对检修高压互锁的经验进行总结，同时搜集至少2个因为高压互锁故障导致汽车工作不良的案例，梳理检修故障思路，并结合今天检修高压互锁故障的任务，谈谈自己对"聪明出于勤奋，天才在于积累"的理解。（满分100分）

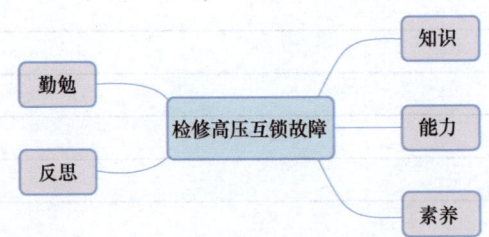